서정시학 신서 62

정밀한 시 읽기

김종훈

김종훈

1972년 출생. 고려대학교 국어국문학과 동대학원 졸업. 2008년 「한국 근대시의 '서정': 기원과 변용」으로 문학박사 학위를 받음. 2006년 『창작과비평』 평론, 2013년 『서정시학』 시 등단. 『실천문학』, 『시와시』, 『서정시학』 편집 위원 역임 및 현임. '젊은평론가상' '조지훈 문학상' 수상. 『한국 근대 서정시의 기원과 형성』, 『미래의 서정에게』, 『정밀한 시 읽기』 등의 저서. 현재 고려대학교 국어국문학과 교수.

서정시학 신서 62
정밀한 시 읽기

2016년 5월 20일 초판 1쇄 발행
2020년 9월 18일 초판 2쇄 발행

지 은 이 · 김종훈
펴 낸 이 · 최단아
펴 낸 곳 · 도서출판 서정시학
인 쇄 소 · ㈜ 상지사
주 소 · 서울시 서초구 서초중앙로 18, 504호 (서초동, 서초쌍용플래티넘)
전 화 · 02-928-7016
팩 스 · 02-922-7017
이 메 일 · lyricpoetics@gmail.com
출판등록 · 209-91-66271

ISBN 979-11-86667-25-5   93810

계좌번호: 국민은행 070101-04-072847(최단아 서정시학)

값 23,000원

잘못된 책은 바꾸어 드립니다.

이 도서의 국립중앙도서관 출판예정도서목록(CIP)은 서지정보유통지원시스템 홈페이지(http://seoji.nl.go.kr)와 국가자료공동목록시스템(http://www.nl.go.kr/kolisnet)에서 이용하실 수 있습니다.(CIP제어번호: CIP2016011227)

정밀한 시 읽기

서정시학

머리말

　한 편의 시를 어디까지 읽을 수 있을까. 낱말의 뜻, 호흡 단위, 행갈이 유무 등 작은 부분이 어떻게 시 전체의 의미를 뒤바꾸고 시인의 의식 또는 무의식을 반영하는가. 이러한 문제를 안고 시를 분석했다. 새삼 확인한 것은 좋은 시는 의미의 끝을 보여주지 않는다는 점이다. 아니, 의미를 계속 생성하는 것이야말로 좋은 시의 요건이었다. 이 책에는 시의 의미를 끝까지 추적하려는 시도가 그 끝을 보여주지 않는 시와 만나 어떻게 실패하는지 과정이 기록되어 있다.
　시 한 편을 대상으로 글 한 편을 썼고, 그러한 과정을 열두 번 반복했다. 시인 열 명의 열두 편에 대한 글이 모였다. 그때마다 다른 이야기를 하기보다는 시의 어떤 부분에서 '시적인 것'이 발생하는지 주목했다. 각 편마다 다른 것은 소재가 된 시요, 같은 것은 그 시를 대한 태도라 할 수 있다. 이를 질문의 방식으로 요약하면 다음과 같다. 다채로운 현대시는 어떻게, 어디에서 '시적인 것'을 생성하는가.
　시들을 대하면서 뼈라고 할 수 있는 사상보다는 살이라고 할 수 있는 표현에 집중했다. 낱말의 생김새와 위치에서 의미와 리듬을 파악했고, 그 과정에서 떠오른 생각이 독단에 빠지지 않도록 객관적인 근거를 마련하려 했다. 간혹 통계나 문법과 같은 '비문학적인 부분'이 활용된 이유는 그 때문이다.

첫 글을 쓸 때 둘째 글을 생각하지 못했다. 이들은 개별적으로 쓰인 글이다. 그러나 중반부에 접어들었을 때 지금 하는 일이 조금은 가치가 있을지 모르겠다고 생각했고 한 권의 책을 상상하기 시작했다. 앞 시기에 쓴 글에는 우연히 만난 시인과 시가 많았다면 나중에는 우연히 구축한 맥락의 빈자리를 채우고자 선택한 시인과 시가 많다. 느슨한 연대를 맺고 있는 각자의 글에 대해 다소 장황하지만 왜 선택했는지, 무엇에 주목했는지, 어떻게 이해했는지 설명할 필요가 있을 것 같다.

김소월의 「초혼招魂」은 특별한 시이다. 거칠게 감정을 분출하면서도 계속 읽게 하는 힘이 그 안에 있다. 왜 그럴까. 이 과정을 헤아리는 과정에서 예외적이고 특별했던 이 시는 근대 초입이라는 당대의 보편적 특성과 만났다. 다른 김소월의 시와 달리 「초혼」이 격정적일 수 있었던 것은 유교 문화권의 전통이 허락한 문화, 즉 망자의 넋을 기리고 현재를 보존하는 소재를 취했기 때문은 아닐까. 전통시가 스러지고 근대시가 형성될 무렵 두 시학의 마찰이 빚어낸 현상이 이 시에서는 감정의 분출로 나타난 것은 아닐까.

한용운의 「알 수 없어요」에는 '님'이 등장하지 않는다. 그러나 시는 '님'의 의미를 헤아리는 글에 자주 인용된다. 이 점은 '알 수 없어요'가 반복될수록 그 대상인 '누구'가 부정되기보다는 부각되는 까닭과 무관하지 않을 것이다. 이 글에서는 「알 수 없어요」의 미학적 성취를 지탱하는 힘, 가시적 세계에 대한 섬세한 묘사가 어떻게 쓰이고 있는지 주목했다. 결과는 김소월의 「초혼」과 같으면서도 다르다. 전근대와 근대의 마찰이 여기에서도 보이는 것은 같다. 그러나 특별히 한용운의 「알 수 없어요」에는 전통 시가詩歌 형식과 근대시가 지닌 자율성에 대한 모색 사이에서의 긴장, 즉 형식적인 측면에서의 마찰이 뚜렷이 보였다.

「카페 프란스」는 정지용의 등단작이다. 많은 연구들이 정지용의 시를 전기와 후기로 나누고 그 사이에 놓인 심연이 매우 깊다고 한다. 그런데 시가 급변할 수는 있지만 전혀 다를 수는 없지 않은가. 이 글에서는 앞으로 전개될 정지용 시세계의 맹아를 등단작에서 찾고자 했다. '나'에 대한 관심과 시어들의 참신한 쓰임새가 눈에 띄었다. 그런데 이후 이 둘은 다른 방향으로 전개되었다. '나'는 점점 지워지는 반면, 언어 표현에 대한 함의는 점점 무거워졌다. 다음과 같이 마무리했다. 혹시 감정의 절제라는 명목 하에 일인칭의 감정과 모습을 노출하는 것이 억제되면서 그 관심이 언어의 응축으로 이동한 것은 아닐까.

　정지용의 「비」는 시 자체만큼 시의 해석을 둘러싼 논쟁이 주목 받는 시다. 동양시학을 기반을 두고 20세기 전후에 일어난 논쟁은 뜨거웠으며 깊었다. 그런데 「비」 논쟁 이후에 제출된 여러 견해는 「비」의 높은 미학적 가치를 증명하고 있으나 한편으로는 기존의 견해를 부정하고 서로 대립하며 정리의 필요성을 제기했다. 이 글은 조화와 균형의 미학을 토대로 이들의 견해를 정리하면서 동시에 새로운 의견을 첨가하려 했다. 세부를 질문으로 정리하면 다음과 같다. 계절적 배경은 봄인가 가을인가. 그늘은 차가운 것인가 차오르고 있는 것인가. 소소리 바람은 봄의 찬 바람인가 회오리 바람인가. 수척한 흰 물살에는 어떤 의미가 담겨 있는가. 빗방울은 내리는 것인가 돋는 것인가.

　이상李箱에 관해서는 「꽃나무」를 대상으로 짧은 글 한 편, 오감도烏瞰圖 연작 「시제12호詩第十二號」를 대상으로 상대적으로 덜 짧은 글 한 편을 싣는다. 「꽃나무」에 관한 글은 이 책에 수록된 글 중 비교적 앞에 썼고 「시제12호」에 관한 글은 비교적 뒤에 썼다. 「꽃나무」에 대해서는 최종적으로 위트보다는 비극성에 주목했다. 병을 앓고 있던 시인이 현실에 함몰되지 않으려고 특별한 세계를 만들어 현실을 초대했으나, 결과적으로 그렇게 만든 세계가 얼마나 허약한지 보여주는 시가 「꽃나무」였다.

「시제12호」에 대한 글은 여러 필자가 함께 '오감도' 연작 15편을 분석하는 기획 중 한 꼭지였다. 아무도 선택하지 않아 마지막까지 남았던 시편이 「시제12호」이다. 아마 평범한 구도와 뚜렷해 보이는 메시지 때문이었을 것이다. 이런 시는 그렇게 분석의 욕망을 자극하지 않는다. 그러나 이 글에서는 특별히 일시적인 휴식 저편에 시의 구도를 흔들어 놓는 절망의 기미에 주목하였다.

백석의 시 「나와 나타샤와 흰 당나귀」는 시인의 대표시로 꼽히는데, 그 이유를 분명히 말하기는 어렵다. 어떤 이는 비난의 뜻을 담아 대중시라 말하기까지 한다. 이 글에서는 간과하기 쉽지만 어법과 문맥을 벗어난 부분에 매력의 원인이 있다고 가정하고 그 의미를 되짚으려 했다. 왜 눈은 '푹푹' 내리는가, 왜 당나귀는 '응앙응앙' 우는가, 왜 시인은 나타샤를 '사랑하고'라 하지 않고 '사랑은 하고'라 했을까, 산골로 가자라 말했을 때 나타샤는 어디에 있는가, 등의 질문은 그렇게 나온 것이다. 그 결과 현실과 상상과 욕망이 겹쳐지는 부분이 이곳이고, 이곳에서 기묘한 매력이 발산하고 있다고 보았다.

서정주의 초기 시 「멈둘레꽃」은 판본을 거듭할 때마다 형태가 바뀐 시이다. 시어가 바뀌기도 했고, 연 구분이 달라지기도 했다. 이 글은 이 변화의 원인을 추적하여 서정주의 마음이 어디로 흘러가는지 가늠하려 했다. 누가 말을 하는가, 어떠한 욕망이 드러나는가, 등은 여러 판본의 「멈둘레꽃」을 관통하는 질문이다. 그 결과 서정주의 시가 보편성에서 특수성으로, 이성적 공감이 아니라 심리적 친연성으로 전개되었다는 견해에 또 하나의 예를 보태게 되었다.

조지훈의 대표시 「승무」 또한 생존시에 발간한 시집에 네 번 실렸는데, 그 형태가 모두 달랐다. 처음에는 화자의 감정이 적극적으로 개입했다가 형태적인 완결성을 추구하는 쪽을 경유하여, 최종적으로 의미와 형태가 유기적으로 연결되는 세계로 나아갔다. 그 세계는 다른 말로 하면 적막하고 깊은 여운의 세계로 요약할 수 있다. 이 과정에서 핵심 구절 "번뇌는 별빛이라"는 전체의 구조를 이탈하는 예외적이면서도 문제적인 구절이라는 것을 재확인할 수 있었다.

김수영의 「꽃잎 1」 분석은 '꽃잎' 연작을 포함하여 꽃을 소재로 한 김수영 시편을 다루려는 기획의 첫 단추였다. 김수영은 꽃을 소재로 삼은 당대의 시에 대해 비판적인 견해를 보였는데, 정작 그가 꽃잎 연작을 쓰고 있는 게 이상해 보였고 그 이유를 헤아리고자 했던 것이다. 그런데 그 기획은 아직까지 진척이 없다. 다만 이 글에서는 '온몸의 시학'을 실천하고자 했으며 이후의 시편에서 보인 자유와 미지의 징후를 선취하고 있다는 점에 주목했다.

김종삼의 「북치는 소년」을 다룬 글에서는 그에 대한 기존의 평가를 세분화하고자 했다. 즉, 한편에서는 「민간인」과 같은 잔상과 여백의 시어가 있는 반면, 또 다른 한 쪽에는 「북치는 소년」과 같은 잔해와 파편의 시어가 있다고 상정한 것이다. 김종삼의 「북치는 소년」은 역사의 폐허에서 종합 의지를 상실한 듯한 시어들이 배치된 시이다. 시인의 냉철한 분석의식이 감지되고 있으며, 시어들은 현실의 잔해처럼 고립되어 있다. 시의 한 구절 "내용 없는 아름다움"의 '내용 없는'은 부서진 원관념이기도 한 진보의 거짓환상을 벗어낸 현실과 직접적으로, '아름다움'은 흩어진 보조관념인 현실의 파편들과 역설적으로 대응했다.

박재삼의 「울음이 타는 가을강(江)」을 다룬 글에서는 그 동안 제기된 몇 가지 질문에 의견을 보탰다. '등성이'는 산의 언덕이 될 수도, 이야기의 절정부가 될 수도 있다. 서러운 이야기를 나누는 '친구'는 서술 시점 현재가 아닌, 화자의 기억 속에 있다. '제삿날'의 풍경은 화자가 보고 있는 것이 아니라 강물에 비친 석양빛이 매개되어 기억에서 되살린 것으로 보인다. 무엇보다 주목할 점은 리듬이다. 소멸의 세계와 직면하여 흐트러진 리듬은 울음 섞인 거친 호흡을 연상시켰다. 박재삼이 추구하고자 했던 한국시의 리듬과 '한'의 정서는 시의 운율과 비유를 통해 형상화되었다고 본 것이다.

　이 책에 수록하는 어떤 시들은 시인의 대표작이기도 하지만 모든 시가 그런 것은 아니다. 공히 대표작도 있지만, 그렇지 않더라도 계속 눈에 밟히는 시가 있고, 상황에 따라 숙제처럼 분석해야만 하는 시도 있었다. 공저인 책에 수록된 글의 경우 다른 필자의 선택을 고려해야 했기 때문에 선택의 폭이 좁았고, 논문으로 출간한 글은 비교적 선택의 폭이 넓었다. 글의 형식은 반대다. 공저에 수록된 글은 자유롭게 썼으나, 소위 '소논문'들은 정형화된 형식을 따랐다. 이 체계가 답답하게 느껴질 수도 있을 것이다. 그러나 앞의 글에서는 뜻밖의 값진 만남을, 뒤의 글에서는 그 체계가 없었다면 미처 떠올리지 못할 생각들이 놓여 있기를 기대한다.

　시어에 집중하여 텍스트를 분석하는 것이 문학 공부의 시작이라 배웠다. 그 학풍의 기초를 닦은 시인의 시를 그 학풍으로 접근한 일은 특별히 값진 경험이었다. 은사인 최동호 선생님께, 모교의 여러 선생님과 선후배들께 감사의 말씀을 올린다. 그리고 시가 인연이 되어 함께 공부하는 학생들에게도 감사하다. 연구자로서 수행한 작업의 결과를 계속 서정시학에서 내고 있다. 시에 관한 여러 책을 전문적으로 발간하고 있는 서정시학의 전통에 누가 되지 않았으면 한다.

　탈고 작업 중에 아버지가 병원에 들어가셨고, 열흘 만에 세상을 뜨셨다. 그 열흘 동안 나는 거의 처음으로 길게 아버지의 손을 잡는 행운을 누렸다. 침상에 누워 있는 아버지와의 그 가까운 거리에서 나는 무언가 기대감을 가지게 할 희망 섞인 말을 해야 했다. 가능성이 없다는 의사의 전갈을 받은 후에는 곧 쾌차하실 것이라는 말이 차마 나오지 않았다. 그 대신 지금 책을 정리하고 있으니 퇴원하시면 보실 수 있으리라 말씀드렸다. 희미하게 웃으셨던 것 같다. 머릿속으로 남은 서문을 계속 고쳐 썼고, 그 마무리는 아버지께

바치는 것으로 정리되었다. 그러고 보니 공부한다고 부모의 곁을 뜬 뒤부터 이 글들을 쓰기 시작했다. 무슨 일을 하는지 궁금하지만 꾹 참고 직접 묻지 않았던 아버지께, 저 그동안 이런 일 하고 있었어요, 대답한다. 고故 김찬기 씨께 이 책을 바친다. 그가 앉던 소파 옆에는 자식이 쓴 책이 가지런히 세워져 있다. 그 책들 옆에 이 책을 꽂는다.

2016년 봄

김종훈

일러두기

1. 이 책 본문에 실린 시들의 표기는 해당 시인의 전집 형태를 따랐다. 전집이 발표 당시의 표기를 따르면 원문을 확인하는 절차를 거쳤으며, 현재 맞춤법과 띄어쓰기 규정을 따랐으면 그대로 적용했다. 앞의 예가 김소월, 정지용, 이상, 백석, 서정주, 조지훈의 시편들이며, 뒤의 예가 한용운, 김수영, 김종삼, 박재삼의 시편들이다.

2. 글의 제목에서는 일괄적으로 현재 맞춤법과 띄어쓰기 규정을 맞춰 시 제목을 표기했다. 가령 백석 시의 경우 글의 제목에서는 「나와 나타샤와 흰당나귀」, 소제목과 본문에서는 「나와 나타샤와 힌당나귀」인 것이다. 단, 서정주의 「멈둘레꽃」의 경우 독자의 친숙함과 본문의 논지를 고려하여 글의 제목에서도 '민들레꽃'이 아니라 '멈둘레꽃'이라 제시했다.

3. 시의 배치 순서는 시인이 태어난 연도를 따랐으며 같은 시인의 경우 시의 발표 순서를 따랐다. 단 전대를 계승하는 동시에 근대를 열었던 상징성을 고려하여 김소월의 시는 한용운의 시 앞에 두었다. 결과적으로 김소월과 한용운은 시집 출간 순서를 따른 것이 되었다.

차 례

머리말 / 5
일러두기 / 12

서정의 중심 : 김소월의 「초혼招魂」 / 21

1. 김소월과 「초혼招魂」의 위상 ·········· 21
2. 「초혼招魂」의 구조와 감정의 분출 ·········· 23
3. 감정 분출의 기제와 허락된 감정 분출 ·········· 32
4. 나가며 ·········· 38

기억과 예감의 긴장 : 한용운의 「알 수 없어요」 / 41

1. 한용운 시의 의의와 「알 수 없어요」의 위상 ·········· 41
2. 「알 수 없어요」의 의의와 '긴장'의 확산 ·········· 45
3. 리듬의 변주와 비유의 긴장 ·········· 48
4. 비논리적 진술의 위상과 함의 ·········· 57
5. 나가며 ·········· 62

결핍의 감각들 : 정지용의 「카페 프란스」 / 65

1. 「카페·프란스」 ·········· 67
2. 두 명인가 일곱 명인가 ·········· 69

3. 종려棕櫚나무와 루바쉬카 그리고 보헤미안 넥타이 ………… 71
4. 앵무鸚鵡와 자작子爵의 아들 ………… 75
5. '나'를 지우기 ………… 79

고요하고 분주한 풍경 : 정지용의 「비」 / 81

1. 『문장』 1941년 1월호 '정지용 신작 시집' ………… 81
2. 「비」의 위상과 재해석의 필요성 ………… 84
3. 시의 구조적 특징과 정중동(靜中動)의 미학 ………… 87
4. 「비」 해석의 세부들 ………… 92
5. 나가며 ………… 106

관념과 현실 사이 : 이상의 「꽃나무」 / 109

1. 이상 시어의 두 가지 개성 ………… 109
2. 「꽃나무」의 위상, '꽃나무'라는 교량 ………… 111
3. '이상스러운 흉내'의 비극 ………… 114
4. 나가며 ………… 116

일시적인 평화와 영원한 전쟁 : 이상의 '오감도烏瞰圖烏'「시제12호詩第十二
　　號」/ 117

1. '오감도烏瞰圖' 연작 중「시제12호詩第十二號」의 위상 ………… 117
2. 기존의 쟁점 : 비둘기와 빨래의 의미 ………… 119
3. 하늘 저편의 전쟁과 평화 ………… 123
4. 아이러니의 확보와 '더러운 의상'의 맥락 ………… 127
5. 나가며 ………… 132

위태로운 행복 : 백석의「나와 나타샤와 흰 당나귀」/ 135

1.「나와 나타샤와 힌당나귀」분석의 두 전제………… 135
2. 상상과 현실의 구분과 '흰 눈'의 역할 ………… 137
3. 형식적 표지에 투사된 현실 ………… 141
4. 나가며 ………… 155

애매성의 경계 : 서정주의「멈둘레꽃」/ 157

1.「멈둘레꽃」의 불투명성 ………… 157

2. 판본 비교 ·········· 162
3. 「멈둘레꽃」의 구조와 화자 ·········· 168
4. 나가며 ·········· 182

감정의 절제와 여운 : 조지훈의 「승무僧舞」 / 185

1. 「승무僧舞」의 위상과 조지훈의 고심 ·········· 185
2. 판본별 특징과 정본 텍스트 ·········· 188
3. 판본 비교와 미적 지향점 ·········· 194
4. 나가며 ·········· 203

꽃잎의 자율성 : 김수영의 「꽃잎 1」 / 205

1. 「꽃잎」 연작 창작의 맥락 ·········· 205
2. 주술적 효과와 이성적 대화 ·········· 209
3. 온몸의 시학과 시공간의 중첩 ·········· 214
4. 나가며 ·········· 219

잔해와 파편의 시어 : 김종삼의 「북치는 소년」 / 221

1. 김종삼 시의 개성과 「북치는 소년」의 의의 ………… 221
2. 알레고리의 수용사와 현대시의 알레고리 ………… 224
3. 김종삼 시에 내재한 비극적 현실과 두 가지 대응 방식 ………… 230
4. 나가며 ………… 240

울음과 소멸의 리듬 : 박재삼의 「울음이 타는 가을강江」 / 241

1. '한恨'의 시인, 박재삼의 시적 개성 ………… 241
2. 기존의 쟁점 : 등성이・친구・제삿날 불빛 ………… 243
3. 운율과 울음의 조화 ………… 250
4. '바다'와 '물'의 맥락 ………… 255
5. 나가며 ………… 260

■ 참고문헌 / 262
■ 글의 출처 / 273
■ 찾아보기 / 274

정밀한 시 읽기

서정의 중심 : 김소월의 「초혼招魂」

1. 김소월과 「초혼招魂」의 위상

　　김소월(1902-1934년)의 대표작 「초혼招魂」에는 어떠한 전통성이 담겨 있을까. 김소월의 시와 전통을 함께 고려하는 일은 새로운 문제 제기라 하기 힘들다. 김소월에 대해 1950년대까지 주로 폄하의 뜻을 담아 부른 '민요 시인'도, 호의를 가지고 부른 '민족 시인'도 표현만 다를 뿐 전통의 특수한 부분을 부각시킨 것이다.[1] 한국 현대시의 영역과 좌표를 설정하여 이상李箱을 벗어나면 비시非詩이며, 김소월을 벗어나면 시조가 된다는 평가도 김소월의 전통성을 방증하는 사례라 할 수 있다.[2] 한국 전통 시가와 한국 근현대시의

---

1) 최동호, 「김소월시의 현재성」, 『현대시의 정신사』, 열음사, 1985. 236-237쪽. 한국 근대 시사에서 김소월 시에 대한 부정적인 평가의 개요는 이 글에서 일별할 수 있다. '민요 시인'이라는 호명에 대한 김소월의 거부감 섞인 반응은 오장환, 「소월시의 특성」, 『오장환전집 2-산문』(창작과비평사, 1989), 109쪽에서, 민족의 전통과 관계 지은 글은 서정주, 「김소월과 그의 시」, 『한국의 현대시』(일지사, 1969), 72쪽에서 확인할 수 있다.
2) 김인환, 「이상 시의 계보」, 『기억의 계단』, 민음사, 2001. 282쪽.

경계에 있는 김소월의 시는 그만큼 전통과 닿아 있다.

그 동안 김소월 시를 전통성과 함께 고려한 까닭은 대개 두 가지로 나뉜다. 첫 번째는 메시지의 측면이다. 대표작 중 하나인 「진달래꽃」을 두고 '이별의 정한과 한의 승화'라고 언급하는 글에서 확인할 수 있듯 그의 시가 주는 메시지는 한국 전통 사상인 '한'을 토대로 둔다.3) 두 번째는 형식 측면이다. 운율과 비유의 측면에서도 그는 한국시의 전통 미학을 계승한다. 정해진 율격에 구속 받지 않지만 정형률에 토대를 둔 운율과 근대인의 균열 의식을 보여주지만 고전 시가에서처럼 자연 대상에 잇대어 조성된 비유는 그의 시에 내재한 전통성을 입증하는 또 다른 실례라 할 수 있다.4)

민족의 보편적 정서로 재래의 시형식과 가장 닮은 시를 창작한 김소월의 시 중, 「초혼招魂」은 이러한 전통성을 가장 잘 살린 시편으로 알려져 왔다. 반복되는 리듬으로 운율을 살리고 이별의 정한을 극적으로 시화하는 한편, '초혼'이라는 시 제목도 전통 풍속을 강하게 환기한 덕이 컸다. 시의 제목 '초혼'은 문자 그대로 '넋을 부르는' 행위를 뜻한다. 이는 예부터 전해 내려오는 풍속의 하나로 망자를 기리기 위해 그가 생시에 입던 저고리를 왼손에 들고 오른손은 허리에 대고는 지붕에 올라서거나 마당에 서서, 북쪽을 향하여 '아무 동네 아무개 복復'이라고 세 번 부르는 행위를 일컫는다.5)

「초혼」은 여느 시편보다 더욱 전통적이라는 평가와 잘 어울려 보인다. 하지만 그것이 김소월의 시편에서 유독 도드라지는 「초혼」의 전통성을 보증하기는 어렵다. 민족 정서와 전통 시가 형식의 계승이라는 측면은 「초혼」과 김소월의 다른 시편들과의 차이를 드러낼 수 없으며, 전통 풍속의 차용이라는 측면은 시 미학과의 연계점에서 비약을 불러오기 때문이다. 시의 소재가 시 안에서 시적 자질들을 북돋아 전통성을 강화하는 화학작용의 면모를 입증하

---

3) 서정주, 같은 글, 70-105쪽.
4) 김종길, 「詩를 어떻게 읽을 것인가」, 『詩에 대하여』, 민음사, 1986. 107-111쪽.
5) http://krdic.naver.com/detail.nhn?docid=37687700

거나, 아니면 시 안의 다른 자질들에서 전통성이 강화되는 측면을 보여줄 때, 비로소 그것이 「초혼招魂」의 전통성을 높이는 동력이라고 할 수 있을 것이다. 이와 같은 연관관계를 쉽게 포착하기 어렵다는 전제 아래, 이 글은 여느 시편과 변별되는 「초혼」의 특징에 주목하여 그 특징과 전통성과의 상관관계 또는 필연성을 묻는 방법을 따르고자 한다. 즉, 시편에서 유독 두드러지는 특징이 바로 민족의 전통뿐만 아니라 시학의 전통을 토대로 조성되었다는 점을 밝히고자 하는 것이다.

2. 「초혼招魂」의 구조와 감정의 분출

근대 이후 신시와 자유시의 창작 방법을 탐구하고자 하는 시도에는 전대의 정형적인 시 형태에 대한 반동의 뜻이 담겨 있다.6) 전대의 내용과 형식으로는 근대인의 감각과 감정을 온전히 싣기 어렵다는 공감대가 형성되었던 것이다. 정형화된 운율은 근대의 다변한 감정의 유로를 강제로 막았으며, 유형화된 비유 대상과 함의도 일상지각을 확대하기보다는 일상 지각을 재확인하는 쪽으로 활용되었다. 반면 근대시는 시인의 모호한 감정을 드러내기 위하여 운율을 문면의 배후에서 작동하도록 이끌었고, 미지의 영역을 조성하기 위하여 낯선 대상들끼리 엮어 비유가 형성되도록 요구하였다.

한국 근대시의 비유와 운율 형식이 갖춰지며 시인이 품었던 최초의 감정

---

6) 신시 논쟁의 개괄적인 성과에 대해서는 백운복, 「현철·황석우의 신시논쟁고」, 『서강어문』, 서강어문학회, 1983; 김춘식, 「신시 혹은 근대시와 조선시의 정체성」, 『한국문학연구』 28, 동국대 한국문학연구소, 2005; 정우택, 「한국 근대 초기시에서 '외래성'과 '민족성'의 문제」, 『한국시학연구』 19, 한국시학회, 2007, 참조.

은 새로운 형식에 맞춰 변형되어 나타났다. 근대시의 새로운 형식을 의식하며 커지건 작아지건 최초에 품었던 시인의 감정은 굴절될 수밖에 없었던 것이다. 바꿔 말하면 전대의 시 형식을 탈피하는 시도가 있었던 그 순간부터, 운율과 비유에 대한 근대시의 미학이 확립되기 이전까지가 한국 근대 시인의 감정이 시에 그대로 노출되어도 거리낌이 없었던 시기라고 할 수 있다.

문학사적으로 이 시기는 낭만주의 시가 본격적으로 발표되었던 1920년대, 좁게는 1920년대 초중반에 해당된다. 1925년 이후 시의 감정을 수단으로 여겼던 카프 문학의 압력과 1930년대에 이르러 근대 시 담론과 모더니즘 시학의 심화 등 다양한 근대 시학의 규율이 확립된 것을 염두에 두면 그렇다. 1920년대 초중반은 김소월이 활동했던 시대이면서 동시에 '센티멘털 로맨티시즘'의 시가 분출되던 시기였기도 하다.7) 박영희, 오상순, 박종화 등으로 대변되는 '센티멘털 로맨티시즘'의 시인과 김소월을 대별하기 위하여, 이후 문학사는 앞의 시들에 대해서는 3·1운동 실패 후 만연한 절망과 퇴폐 의식의 발로라 평가하고 김소월에 대해서는 민족의 보편적 정서의 형상화나 소극적 의지의 표현이라 평가했다.8) 한국 근대 시사의 맥락을 고려하더라도 낭만적인 정서를 표출했던 이들은, 이에 함몰되었는가 아니면 이를 승화했는가의 차이가 있을 뿐, 그 시대에 만날 수밖에 없었던 것이다. 이와 같은 시각은 예외적 인물로서의 김소월에게 시대적 필연성을 부여한다.

김소월의 시는 한국 근대 시사에서 특별한 위치를 점유하면서 동시에 당대의 일반적인 경향을 따른다. 그의 시에 나타난 감정 표출의 성향은 온전한 상태로 되돌릴 수 없는 것에 감정을 토로하는 후기 낭만주의 정서를 담고 있다. 그 중에서 「초혼招魂」은 감정의 고도가 가장 높다고 할 수 있는데, 이와 같은 평가가 내려진 데에는 임의 상실이라는 메시지의 측면에 힘입은 바가

---

7) 김기림, 「「모더니즘」의 역사적 위치」, 『김기림 전집 2-시론』, 심설당, 1988, 55-56쪽.
8) 정한숙, 『현대한국문학사』, 고려대학교출판부, 1982, 64-85쪽.

크다. 그러나 느낌표, 영탄의 서술어 등의 형식적인 장치들 역시 감정의 분출을 돕는 데 기여하고 있다는 것을 시에서 확인할 수 있다.

산산히 부서진이름이어!
虛空中에 헤여진이름이어!
불너도 主人업는이름이어!
부르다가 내가 죽을이름이어!

心中에남아잇는 말한마듸는
끗끗내 마자하지 못하엿구나.
사랑하든 그사람이어!
사랑하든 그사람이어!

붉은해는 西山마루에 걸니웟다.
사슴이의무리도 슬피운다.
쩌러저나가안즌 山우헤서
나는 그대의이름을 부르노라.

서름에겹도록 부르노라.
서름에겹도록 부르노라.
부르는소리는 빗겨가지만
하눌과쌍사이가 넘우넓구나.

선채로 이자리에 돌이되여도
부르다가 내가 죽을이름이어!

사랑하든 그사람이어!

　　　사랑하든 그사람이어!

─「초혼招魂」9)

「초혼招魂」에는 느낌표가 첫 연과 마지막 연을 위주로 총 아홉 번 등장한다. 그만큼 시는 격정적인 분위기에 휩싸여 있다. 그러나 이 감정이 처음부터 끝까지 절정의 단계를 유지한다고 보기는 어렵다. 감정의 도약도 절정의 감정도 모두 느낌표로 처리되어 있다. 짝을 이룬 도약과 절정의 감정은 다른 도약과 절정의 감정과 만나 각각 층위를 달리하여 또 다른 도약과 절정에 배치되기도 한다.

이 점은 첫 연부터 확인할 수 있다. 임의 죽음을 애통해 하는 발화 "산산히 부서진이름이어!"는 실체와 이름의 분리, 망자와 산 자의 분리를 드러낸다. 이 분리에 따른 절망감은 감정의 폭발을 유도하기는 하지만 1연 마지막 행 "부르다가 내가 죽을이름이어!"와 견주면 그 정도가 약한 편이다. 이 부분은 '나'의 저승행을 가정하게 할 정도로 감정의 밀도가 높다. 1연 첫 행이 분리되었다는 것을 깨닫는 순간이라면 1연 마지막 행은 분리되었다는 것을 부정하려는 순간이다. 깨달음은 수동적 인식의 단계이지만 의지의 노출은 적극적 개입의 단계이다. 더구나 "하늘과땅사이가 넘우넓구나."의 4연 마지막 행을 참조하면, 이 의지가 개입된 가정은 이승과 저승의 좁힐 수 없는 간격을 인식하며 비롯된 것이라서 비참한 심정의 강도가 1연 안에서 가장 높다고 할 수 있다.

그런데 1연 전체는 2연과 견주면 도약의 단계에 있다. '나'가 그리 슬퍼하는 까닭이 2연 "사랑하든 그사람이어!"에 집약되어 제시되어 있기 때문이다.

---

9) 『진달내 꽃』, 1925. 이 글에서 인용하는 김소월 시는 김용직 편, 『김소월 전집』(서울대학교출판부, 1996)에 실린 원문 표기를 따른다.

내용도 그렇지만 운율을 고려하더라도 그렇다. 7·5조 변용이 나타난 김소월의 시는 대개 7로 대변되는 긴 부분이 도약의 역할을, 5로 대변되는 짧은 부분이 마무리의 역할을 하며 의미의 소단위를 형성한다. 한 편의 시는 이 7·5조의 소단위 의미 영역이 반복되며 완성되는 것이다.

가령 대표작 「진달래 꽃」의 초반부만 하더라도 7에 해당하는 "나보기가 역겨워"와 "말없이 고이보내"가 각각 "가실때에는"과 "드리우리다"의 전제 역할을 한다. 행동은 5에, 원인은 7에 배치되어 하나의 의미 단위가 형성된다. 5의 짧은 부분에 "잊었노라"를 반복해서 배치한 「먼 후일」이나, "꽃이 피네"와 "꽃이 지네"를 처음과 끝에 배치하여 자연의 순환을 강조하려 했던 「산유화」의 경우도 마찬가지이다.10) 7의 긴 부분과 5의 짧은 부분이 의미상 한 단위를 이루며 중첩되는 것이 김소월 시의 특징이다.

「초혼招魂」에도 이와 같은 모습이 보이다가 "사랑하든 그사람이어!"가 두 번 반복하는 부분에서 변형이 이뤄진다. 즉, 장과 단의 중첩 리듬이 여기에서는 단과 장의 리듬으로 변형되며 그 흐름이 정지되는 것이다. 운율 흐름의 정지는 의미의 강조로 이어지는데, 그곳에 바로 '사랑'이 있다. 초혼招魂이라는 행위의 원인도 '사랑'이고 운율의 역전으로 의미를 강조하는 데에서 강조되는 것도 '사랑'이다. 이 부분은 따라서 의미와 운율의 흐름을 집약시키는 절정부라고 할 수 있다.

감정 노출의 절정부가 끝난 뒤 3연에는 경치가 묘사되어 있다. 감정과 경치가 어울려 한 편의 시를 이루는 한시의 창작 방법이 떠오르기도 하지만, 3연의 경치는 감정과 대등한 층위에 있지 않다. 석양 무렵과 서산은 그 시간

---

10) 시 전문은 다음과 같다. "먼 훗날 당신이 찾으시면/그때에 내 말이 "잊었노라."//당신이 속으로 나무리면/"무척 그리다가 잊었노라."//그래도 당신이 나무리면/"믿기지 않아서 잊었노라."//오늘도 아니 잊고/먼 훗날 그때에 "잊었노라,"(「먼 후일」) "산에는 꽃 피네/꽃이 피네/갈 봄 여름 없이/꽃이 피네//산에/산에/피는 꽃은/저만치 혼자서 피어 있네//산에서 우는 작은새여/꽃이 좋아/산에서 사노라네//산에는 꽃 지네/꽃이 지네/갈 봄 여름 없이/꽃이 지네"(「산유화」)

과 공간으로 소멸의 세계를 환기하고 있으며 사슴은 슬피 우는 것으로 감정의 이입 대상이 된다. 또한 산은 '떨어져 나간' 것으로 분리를 암시한다. 3연은 감정과 맞서 의미를 주고받을 수 있는 독립적인 경치가 아니라 감정이 적극적으로 침범한 정경으로 이뤄졌다. 한시의 창작 방법 중 하나인 선경후정先景後情은, 여기에서 위치뿐만이 아니라 이 감정의 개입 정도로도 역전된다. 온전치 못한 위상을 가진 3연의 경치 묘사는 고조된 감정을 이완하는 역할을 하는 동시에 다음에 찾아올 감정의 요동을 맞이하는 역할을 한다.

휴식을 마친 뒤 감정은 다시 한 번 일렁이는데, 그 간격은 전반부와 견줘 짧다. 결코 만날 수 없는 하늘과 땅 차이만큼 큰 이름과 실체의 간격이 여기에서 드러난다. 이름은 땅에 있으나 실체는 하늘에 있다. 망부석 설화가 연상되는 다음 부분에서 그 차이는 재확인된다. 그리움을 대변하는 이름 부르기는 "선 채로 돌이 되는" 것으로 응축되지만, 돌이 된다고 해서 임을 만날 수는 없는 일이다. 어떠한 노력을 하더라도 그 차이는 좁혀질 수 없다. 마지막 연은 이와 같은 감정의 도약과 절정의 단계가 압축되어 제시된 부분이다. 즉 "부르다가 내가 죽을이름이어!/사랑하든 그사람이어!"는 시의 마무리이면서 동시에 감정의 최절정부이면서 동시에 그 감정의 격차를 선명히 느끼게 하는 구절이다. 시는 절정의 감정을 독자에게 전달하며 끝난다. 격정적이라는 말에 어울리는 효과를 발휘하며 시가 마무리되는 것이다.

감정의 토로를 여실히 보여주는 표지 역할을 하는 것은 비단 느낌표뿐만이 아니다. 느낌표로 끝나지 않은 서술부에도 감정의 표출은 이루어지고 있다. 2연 2행의 "싯긋내 마자하지 못하엿구나."와 4연 4행의 "하눌과쌍사이가 넘우넓구나." 등에서 보이는 '-구나,' 3연 4행부터 4연 2행까지 "나는 그대의이름을 부르노라.//서름에겹도록 부르노라./'서름에겹도록 부르노라"로 반복되는 서술어 '-노라' 등도 감정 표출을 돕고 있다. 앞의 서술어는 영탄과 비애를, 뒤의 서술어는 허무 의식을 주로 나타낸다. 이와 같은 구문 표지는 일인칭의 흔적을 드러내며 비유의 매개 없이 품었던 최초의 감정을 발산하는 데 도움을 준다.

물론 감정 표출을 돕는 여러 표지는 다른 김소월의 시에도 많이 보인다. 하지만 「초혼招魂」의 그것은 여느 시들과 변별되는 면모를 지닌다. 다른 시의 경우 일상 언어의 구문과 같이 감정 표출의 표지가 일인칭의 감정 상태를 드러내어 고정시키는 쪽으로 쓰인다. 가령 느낌표는 지각 대상과 접면하여 변화하는 감정을 일인칭 내면에 수렴시키는 데에 찍힌다. 그러나 「초혼」의 경우 그것은 내면으로 수렴되기보다는 임이 부재하는 현실과 저승으로 떠난 임을 향해 발산한다.

> 어룰업시지는꼿츤 가는봄인데
> 어룰업시오는비에 봄은우러라.
> 서럽다, 이나의가슴속에는!
> 보라, 놉픈구름 나무의푸릇한가지.
>
> ─「봄 비」부분

> 볼사록 넓은벌의
> 물빗츨 물씨럼히 드려다보며
> 고래숙우리고 박은드시 홀로섯서
> 긴한숨을 짓느냐. 왜 이다지!
>
> ─「저녁째」부분

> 그대가 바람으로 생겨낫스면!
> 달돗는개여울의 뷘들속에서
> 내옷의압자락을 불기나하지.

─「개여울의노래」부분

『진달내 꼿』(賣文社, 1925)에 수록된 시들은 이 차이를 명확히 한다. 시집에는 감정의 분출 표시로 느낌표가 사용된 시가 대략 30여 편이 있는데, 「봄 비」나 「저녁째」의 경우 모두 둘레 세계의 풍경을 본 뒤 막연한 마음의 상태를 깨닫는 곳에 느낌표가 찍혀 있다. 「봄 비」는 비 오는 장면을 보며 자신의 설움을 토로하는 시이다. 하늘의 비가 설움에 북받쳐 흐르는 자신의 눈물과 동일시되는 순간 느낌표가 찍힌다. 이때 느낌표가 환기하고 있는 것은 막연한 상태에 놓여 있던 설움이 비에 의해 뚜렷해지는 순간의 깨달음이다. 이미지를 새로 얻은 것에 대한 표시로 느낌표가 쓰이고 있는 것인데, 그 이미지가 드러내려는 것이 바로 일인칭의 마음이다. 「저녁째」의 경우 넓은 벌판과 물빛을 물끄러미 보며 왜 한숨이 나는지 자신에게 물어보는 표시로 느낌표가 쓰이고 있다.

「봄 비」, 「저녁째」에 쓰인 느낌표는 미처 몰랐던 설움과 고독을 외부 풍경의 자극을 받아 알게 되었다는 깨달음을 표시하고 있다. 두 시 모두 내면의 막연한 심정을 이미지로 제시한다는 점에서 '느낌의 객관화'로 진술의 진행 방향을 정리할 수 있다. 이때 느낌표는 그 느낌의 주인인 일인칭을 환기하는 것으로 쓰여 이미지 조성의 바탕을 일인칭 내면에 한정하는 역할을 한다.

「개여울의 노래」의 경우에는 "그대"에 대한 그리움이 강해져 그대가 바람으로 생겨났으면 하는 욕망을 표현하는 곳에 느낌표가 찍혀 있다. "그대"라는 2·3인칭이 중요한 역할을 하고 있지만, 가정법의 조건절 내에서 욕망이 표현되는 것이라서 이 느낌표에 담긴 느낌도 일인칭의 범위를 넘어선다고 보기는 어렵다. 이 때문에 상대방을 부르며 자신의 감정을 발산하는 느낌표보다 느낌의 강도가 작다고 할 수 있다.

'무엇을 보니 어떠하다!'로 대변되는 이와 같은 구문 형식은 지각 대상을 원인으로, 일인칭의 감정 상태를 결과로 상정하여 감정 분출의 방향을 일인칭 내면으로 향하게 한다. 미처 몰랐던 사실을 이제야 깨달았다는 표시로, 또는 이미 알고 있는 사실들을 다시 한 번 환기하는 표시로 대개의 느낌표가 쓰인다. 「초혼招魂」은 이와 다르다. 느낌표에서 일어나는 감정이 일인칭 밖으로 분출될 뿐만 아니라 탄식 섞인 서술어들도 일인칭이 감당하지 못하는 세계와 운명을 환기한다. 이들은 개인의 탄식에 머물지 않고, 이승과 저승의 간격이나 임의 이름을 환기하며 계속 발산하고 있다. 「초혼」의 격정성이 큰 이유가 여기에서 비롯한다.

> 正月대보름날 달마지,
> 달마지 달마즁을, 가쟈고!
> 새라새옷은 가라닙고도
> 가슴엔 묵은설음 그대로,
> 달마지 달마즁을 가쟈고!
> 달마즁가쟈고 니웃집들!
> 山우헤水面에 달소슬째,
> 도라들가쟈고, 니웃집들!
> 모작별 삼성이 써러질째.
> 달마지 달마즁을 가쟈고!
> 다니든옛동무 무덤까에
> 正月대보름날 달마지!
>
> ─ 「달마지」 부분

「달맞이」에는 청자가 있다. 부르는 행위의 표시로 느낌표가 사용된 경우이다. 감정은 발산될 가능성이 높다. 또한 「달마지」에는 「초혼招魂」처럼 죽음의 모티프가 쓰였고, 또 많은 느낌표가 등장한다. 느낌표는 "니웃집들"이나 "가쟈고"나 "달마지" 뒤에 등장한다. 하지만 이웃 사람에게 달맞이 가자고 하는 청유형에는 상대방을 향한 외침보다는 독백의 의미가 뚜렷이 나타난다. "묵은설음"이 주는 체념의 정서가 그곳에도 영향을 미치기 때문이다. 더구나 느낌표는 "니웃집들"을 청자로 상정하며 찍히다가 마지막에 청자를 배제한 "달마지" 뒤에 붙는다. 청자가 사라진 곳에 찍힌 끝의 느낌표는, 청자들이 마지막 독백의 효과를 극대화하기 위해 마련된 것으로 추정하게 한다. 그 마지막 효과는 무덤이 상징하는 죽음과 달맞이가 환기하는 마중이 함께 빚어내는 아이러니이다. 죽음을 마중하러 나가는 아이러니한 상황을 드러내기 위해 느낌표가 쓰였고, 청자의 상정 역시 이 효과를 살리기 위해 쓰였다는 것이다.

하지만 여기에서도 중요한 것은 밖의 대상들이 아니라 내면의 깨달음이다. "사랑하든 그사람이어!"로 끝나는 「초혼招魂」의 마지막이 임이 부재하는 현실을 환기하는 쪽으로 감정을 발산한다면, 「달마지」의 마지막은 아이러니의 극대화와 내면의 깨달음을 향하도록 감정을 모아둔다. 즉, 김소월은 이후 다른 시인들과 견주어 감정을 자유롭게 분출했으나, 대개 그 감정이 일인칭의 내면에 모이는 반면, 「초혼」의 경우 감정이 일인칭 밖으로 발산한다고 요약할 수 있다.

3. 감정 분출의 기제와 허락된 감정 분출

「초혼」의 온전한 감정 분출이 제 때에 도착한 결과라 이해하더라도, 그것이 「초혼招魂」과 같은 시기 다른 시인의 시나 다른 김소월 시의 변별적 자질을 설명하지는 못한다. 신시나 자유시의 출현을 새로운 과제로 여겼던 당대에 감정 분출은, 한국 근대시의 모습이 확립되었던 1930년대의 앞 시대 시인들이 시를 창작하면서 한 번 쯤 시도했던 방법이기도 했던 것이다.

그렇다고 서구 낭만주의 시학의 영향으로 1920년대 한국 근대시의 흐름을 파악한 뒤 이를 토대로 「초혼」이 지닌 특수성의 원인을 헤아리기도 어렵다. 이와 같은 논의의 저변에 있어야 할 서구 낭만주의 시학에 대한 학습이 당대에는 공고하지 못했기 때문이다. 1920년대 평자와 시인들은 낭만주의의 핵심 기제인 이상향과 서정성을 낭만주의와 연관시키지 못했다.11) '서정'에 한정해서 말한다면, 그들은 이를 낭만주의에서 유래한 그것이 아니라 번역어의 축자적인 뜻풀이에 한정하여 '감정의 분출' 정도로만 여겼다. 1920년대 시에 나타나는 감정 분출이 근대 시학의 앞자리에 있는 '낭만주의'와 맥락을 같이 하고 '서정성'의 뜻풀이와도 겹친다고 하더라도, 그것이 서구 시학의 직접적인 영향의 결과로 보기 어려운 이유가 여기에 있다. 당대 시인들은 서구의 '서정시' 개념에 대해 학습이 부족했던 것이 아니라 '서정시'라는 개념 자체를 염두에 두지 않았던 것이다. 서구의 낭만주의 시학의 숙고에서 출발하여 「초혼」의 특수성에 접근하는 길은 이와 같이 처음부터 난관에 봉착하게 된다.

'근대시' 생성과 시학의 관점으로는 해결하기 어려운 이 문제에 대해 한자문화권 시의 특성과 그 시학은 해결의 실마리를 제공한다. 유의해야 할 것은 한국 전통 시학의 시각을 접목한다고 하더라도, 그 까닭이 망부석 설화나 초혼의 풍속과 같은 직접적인 소재 차용에 있다고 보는 것은 아니라는 점이다. 또한 한자문화권에서의 시학이 개인의 감정 분출을 적극적으로 도모했기 때문도 아니다. 오히려 한자 문화권, 특히 한시미학은 감정의 온전한 분출을

---
11) 졸저, 『한국 근대 서정시의 기원과 형성』, 서정시학, 2010, 32-94쪽 참조.

억제하도록 권유한 면이 있다.

　유교 문화권과 일정 정도 겹치는 한자 문화권에서 개인의 감정은 일반적으로 제어해야 할 대상이었다. 전통 시 미학에서 감정은 사상이나 이성과 함께 있어야 하는 것으로 여겨졌다.12) 널리 알려진 대로 한시 미학에서도 감정은 경치와 관계를 맺으며 한 편의 시를 이루었다. '선경후정' '정경교융情景交融,' '정경적회情景適會,' '정경일합情景一合' 등의 한시 창작의 기법을 가리키는 용어는 이 사실을 예증한다.13) 하지만 감정의 제어 장치 없이 감정이 노출되는 예도 간혹 있다. 그 예들은 하나의 유형을 이루는데, 유교 문화권의 더 높은 가치인 충忠과 효孝의 이념이나 제사祭祀 의식을 강화하는 데 쓰이는 감정이 여기에 해당한다. 나라가 망하거나 부모 등의 사람이 죽으면 마음껏 슬퍼할 수 있었던 것이다.

　　1)
　　　충실히 행하면서 경건히 지킴이여 / 克勤行而敬守兮
　　　끝내는 진정한 도에 이르리로다 / 終可達乎道眞
　　　변고에도 평상심 놓치지 않음이여 / 不失常於遇變兮
　　　임기응변한 것도 정도(正道)에 맞는도다 / 能制權而合經
　　　기필코 천지와 덕을 함께함이여 / 期崇廣之合德兮
　　　이것이 바로 대인의 바른 몸가짐이로다 / 允大人之踐形
　　　전현(前賢)을 경모해도 만날 수 없음이여 / 景前修而難作兮
　　　유작(遺作)에 의탁하여 심정을 토로하는도다 / 託遺篇以抒情

---

12) 유협, 『문심조룡』, 최동호 역, 민음사, 1994, 91-92쪽 참조.
13) 심경호, 『한시의 세계』, 문학동네, 2006, 68쪽. "그런데 한시에서 경과 정의 문제는 실은 형식의 면에 그치는 것이 아니다. 그것은 한시를 성립시키는 근본에 놓인 미학과 연결되어 있다. 중국 문인들이 정과 경의 문제를 무수히 언급한 것도 그러한 이유에서였다. 곧, 중국의 문학서적에서는 '정경교융情景交融' '정경적회情景適會' '정경일합情景一合' 등등의 표현을 많이 찾아볼 수 있다."

― 유통부에 차운함「次韻幽通賦」병서14)

2)

신이 와선 곡도 않고 눈물도 안 흘리고 / 臣來不哭亦不泣

서정의 긴 노래를 한 곡조 읊었는데 / 抒情長歌歌一奏

묵었던 밭 지금은 문왕 백성 것이 되어 / 荒田今屬豐畔民

봄이면 벼와 기장 무성하게 윤이 나고 / 禾黍油油春自茂

농부들은 날마다 호미 메고 찾아들며 / 村翁日日但荷鋤

목동들도 때로 와서 소싸움을 붙인다네 / 牧童時時牛角扣

― 은 나라 유허를 지나며 맥수가를 노래하다「過殷墟歌麥秀」부분15)

3)

거긴 바로 공의 무덤 있는 곳이네 / 乃公佳城

정을 펴서 제문 지어 올리노라니 / 抒情見辭

완연하긴 풀을 펴고 앉은 것 같네 / 宛若班荊

새 무덤에 해 넘긴 풀 자라났으매 / 宿草新阡

떨어지는 눈물 옷깃에 가득 하네 / 淚落襟盈

― 판서(判書) 민성휘(閔聖徽)의「제문」부분16)

한자 문화권에서의 감정 노출은 특히 기존 질서의 파괴에 대한 감응을 나타낼 때 선명히 드러난다. 1), 2), 3)의 예는 한국고전번역원이 보유한 자료이다. 1)은 굴원屈原의『이소경離騷經』을 본뜬 것으로서 부賦의 일종이다. 인용문 앞에는 백이가 언급되어 있고 인용문에는 도道와 덕德과 같은 규준이

---

14)『계곡선생집』제1권
15) 시(詩)○칠언사운(七言四韻),『백호전서』제2권
16)『잠곡유고』제9권, 경인년(1650, 효종 1) 6월

제시되어 자신의 감정이 거기에 의존해 펼쳐진다는 것을 말하고 있다. 감정의 지향점이 바로 도道나 덕德과 같은 전통적인 가치인 것이다. 2)는 나라가 망해서 장가長歌를 읊는다는 내용이다. 망국의 한은 전통적 유교적 세계관에서 감정의 분출을 허용하는 기제이다. 그것의 분출이 곧 충忠의 세계관을 공고히 하기 때문이다. 3)은 제문의 일부이다. 사람이 죽었으므로 여기에서도 감정의 분출은 허용된다. 망자의 넋을 기리면 기릴수록, 즉 감정이 분출되면 분출될수록 이승과 저승의 구분은 선명해진다. 애도와 매장이 죽은 사람이 아니라 살아 있는 사람을 위해서 치러야만 하는 의식이라는 말도 이러한 판단과 연관된다. 귀신의 세계보다는 살아 있는 사람의 세계에만 관심이 있다는 『논어論語』의 말과 「초혼招魂」에 나타난 의식은 서로 다른 것이 아니다.17) 김소월의 「초혼」 역시 망자를 애도하는 재래 의식이다. 크게 슬퍼하는 것으로 망자를 애도하고 삶의 세계를 유지시키는 것이 '초혼' 의식의 내포라는 점에서, 유교 문화가 허용하는 덕목의 범위 안에 있기 때문에 김소월의 「초혼」은 격정적으로 감정을 노출할 수 있었던 것이다. 일제 강점기라는 특수한 상황을 주목한 견해에 따라, 망자를 조국의 비유로 본다고 하더라도, 이 또한 감정 분출의 지향이 충忠으로 귀결되기 때문에 「초혼」의 감정은 허락된 것으로서 분출할 수 있었다고 해석된다. 즉, 서구 근대시학에 대한 미숙한 이해와 더불어 유교 전통 시학의 전통에 힘입어 「초혼」에서는 동시대의 다른 시나 김소월의 다른 시보다 격정적으로 감정이 분출될 수 있었던 것이다.

> 그럿습니다, 分明합니다. 우리에게는 우리의 몸보다도 맘보다도 더욱 우리에게 各自의 그림자 가티 갓갑고 各自에게 잇는 그림자가티 반듯한 各自의 靈魂이

---

17) 『논어(論語)』, 「선진(先進)」 12장. "季路問事鬼神. 子曰, "未能事人, 焉能事鬼?" 曰, "敢問死" 曰, "未知生, 焉知死?"

잇습니다. 가장 놉피 늣길 수도 잇고 가장 놉피 깨달을 수도 잇는 힘, 또는 가장 强하게 振動이 맑지게 울니어오는, 反響과 共鳴을 恒常 니저 바리지 안는 樂器, 이는 곳, 모든 물건이 가장 갓가히 빗치워드러움을 밧는 거울, 그것들이 모두 다 우리 各自의 靈魂의 표상이라면 標像일 것입니다.18)

김소월은 자신이 쓴 유일한 시론 「시혼詩魂」에서 시의 기능을 '시혼'이라는 말을 빌려 설명한다. 그에 따르면 만물에는 영혼이 있으며, 그것이 있어야만 인식하지 못하는 만물의 감각을 시에 끌어올 수 있다. '혼'은 지각할 수 없다는 점에서 신비로운 대상이다. 하지만, 호명하면 그 표상이 드러난다. 이 말은 「초혼」의 기능과 상통한다. 혼은 「초혼」에서건 「시혼」에서건 지각할 수 없는 것으로 신비로운 대상의 역할을 하지만, 호명함으로써 이승과 저승의 경계는 명확해지고 이승은 풍요롭고 뚜렷해진다. 신비로운 세계에 나아가기 위해서가 아니라 이 세계를 중시하기 위해서 차용한 혼은, 여기에서도 현세를 중시하는 유교적인 세계관을 따른다고 할 수 있다. 따라서 겉으로 보이는 것과는 달리 「초혼」에서 감정의 노출이 허락된 까닭은 그것이 한자문화권의 전통 내지는 규범에서 벗어나지 않기 때문이라고 할 수 있다.

지금까지의 논의를 종합해 보았을 때 「초혼」은 몇 가지 맥락에 의해 전형적인 시가 되기도 하고 예외적인 시가 되기도 한다. 한국 시사에서 그만큼 격정적인 시가 드물다는 점에서 「초혼」은 예외적이다. 하지만 1920년대 전반 산출된 시의 주류가 감정 노출을 많이 했다는 점에서 「초혼」은 전형적이다. 또한 감정의 분출 정도를 기준으로 본 1920년대 다른 시인들의 시나, 김소월의 다른 시들과 견주면 「초혼」은 예외적이다. 예외성을 전형의 틀에서 벗어난 것으로 이해하기 위해서는 새로운 시각의 도입이 필요하다. 개념의 혼란은 「초혼」에 내재한 고유한 특성에서 비롯한 것이 아니라 「초혼」을 이

---

18) 김소월, 「詩魂」, 『개벽』 제59호, 1925년 5월.

해하는 시각의 일면성에서 비롯했기 때문이다.

  1920년대 시를 낭만주의 시로 이해하고, 당대 시인들이 서정성을 숙지하여 감정 분출의 시를 창작했다고 파악했을 때, 김소월의 시에 드러나는 감정의 분출은 낭만성과 서정성의 전형적인 실례가 된다. 또한 「초혼招魂」의 높은 격정성은 낭만성과 서정성의 범주 안에서 이해할 수 있게 된다. 이와 같은 평가가 일견 타당해 보일지라도 그 기준이 대부분 서구의 시학 개념에서 조성되었다는 점은 유의해야 할 필요가 있다. 앞서 살펴 본 대로 당대 조선은 서구 시학의 내면화가 숙성된 시기가 아니었다. 지양해야 할 것으로 전통시학이 인식된다고 하더라도 당대의 시인들이 그 위력을 완전히 떨쳐냈다고 보기는 힘들다. 김소월의 시를 이해하는 데 전통시학의 고려가 있어야 하는 까닭이 여기에 있다. 유교 문화권, 그 중 한시 미학의 시각에서 「초혼」은 감정이 다른 제어 장치 없이 분출되었다는 점에서 예외적인 시이며, 허락된 감정 표출의 범주 내에 있기 때문에 마음껏 자신의 슬픔을 표출한 전형적인 시이다. 이는 서구 시학의 견해와 반대되는 것이다. 이 상반된 시학의 충돌이 결국 「초혼」의 높은 격정성을 낳았다고 할 수 있다. 이는 신시 성립기에도 한시 미학이 아직 영향을 미치고 있다는 증례이기도 하다. 「초혼」에 대한 평가에는 전통과 근대 인식 사이의 심연이 가로 놓여 있었던 것이다.

4. 나가며

  민족의 보편적 정서를 가장 잘 살렸다고 평가되어 온 김소월이 생전에 발간한 유일한 시집 『진달내 꽃』(賣文社, 1925)에 「초혼」은 실려 있다. 「초혼」

은 그의 다른 시편과 견주어 시인의 감정을 여실히 드러냈다는 점을 공유하면서도 그 분출 정도가 다른 시를 압도하는 특징이 있다. 근대 시학의 개념이 아직 성숙하지 못했던 1920년대의 상황이 감정을 날것으로 노출하는 길을 제공했지만, 그렇다고 그것이 「초혼」의 남다른 격정성을 설명해 주지는 못하였다.

감정 표출을 돕는 「초혼」의 여러 표지는 김소월의 다른 시에서처럼 내면의 느낌을 환기하는 것으로 수렴되기보다는 임이 부재하는 현실과 저승으로 떠난 임을 향해 발산하는 특징을 지닌다. 이는 서구의 근대 시학이 설명해주지 못하는 특장점이라 할 수 있다. 비록 유교 문화권과 일정 정도 겹치는 한자 문화권에서도 개인의 감정은 일반적으로 제어해야 할 대상이기는 하지만, 유교 문화권의 더 높은 가치인 충忠과 효孝의 이념이나 제사祭祀의식을 강화하는 데 쓰이는 감정의 분출이라면 이를 허용했다. 「초혼」의 감정 분출과 더불어 '혼魂'의 설정은 망자의 넋을 기리고 현세를 보존하는 애도의 측면에서 유교 문화권의 전통이 허락한 것이었다. 즉, 「초혼」의 격정성은 전통 계승의 측면이 짙다.

한편 서구의 시학과 전통 시학의 충돌은 이 시를 두고 상반된 견해로 나타나게 되는데, 이를 통해 1920년대 근대시 성립기에 남아 있는 유교 문화권의 영향력을 확인할 수 있다. 1910년대에 근대시를 어떻게 설정할지를 두고 '신시'나 '자유시'에 대한 논의가 있었고 곧바로 1920년대 스무 살 전후 젊은 시인들은 그에 대한 실천의 의미로 시를 창작했다. 곧 이들의 시도는 동시대에 계급문학과 국민문학의 대결로 나뉘며 양쪽으로 시경향이 기울게 되었다. 1930년대에는 정지용을 필두로 하는 모더니즘의 시들이 부각되었다. 감정은 모더니즘의 영향을 받아 절제되도록 유인되었고 전통시는 국민문학의 영역 내에서 시조로 회귀하는 경향이 짙어졌다. 전통과 감정 모두 시대의 압력에 굴절될 수밖에 없었던 것이다. 이들의 온전한 모습이 드러날 수 있는 유일한 기회가 1920년대 근대시 형성기에 있었다. 김소월의 「초혼招魂」은 전통시가 스러지고 근대시가 형성되는 무렵 두 시학의 마찰이 빚어낸 현상을 감정의 분출로 선명히 보여주고 있다.

기억과 예감의 긴장 : 한용운의 「알 수 없어요」

1. 한용운 시의 의의와 「알 수 없어요」의 위상

한용운(1879-1944년)은 크게 세 가지 유산을 한국 근대 시사에 남겼다. 첫째, 그의 시는 한국 근대시의 초기 시대 과제이기도 했던 자유시의 모습을 성공적으로 선보였다. 동시대 김소월의 시와 견주면 그의 시는 산문에 가까웠고 율격도 비교적 자유로웠다. 비록 짧은 시기이기는 했으나 『님의 침묵』은 1926년 발간 이후부터 이상李箱이 1933년 국문으로 시를 발표하기 전까지 10년 가까운 시기 동안 한국 시사에서, 근대시 또는 자유시란 무엇인가의 질문으로 조성한 시 영역의 스펙트럼 중 한 극단을 차지했다. 둘째, 그의 시는 형이상학적 의미를 최초로 그리고 본격적으로 선보였다. 시에 대해 논하는 장에서 감각과 이지理智, 또는 감각과 사상이 대립된 것으로 사유되었던 당시, 한용운의 시는 개인적인 관념을 배제하고 보편적 가치를 수용하며 이 둘을 동시에 보여주었다. 즉, 감각적이면서도 형이상학적인 세계가 펼쳐졌던 것이다. 셋째, 그의 시는 리얼리즘 시의 미학을 선취했다. 근대 문학의 주류로 인식되지만 시의 주류는 아닌 리얼리즘 문학이, 특수한 시대적 상황에서 주목을 끌 수 있었던 까닭에는 한용운의 시를 기원으로 설정한 점도 크게 작용한다. 리얼리즘 시를 비판하는 입장에서는 그 시초이자 전형을 카프시로 설정한다. 그러나 리얼리즘 시를 옹호하는 입장에서는 그 자리에 한용운의 시를 둔다. 분단 이후 리얼리즘 담론을 이끌었던 백낙청이 「시민문학론」에서 한용운과 김수영의 시를 시작으로 리얼리즘론을 펼친 것이 대표적인 예라고 할 수 있다.1)

한용운 시가 지닌 다각적인 의의는 실존 인물로서 그가 지닌 문인이자 사상가이자 실천가이자 종교인인 종합적 면모와 상응한다. 그러나 그의 시 안에서 이들은 삶에서와는 달리 조화보다는 갈등의 관계를 이룬다. 첫째 의의는 이상의 등장 이전에 자유시의 활로를 개척했다는 면에서 모더니즘과 직간접적으로 연결된다. 둘째 의의는 서정시, 전통시 등으로 불리는 주류시의 계보와 잇닿아 있으며 동양의 정신주의 사상과도 연결된다. 셋째 의의는 리얼리즘과 연결되며 당대의 역사적 현실과 시대정신을 반영한다. 한국시가 조성한 이 세 가지 경향은 조화와 통합의 관계를 형성하기보다는 부정과 극복의 관계로 얽혀 있다.

> 아는 이는 잘 아는 바와 같이, 그는 개화후의 우리 신시대 시인들이 대부분 다 그런 것처럼 시를 탐미적 가치나 유행 사상에 의해서 운영하지는 않았다. 그의 시문학 의식은 좀더 넓은 것으로서, 재래 동양인의 문학의식 그것과 일치하는 것이었다. 즉, 문학을 철학이나 종교적 탐구와 병행시키는 그런 문학 의식 말이다.
>
> 그래, 이런 문학의식에 의해 그는 우리 나라의 전통적 종교의 하나인 불교 속

---

1) 백낙청, 「시민문학론」, 『민족문학과 세계문학』, 창비, 1978; 『민족문학과 세계문학 1/ 인간해방의 논리를 찾아서』, 창비, 2011. 62-69쪽.

에서 그 정신 경영의 길을 찾았고, 이 경영의 결과를 시편들에 담았다.2)

서정주의 견해처럼 한용운의 시가 당대 새로운 흐름을 형성했으며 그 기저에 동양 사상이 놓여 있다는 지적은 일견 타당하다. 하지만 이 점은 그의 시가 동양 사상을 증명하기 위해 쓰였다는 오해의 소지를 낳는다. 인용문에 따르면 '동양인의 문학의식'은 문학과 철학과 종교를 "병행시키"는 역할을 한다. 불교는 대등한 층위에 놓인 것들의 자양분 구실을 하는 것이다.

'병행'은 정치와 창작을 겸했던 문사 한용운을, '불교'는 승려 한용운을 떠올리게 하고, 나아가 시의 미학적 가치는 철학 및 종교 사상에서 나온 부수적인 산물처럼 인식된다. 한용운과 같이 삶과 시가 거의 일치하는 경우라면 여기에 이견이 개입될 여지는 적다. 시보다 생애와 사상에 주목한 연구는 시인 한용운에 대한 이해를 풍요롭게 한다. 그러나 그와 같은 풍요로움의 세례를 받기 위해서는 한용운 시의 미학적 가치를 규명하는 작업이 선행되어야 할 것이다.

한용운 시에 대한 연구는 다각적으로 이뤄져왔다. 그가 남긴 한시와 소설도 언급되었으나, 한국 문학 담론의 장 안에서는 주로 『님의 침묵』을 중심으로 논의되었으며, 그 중에서도 '님'의 의미가 무엇인지 헤아리는 과정이 그의 시 연구를 관통했다. 그러나 '님'의 의미가 일정하게 추출되지는 않았다. 처음의 '님'은 다른 개념과 일대 일 대응했다. 가령 연구자의 시각에 따라 민족, 이별한 '님,' 불타 등의 의미로 고정되었던 것이다.3) 다음 단계에서 '님'

---

2) 서정주, 「한용운과 그의 시」, 『한국의 현대시』, 일지사, 1972. 161쪽.
3) 최동호가 「시집 『님의 침묵』과 현대시사의 갈림길」(『하나의 도에 이르는 시학』, 고대출판부, 1997, 85-89쪽)에서 요약한 것을 참조하면, '님'을 '민족,' '이별한 남'으로 파악한 논자는 차례로 조지훈(「한용운론」, 『시와 인생』, 박영사, 1959), 고은(『한용운평전』, 민음사, 1975)이다. '불타'로 파악한 연구는 인권환·박노준(『만해 한용운 연구』, 통문관, 1960)이다.

은 여러 개념을 포괄하는 의미로 인식되었다. 이때의 '님'은 '불타이면서 자연이고 그러면서 조국'이나 '현실이면서 동시에 이념이고 또한 복합 민중'이다.4) '님'은 하나인가 여럿인가. 둘 중 하나를 선택하는 문제의 틀에 균열을 낸 것은 '님'의 실체가 무엇인지 밝히는 것도 중요하지만, '님'을 잠재태 또는 가능태로 두고 그것을 좇는 과정 자체가 『님의 침묵』에서는 조금 더 주목받아야 한다는 의견이었다. 가령, 김흥규의 경우 '님'이 어디에 있으며 어떻게 다시 오는가 물으며 이상화나 김소월 시의 '님'과 달리 한용운의 '님'에는 "끊임 없이 믿고 추구하는 정신의 기반에, 불교의 정신과 역사적 실천 의지"가 있다고 역설하였다.5) 최동호는 "나와 님은 하나이며, 중생과 님은 하나이다"는 명제 아래 "방종한 자유에 오히려 구속당하지 말고 진정한 길을 찾으라"는 전언을 읽어내었다.6) 김흥규가 강조한 '끊임 없이 믿고 추구하는 정신'이나 최동호가 간파한 '진정한 길을 찾으라'는 메시지는 모두 님을 찾는 과정의 중요성을 강조한 표현이라 할 수 있다. '님'이 부재하는 시 「알 수 없어요」가 꾸준하게 분석되는 이유와 한용운 시 연구가 '님'에 대한 추적 과정을 중시하는 것으로 이동한 점은 무관하지 않다.

---

4) 조연현(『한국현대문학사』, 성문각, 1969), 김재홍(『한용운 문학 연구』, 일지사, 1982), 백낙청(『민족문학과 세계문학』, 창비, 1978) 등이 이와 같은 의견을 제시했다. 이중 백낙청에 대한 견해를 소개하면 다음과 같다. "만해의 불교사상을 제대로 이해하면 그의 '님'이 과연 누구냐는 의문은 저절로 풀린다. '님'이 한 여인이 사랑하는 남성이자 시인의 잃어버린 조국과 자유요, 또 불교적 진리이자 중생이기도 하다는 것-그 모든 것이면서 그것이 그때그때 달리 보이기도 하고 중첩되어 보이기도 한다는 것은, 위에 말한 만해의 사상에 의한다면 단순한 시적 기교나 뉴 크리티시즘적 '애매성'의 추구가 아니라 가장 이상적인 사고방식이며 존재의 참모습에 대한 가장 온당한 일컬음인 것이다"(백낙청, 『민족문학과 세계문학1/인간해방의 논리를 찾아서』, 창비, 2011, 67쪽).
5) 김흥규, 「님의 소재와 진정한 역사」, 『문학과 역사적 인간』, 창비, 1980. 11-23쪽.
6) 최동호, 같은 책, 89, 95쪽.

2. 「알 수 없어요」의 의의와 '긴장'의 확산

「알 수 없어요」는 '님'을 잠재 상태로 두고, 그가 '누구'인지 헤아리는 과정으로 구성되어 있다. 『님의 침묵』에 수록된 시들이 이별에서 재회로 이어지는 일련의 과정을 상기하게끔 엮인 점을 고려하면 이 시는 보이지 않는 '님'에 대한 일인칭의 자세를 선명히 부각시켜준다고 할 수 있다. 또한 「알 수 없어요」는 『님의 침묵』에서 가장 미학적 성취가 높은 시로 꼽히곤 한다. 한용운의 '님'이 고귀한 가치를 지녔다고 하더라도 그 사실만으로 시집의 가치가 보증되는 것은 아니다. 근대시로서의 높은 가치를 지닐 때 '님'의 가치 또한 분석 대상의 자격을 얻는다. 비록 '님'이 등장하지 않지만 '님'의 의미를 규명하는 곳에 「알 수 없어요」가 자주 호출되는 이유가 여기에 있을 것이다.

> 그리하여 같은 만해 시라 하더라도 "타고 남은 재가 다시 기름이 됩니다" "그러나 이별을 쓸 데 없는 눈물의 원천을 만들고 마는 것은 스스로 사랑을 깨치는 것인 줄 아는 까닭에 걷잡을 수 없는 슬픔의 힘을 옮겨서 새 희망의 정수박이에 들어부었습니다" 등과 같이 비교적 관념적 표현이 배제되고 사물화된 언어로 표현한 「님의 침묵」이나 「알 수 없어요」 등이 그의 대표작으로 남는 이유가 여기에 있다.
> — 오세영, 「침묵하는 님의 역설 —만해 시의 역설 연구」[7]

오세영은 한용운 시편들 중에서 「님의 침묵」과 「알 수 없어요」를 대표작

---

7) 오세영, 「침묵하는 님의 역설 —만해 시의 역설 연구」, 『국어국문학』 65·66, 1974, 282–283쪽.

으로 꼽는다. 관념적 표현이 배제되고 '사물화'된 언어가 시의 전면에 부상하기 때문이다. 인용문에서 시적 성취를 가늠하는 척도로 제시된 '사물화'보다는, 같은 뜻이라도 그것이 관념적 표현의 대척점에 설정되었다는 점에 착안하여 이 글에서는 '구체적 표현'이나 '감각적 표현'을 사용하고자 한다. '사물화'가 부정적 의미로 쓰여 다른 오해를 불러일으킬 소지가 높기 때문이기도 하지만 '구체'나 '감각'을 사용할 때 '긴장'의 양상이 더욱 확연하게 드러날 수 있다고 판단했기 때문이다.

이 글에서 방법론으로 설정한 긴장tension의 기제를 한국문학사의 장에 본격적으로 끌어들인 이는 김수영이다. 그는 신비평 이론가 앨런 테이트 Allen Tate의 글을 번역하며 '긴장'에 주목하였고 그 개념을 시월평에 적용하였다.8) 김수영은 김춘수의 무의미 시를 비판하는 자리에서 "작품 형성의 과정에서 볼 때는 <의미>를 이루려는 충동과 <의미>를 이루지 않으려는 충동이 서로 강렬하게 충돌하면 충돌할수록 힘있는 작품이 나온다고 생각된다. 이런 변증법적 과정이 어떤 선입관 때문에 충분한 충돌을 하기 전에 어느 한쪽이 약화될 때 그것은 작품의 감응의 강도에 영향을 줄 뿐만 아니라 작품의 성패를 좌우하는 치명상을 입히는 수도 있다"고 한 바 있는데, 이 또한 긴장의 개념을 확장한 것으로 볼 수 있다.9) '의미를 이루려는 충동과 그렇지 않

---

8) 박지영, 「번역과 김수영의 문학」, 『살아 있는 김수영』(김명인·임홍배 편), 창비, 2005. 342-345쪽.
9) 김수영, 「변한 것과 변하지 않는 것」, 『김수영 전집2』 재판, 민음사, 2003, 368쪽. 인용 구절을 '긴장 tension'의 미학과 함께 고려한 연구자는 강웅식이다. 그는 '긴장'을 방법론으로 세운 김수영 연구를 『시 위대한 거절 : 현대시의 부정성』(청동거울, 1998)에서 진행한 바 있다. 그에 따르면 김수영은 앨런 테이트Allen Tate가 긴장에 대해 숙고한 흔적을 산문 「시작 노오트」에 남긴다. 그런데 여기에는 논란의 여지가 있다. 1981년 『김수영 전집』 초판에는 긴장을 뜻하는 영어 'tension'이 'tenison'으로 표기되어 있고, 2003년 발행된 재판에는 'Tennyson'으로 표기되어 있기 때문이다. 강웅식의 책은 그 사이에 발간된 것이다. 그는 tenison을 tension의 오식으로 보았다. 그리고 앨런 테이트의 책 『현대문학의 영역 On the limits of literature』(김수영, 이상옥 역, 중앙문화사, 1962)을 김수영이 공저로 번역한 사실에 주목하여 앨런 테이트의 다른 글 중 "시의 의미는 텐션이라는 것, 즉 그 안에서 우리가 찾아볼 수 있는 모든 밖으로 뻗음(외

은 충동의 충돌'은 단지 표현과 내용의 긴장에서만 조성되는 것은 아니다. 여러 가지 형식과 시간의 대비에 의해서도 조성된다.

'긴장'은 충돌과 간극을 환기할지언정 양 대상의 실체를 명시하지는 않는다. 그것이 표현과 표현, 표현과 내용 사이의 충돌일 수 있으나 리듬과 의미, 관념어와 구체어의 충돌일 수도 있다. 김수영은 이 '긴장'을 사상과 형태, 달변과 눌변, 말과 침묵, 서술과 작용, 삶과 죽음, 내용과 형식 사이에서의 충돌로 확장한다. 긴장이 형성되는 경우는 두 개의 대립항이 설정되면서 어느 한쪽으로 의미가 기울지 않고 팽팽히 버티고 있을 때이다. 물론, 김수영이 '긴장'을 끌어들인 곳이 앨런 테이트의 신비평 이론인 점은, 긴장의 양상을 텍스트 바깥까지 확장하는 것에 대한 적절성 여부를 묻게 한다. 그러나 김수영 자신이 그랬듯이, 다른 미학 개념보다 '시적인 것'을 설명하는 데 적절하다고 판단되면 이를 확장하여 다양한 가능성을 모색하는 것이 불가능하지는 않을 것이다.

실제로 '긴장'의 기제는 '시적인 것,' '역설,' '아니러니' 등과 같은 맥락에 있다. 문학의 언어를 대할 때에는 기호내용뿐만 아니라 기호표현을 적극적으로 고려하는 이상, 어느 한 쪽에 기울지 않는 것으로 확보되는 미확정의 영역이야말로 의미가 끊임없이 생성되는 토대이다. 그곳에서 생성되는 의미의 확장성을 '시적인 것'이라고도 부른다. '역설'은 흔히 진술된 표현들 사이의 충돌에서 의미가 생성되고, '반어'는 표현과 내용의 충돌에서 의미가 생성된다고 한다. 그러나 이들과 '긴장'의 의미가 꼭 포개지는 것은 아니다.

'역설'을 시적인 것의 궁극적 미학으로 설정했거나 '반어'를 문학의 근본적인 미학으로 설정한 의견들을 참조하면 이들을 위에서처럼 간단히 요약하기는 어렵다. 이 경우 오히려 내용과 표현 층위 이외의 여러 간극이 환기되

연)과 안으로 모임(내포)이 충만하게 조직된 몸이라는 것"(강웅식, 같은 책, 27쪽에서 재인용)을 인용하며 '긴장'을 시적 의미를 발생시키는 중요한 개념으로 보았다.

어 지금 이 글에서 말하고 있는 '긴장'과 거의 그 뜻이 포개진다. 그러나 이들은, 적극적으로 그 의미를 확장한다고 하더라도, 결국 전통 수사학의 용어와 겹쳐 간략하게 요약한 위의 의미로 환원되어 인식되곤 한다. 그래서 전통적 수사학에는 없는, 의미의 혼선을 빚지 않는 용어가 필요했고 이 글에서는 그것을 '긴장'이라 표현하였다.

한용운 시의 긴장은 기본적으로 전언 측면에서는 '님'과 '침묵' 사이에서 형성되고, 시어 측면에서는 불교적 형이상학을 담은 관념적 어휘들과 감각적 대상을 묘사하는 구체어 사이에서 형성된다. 「알 수 없어요」에서도 이와 같은 긴장의 국면이 감지된다. 그러나 세부적인 긴장의 형성 양상을 살펴보면, 전통 시가 리듬의 압력과 번역시를 참조하여 추구했던 근대시 리듬 사이에서, 또는 고조되는 리듬과 이완되는 리듬 사이에서도 발견된다. 주목할 것은 다각적으로 형성되는 긴장의 양상 속에서 이탈하는 예외적인 부분이 있다는 것이며, 이 부분이 바로 의미 생성의 중핵이라는 점이다. 달리 말하면 의미 생성의 중핵 역할을 맡은 구절은 여러 긴장 양상을 배경으로 도드라진다. 이때 실체의 정체보다는 실체의 규명 과정 자체에 해석의 방점이 찍히게 되고, 규명 과정에는 있으나 실체 규명에는 없는 운동성과 역동성이 한용운 시를 이해하는 핵심이라는 견해와 이 글의 논지는 접맥한다.

3. 리듬의 변주와 비유의 긴장

시집 『님의 침묵』은 기·승·전·결의 단계를 밟으며 차례로 '님'과의 이별, 이별의 슬픔, 이별의 기다림, 만남의 과정으로 이어지는 스토리를 지니고 있다.10) 시집의 세 번째 시로 배치된 「알 수 없어요」는 기의 단계, 즉 '님'과 이별한 단계에 해당되는 것인데, 이를 고려하여 시의 전체적인 맥락을 재구성하면 반복해서 '누구'를 호명하는 일 자체가 이별의 상황에서 재회의 희망을 피력한 것이라 할 수 있다.11) 즉 재회가 준비된 이별, 희망을 품은 절망이 시 속에 깃든 복합적인 의미인 것이다. 이를 확인하기 위해서는 시 전체를 감상하는 것이 좋을 듯하다. 시의 전문은 다음과 같다.

> 바람도 없는 공중에 수직垂直의 파문波紋을 내이며, 고요히 떨어지는 오동잎은 누구의 발자최입니까.
> 지리한 장마 끝에 서풍에 몰려가는 무서운 검은 구름의 터진 틈으로, 언뜻언뜻 보이는 푸른 하늘은 누구의 얼굴입니까.
> 꽃도 없는 깊은 나무에 푸른 이끼를 거쳐서, 옛 탑塔 위의 고요한 하늘을 슬치는 알 수 없는 향기는 누구의 입김입니까.
> 근원은 알지 못할 곳에서 나서, 돌부리를 울리고 가늘게 흐르는 작은 시내는 굽이굽이 누구의 노래입니까.
> 연꽃 같은 발꿈치로 갓이없는 바다를 밟고, 옥 같은 손으로 끝없는 하늘을 만지면서, 떨어지는 날을 곱게 단장하는 저녁놀은 누구의 시詩입니까.
> 타고 남은 재가 다시 기름이 됩니다. 그칠 줄을 모르고 타는 나의 가슴은 누구의 밤을 지키는 약한 등불입니까.
>
> — 「알 수 없어요」12)

---

10) 백낙청(같은 책)과 김재홍(같은 책)의 연구를 대표로 꼽을 수 있다.
11) 이재복, 한용운 시 <알 수 없어요>에 대한 일고찰」, 『한국언어문화』 41집, 2010, 222쪽. "이처럼 『님의 침묵』이 기・승・전・결로 이루어진 한 편의 존재론적인 드라마라면 <알 수 없어요>는 이 구성의 한 부분을 이루는 중요한 축이라고 할 수 있다. 이런 맥락에서 보면 이 시는 전체 구성상 기에 해당하며, 이별의 슬픔을 노래하고 있는 시가 된다."
12) 한용운 『님의 침묵』에 수록된 시의 표기는 최동호편, 『한용운 시전집』(서정시학, 2009)을 따랐다.

「알 수 없어요」의 시어 풀이에는 논란의 여지가 적다. 시어를 현대어로 풀이하자면 1행의 "발자최"는 '발자취'이고 "지리한"은 '지루한'이다. 3행의 "슬치는"은 '스치는'이고 4행의 "돍부리"는 '돌뿌리'이다. 5행의 "갓이 없는"은 '가이 없는' 즉 '끝 없는'의 뜻과 유사하다. 충청도 홍성 출신인 한용운이 지역의 유려한 어조로 시를 썼다는 평가를 받기도 했으나, 이와 같은 지역색이 리듬의 형성 과정에 개입할 수는 있지만 시어 선택의 영역까지 영향을 끼쳤다고 보기는 어렵다.13) '기룬 것이 모두 님'이라는 서문 「군말」에서도 확인할 수 있듯이, 한용운은 토속어를 사용하여 보편어의 영역을 확장하려 했다기보다는 보편어를 사용하여 대중의 마음을 확장하려 했다고 보는 것이 적절하다.

시의 대략적인 내용을 간추리면 다음과 같다. 화자는 지상에 있다. 그는 떨어지는 오동잎과 구름 틈의 하늘과 숲의 향기와 시냇물 소리와 저녁놀을 보고 맡고 듣고 다시 본다. 자신이 할 수 있는 힘껏 그리고 섬세하게 이들을 묘사한 뒤 같은 방식으로 자신의 내면을 들여다본다. 그리고 말한다. 나의

---

13) 한용운 시의 '산문 지향형의 유려한 리듬'을 지목한 평가는 표현을 달리하여 연구 초기부터 지속되어 왔다. 대표적인 연구자로는 김재홍(앞의 책), 서우석(『시와 리듬』, 문학과지성사, 1981), 최동호(『한용운』, 건국대학교 출판부, 2001), 장석원(「한용운 시의 리듬」, 『민족문화연구』 48호, 2008) 등이 있다. 특히 장석원은 한용운 시에 나타나는 유려한 리듬의 실체를 밝히는 과정에서 이 글의 분석 대상이기도 「알 수 없어요」를 음보를 기준으로 세밀히 다루었다. 그는 발간 형태의 띄어쓰기를 큰 음보로 두고 그 안에 작은 음보를 나누어 '은/는'의 수식어이자 관형어가 반복될수록 리듬이 유려해지고 판단이 지연된다고 해석했다. 또한 6행의 형태가 '-입니까'가 아니라 유독 '-이 되다'로 끝나고, 다른 부분의 쉼표와 달리 마침표로 끝나는 것에 주목하여 '유일하게 변화된 부분'임을 지목하였다. 이 글의 논지는 이 결론에 동의한다. 그러나 음보의 실체가 텍스트 배후로 물러난 근대시에서, 전통 시가의 전통을 따르기보다는 근대시의 자유로운 율격을 지향하는 텍스트에서, 음보를 기준으로 호흡을 나누는 것은 독자의 자의적 판단이 개입될 소지가 있어 이 방법론을 적극적으로 차용하지는 않았다. 무엇보다 반복 속의 변주, 안정 속의 이탈이 이루는 긴장에 주목하는 이 글은 그 대신 긴장의 양상이 선명히 보이는 수식구-피수식어의 쌍을 리듬 분석의 기준으로 세웠다.

가슴은 그칠 줄 모르고 타고 있다. 그것은 누구를 지키는 등불일까. 가슴에 타는 불을 사실로 상정하고 거기에 보호자의 의미를 덧씌워 그 너머의 세계를 예측하는 이 마지막 질문은 앞에서 감각적 대상을 묘사할 때부터 준비된 것이었다. 감각적 대상들을 묘사하는 데 그치지 않고, 그것이 '누구'의 발자취와 얼굴과 입김과 노래와 시라 연상할 때, 그 누구는 현상 너머의 세계에 속해 있는 형이상의 존재인 것이다.

한용운 시의 기본적인 긴장은 여기에서 발생한다. 그가 보편적인 어휘를 시어로 선택했듯이, 누구나 감각으로 수용할 수 있는 대상에서 이미지 연상을 시작한다. 또한 그는 보편적인 진술 너머의 의미를 독자에게 전달하려 했듯이, 감각적인 대상 너머에 있는 '누구'의 의미를 좇고 있다. 형이상의 존재와 감각적 대상과의 긴장이 이뤄지는 순간이다. 이와 같은 방법은 다른 여러 시에서 변주되어 나타난다. 당신에게 하는 복종은 그 어떤 아름다운 자유보다 달콤하다는 「복종」이나, 흙발로 짓밟는 당신을 낡아가며 계속 기다린다는 「나룻배와 행인」의 경우는 순서가 어긋나 있다. 역설적 진술, 즉 모호함을 불러일으키는 진술로 출발해서 누구나 수긍할 만한 논리를 뒤에 밝히는데, 둘 사이의 긴장에서 풍부한 의미가 생성되는 것이다.

「알 수 없어요」를 지탱하는 기본적인 '긴장'은 구체적 대상에는 고귀한 의미를, 형이상의 존재에는 선명한 감각을 부여한다. 「알 수 없어요」가 한용운의 다른 시들과 견주어 감각적 묘사가 두드러진다고 해서 감각 너머의 존재에 대한 신념이 줄어들었다고 말하기는 힘들다. 이재복은 「한용운 시 <알 수 없어요>에 대한 일고찰」에서 시에 나타난 비논리 속의 논리, 즉 '타고 남은 재가 다시 기름이 되는 진술'이 연기론에 입각한 불교적 전통에서 비롯한 것이라 역설했다. 「알 수 없어요」 한 편을 정밀하게 분석한 그의 연구는 이 글의 방법론 설정에 많은 영향을 끼쳤다. 그 논지의 일부에 대한 숙고는 「알 수 없어요」에 더 많은 의미를 생성하는 데 도움을 주리라 판단된다.

이 시는 모두 6연으로 되어 있다. 이중 1-5연은 동일한 구조를 지닌다. 이 구조는 문장의 차원에서 보면 '수식어절+주지(tenor)+매체(vehicle) 의문문 종결'로 볼 수 있다.

여기에서 수식어절과 주지는 우주의 현상을 시간과 공간의 감각적인 질료를 통해 드러낸다. 이것을 도식화하면 '수식어절(시간+공간의 감각)+주지(시간+공간의 감각)+매체(시간+공간의 감각)'가 된다. 1연을 예로 들어 설명하면 좀 더 쉽게 이 도식을 이해할 수 있을 것이다. 1연에서 수식어절은 '바람도 없는 공중에 수직의 파문을 내이며 고요히 떨어지는'이고 주지는 '오동잎'이다. 이 수식어절은 '바람도 없는 공중'이라는 공간의 감각을 표상하는 질료와 '수직의 파문을 내이며 고요히 떨어지는'이라는 시간의 감각을 표상하는 질료로 이루어져 있다. 그리고 앞 절의 수식을 받는 주지의 보조관념인 매체는 자연스럽게 앞의 시간과 공간의 감각적인 질료를 포괄하게 된다. 2연-5연 역시 1연의 구조가 동일하게 반복된다.14)

인용문의 '연'이라는 표현은 '행'의 단순한 착오로 보인다. 주목할 점은 수식어절을 시간과 공간으로 나눈 것과 감각적 질료 부분을 '주지'(tenor)로, '누구'의 발자취, 얼굴, 입김, 노래, 시 등을 '매체'(vehicle)로 분류한 것이다. 첫째 주목할 지점을 보자. 분류 대상은 주절에 속한 '공중, 파문, 장마, 구름, 틈' 등이다. 이들은 '시간의 감각을 표상하는 질료'와 '공간의 감각을 표상하는 질료'로 질서정연하게 구분된다. 시공간의 감각적 표상이 모이는 곳은 '주지의 보조관념인 매체'이다. 여기에서의 '매체'는 구문상의 주어, 구체적인 시어를 예로 들자면 "오동잎"에 해당한다. 그런데 시간과 공간이라는 분

---

14) 이재복, 「한용운 시 <알 수 없어요>에 대한 일고찰」, 217-218쪽.

류 기준은 수식구절 안의 공통 자질에 주목한 결과이다. 인용문의 맥락을 따르면 「알 수 없어요」의 복합적 의미는 시간과 공간의 명확한 구분의 합에서 생겨나는 것이다. 뒤에서 자세히 살펴보겠지만, 이들의 합이 아니라 이들 사이의 긴장에서 여러 의미가 생겨난다는 이 글의 견해와 다른 부분이 여기이다.

둘째 부분을 주목해 보자. 인용문에서는 1연의 '오동잎'에 해당하는 항목(푸른 하늘, 향기, 시내, 저녁놀)을 '주지,' '누구'의 발자취에 해당하는 항목(얼굴, 입김, 노래, 시)을 '매체'로 분류하여 의미의 강세를 앞부분에 둔다.15) '주지'와 '매체'로 이들을 설정하면 의미가 앞부분에 쏠린다. 인용문의 뒷부분에서는 이들을 각각 원관념, 보조관념으로 고쳐 읽는다. 앞부분의 비중을 더욱 크게 하는 진술이다.

> 이 과정에서 시인은 님의 발자취, 얼굴, 입김, 노래, 시에 앞서 오동잎, 푸른 하늘, 향기, 시내, 저녁놀 같은 자연의 감각적인 질료에 주목한다. 시의 문장 구조에서 오동잎이 원관념이고 님의 발자취가 보조관념인 사실에서도 이것을 확인할 수 있다. 님의 존재를 어떤 관념이나 개념에 앞서 오동잎과 같은 자연 현상이 빚어내는 감각을 통해 탐색한다는 것은 구도자의 모습보다는 시인의 모습에 더 가깝다고 할 수 있다6)

형이상학적 존재를 환기하는 시어들은 '보조관념'이고 감각적 질료를 형상화한 시어들은 '원관념'이다. 이와 같은 판단의 근거는 인용문 마지막 부분에 있다. 그는 이 시의 화자가 "관념이나 개념에 앞서" "감각을 통해 탐

---

15) '주지' '매체' 등의 용어는 인용문의 주석에 언급되어 있는데, 김용직의 「한용운의 시, 새롭게 읽기」(『유심』, 2009. 1-2, 75쪽)에서 차용된 것이다.
16) 이재복, 앞의 글, 219쪽.

색"하는 과정을 보여주기 때문에 "구도자의 모습"보다는 "시인의 모습"에 가깝다고 했다. 이 대목은 그가 다른 시가 아니라 「알 수 없어요」를 연구 대상으로 삼은 까닭을 보여준다. 감각적 묘사에 공들였기 때문에 그렇지 않은 시보다 더 높은 미학적 성취를 이뤘다는 것이다. 어떠한 높은 진리를 보여준다고 하더라도 감각적 진술이 없다면 그것은 시에서 말하기보다는 경전에서 말하는 것이 좋다는 인식이 이 안에 깔려 있다.

여기에 대한 이견을 요약하면 다음과 같다. 첫째, 수식어가 지닌 자질의 합에서뿐만 아니라 자체가 지닌 리듬의 원심력과 구심력 사이에서 의미가 발생한다. 수식어절은 분류의 대상이 아니라 변주의 주체라는 것이다. 둘째, 이 시의 미학적 성취는 관념보다는 감각적 진술이 더 많이 쓰였기 때문이 아니라 관념과 감각의 긴장이 팽팽하기 때문에 확보된다. 시는 주지와 매체, 또는 원관념과 보조관념이 어느 것인지 쉽게 판단하기 어려운 지점까지 독해의 과정을 이끌고 간다. 가령 '오동잎'이 원관념인가, '발자취'가 원관념인가. 오동잎은 발자취를 드러내는 수단이기도 하지만 오히려 발자취가 오동잎의 의미를 풍부하게 하는 수단이기도 하다. 다른 대표작 「님의 침묵」에서도 "날카로운 첫키스의 추억"을 남기고 "단풍나무 숲을 향하야 난 적은 길을 걸어서" 멀어져 간 '님'에 대한 감각적인 진술이 없다면, 마지막 "님은 갔지마는 나는 님을 보내지 아니하얏"다는 진술이 이미지를 얻지 못해 관념의 과잉으로 빠질 수 있다. 반대로 마지막 진술이 없다면 앞의 감각적 진술의 의미가 풍성해지지 못할 것이다.

	수식구1	(피수식어 수)	피수식어 1	수식구 2	피수식어 2	비고
1행	바람도 없는 공중에 수직垂直의 파문波紋을 내이며, 고요히 떨어지는	2	오동잎	누구	발자최	
2행	지리한 장마 끝에 서풍에 몰려	3	(푸른)	누구	얼굴	

	가는 무서운 검은 구름의 터진 틈으로, 언뜻언뜻 보이는		하늘			
3행	꽃도 없는 깊은 나무에 푸른 이끼를 거쳐서, 옛 탑 위의 고요한 하늘을 슬치는	4	(알 수 없는) 향기	누구	입김	
4행	근원은 알지 못할 곳에서 나서, 돌부리를 울리고 가늘게 흐르는	1	(작은) 시내	(굽이 굽이) 누구	노래	
5행	꽃 같은 발꿈치로 갓이없는 바다를 밟고, 옥 같은 손으로 끝없는 하늘을 만지면서, 떨어지는 날을 곱게 단장하는	5	저녁놀	누구	詩	
6행	그칠 줄을 모르고 타는	1	나의 가슴	누구의 밤을 지키는	약한 등불	"타고 남은 재가 다시 기름이 됩니다"

*굵은 표시는 수식구 안의 피수식어

　수식구들이 변주의 주체 역할을 담당하고 있으며 피수식어들 상호 간에 의미의 비중이 팽팽하다는 이 글의 견해를 뒷받침하기 위해서는 위의 표가 필요하다. 시의 구조는 쉽게 파악하기 쉬운 논리적 구성으로 짜여 있다. 총 6행으로 이뤄진 시는 각 행의 문형이 반복되며 질서를 형성한다. 각 행은 모두 '누구의 -니까'의 의문형 문장으로 짜여 있고, 그 안의 세부 문형 또한 동일한 구조를 띤다. 지상의 감각적 대상에 대한 진술이 앞에 있고 이것이 연상시키는 형이상의 존재에 대한 진술이 뒤에 있다. 그리고 이 진술들은 각각 수식구와 피수식어로 짜여 있으며, 감각 대상인 피수식어와 형이상의 피수식어가 등가를 이룬다.

　한용운의 시 전반에 대한 비판적 견해 중 하나는, 시인이 메시지를 전달하기 위해 시를 창작했기 때문에 구체성보다는 관념성이 두드러진다는 것이다. 「알 수 없어요」가 예외적으로 감각적 대상을 섬세하게 묘사했기 때문에 높은 시적 성취를 이루었다는 견해도 위의 판단을 기반으로 한 것이다. 감각적 대상에 대한 묘사는 표에서 수식구 1-피수식어 1의 짝에서 주로 보인다. 이 구절은 형이상의 존재인 수식구 2-피수식어 2의 짝보다 길게 서술되어 있다. 형이상학적 의미를 설파하기 전에 감각적 대상이 섬세하게 관찰되었기 때문에 상찬 받을 수 있었던 것이다. 더욱이 추상적으로 인식되는 '누구'도 발자취와 얼굴과 입김과 노래와 시와 등불과 같은 구체적 대상인 피수식어와 연결되며 감각적으로 느낄 수 있는 존재가 된다.

그런데 수식구 1 안에서도 변주가 이루어진다. 표에서 굵게 표시한 수식구 1의 피수식어 수는 해당 칸 마지막에서 확인할 수 있듯이 1행부터 차례로 2-3-4-1-5-1개이다. 가령 1행 "바람도 없는 공중에 수직垂直의 파문波紋을 내이며, 고요히 떨어지는"은 그 안에 "공중"과 "파문"의 피수식어 두 개를 거느리고 있다. 수식구 안의 피수식어는 많이 등장할수록 피수식어 1에 의미를 전달하는 속도를 지연시키는 역할을 한다. 반대로 말하자면 피수식어를 여럿 배치하면 해당 구의 전체적인 의미의 함량은 늘어난다. 읽는 속도나 의미의 하중과도 관련이 깊은 수식구 안의 피수식어 개수는 행마다 횟수를 달리하며 압축과 이완의 리듬을 형성한다. 이 때문에 이들을 분류의 대상이 아니라 변주의 주체라고 말한 것이다.

각 행마다 달리 등장하는 수식구 1 안의 피수식어 개수는 리듬의 변주를 이룬다. 물론 4행과 6행은 모두 해당 피수식어가 한 번 등장하여 같은 호흡이라 여길 수 있다. 하지만 6행의 경우 수식구 2 부분에 다른 곳에서는 발견할 수 없는 피수식어 "밤"이 있다. 참고로 4행의 "굽이굽이"는 '누구'를 수식하는 것이 아니라 "누구의 노래입니까"라는 구절 전체를 수식하는 부사어이다. 어쨌건 4행과 6행 두 행의 리듬은 수식어 1만 고려하면 같다고 여길 수 있지만, 수식어 2부분까지 고려하면 미세하게 갈라진다.

1행부터 3행까지 단계적으로 증가하는 수식구 안의 피수식어 개수를 '호흡이 가빠진다' '점점 유려해진다' '밀도가 높아진다' '감정이 고조된다'고 표현할 수 있을 것이다. 각 행의 읽는 시간을 일정하게 할애하면 피수식어가 많이 들어설수록 호흡이 가빠진다. 수식과 피수식어의 관계에 일정한 시간을 할애한다면 리듬은 점점 유려해진다. 강조되는 피수식어를 의미로 전환해서 이해하면 밀도가 높아지고, 어조로 받아들이면 감정이 고조되는 것이다. 호흡이건 리듬이건 의미이건 감정이건 1행부터 3행까지의 전개과정에서 이들은 줄어들지 않고 늘어난다. 전체 시가 기-승-전-결의 단계로 구성되었다고 상정하면 이는 '기-승' 단계에 해당되며 그곳에서 '누구'의 실체를 알고 싶어 하는 화자의 욕망이 커지고 있다. 4행은 5행을 염두에 두었을 때 이완의 시기, 호흡을 고르는 순간이다. 5행은 감정의 절정부이고 6행은 결말의 순간이다. 절정 부분의 피수식어 2 자리에 "시詩"를 배치한 것은 그가 부분으로 포착한 '누구'의 종합상을 무엇으로 상정하는지 헤아릴 수 있게 한다. '누구'의 종합상을 시인은 '시'로 보고 있다. 그가 그리는 시는 안정된 형태를 지닌 것이 아니라 그 안정된 형태를 바탕으로 끊임없이 꿈틀대며 변주하는 근대시의 모습을 지녔다.

4. 비논리적 진술의 위상과 함의

「알 수 없어요」는 수식구-피수식어 짝이 두 번 반복되어 한 행을 이루고, 동일한 문형이 여섯 번 반복되어 한 편을 이룬 시이다. 같은 문형의 반복이 형성한 리듬에서 이탈하는 구절은, 표의 6행 비고란에 표시한 "타고 남은 재가 다시 기름이 됩니다"이다. 이 구절은 반복으로 조성된 리듬을 이탈하며 주목을 끈다.

이 시에서 자연과 인간은 분리되지 않는다. 모든 자연 현상에 인간을 대비시키고 있다는 시적 발상에서 그러할 뿐 아니라 이 시의 핵심이라 생각되는 제 6행은 그러한 발상을 한 단계 더 높이고 있다. (중략)

선의 화두를 연상시키는 마지막 행에서 우리는 나의 가슴이 약한 등불로 전환되는 시적 비약을 자연스럽게 받아들이게 된다. 이미 자연현상과 인간이 분리될 수 없음을 되풀이하여 강조하면서 점진적으로 동화되어 왔기 때문이다.

그럼에도 불구하고 '밤을 지키는 약한 등불'은 결코 간단히 넘길 수 있는 표현이 아니다. 앞에서 우리는 유협이 말한 바 '인간은 오행의 정화요, 천지의 마음이다'라는 말을 돌이켜 볼 필요가 있다.

어둡지만 그 어둠을 지키는 '약한 등불'은 천지의 어둠을 밝혀 주는 등불일 것이다. 여기서 자연현상에 던지는 한용운의 의문은 그 자체로서 해답을 얻었다고는 할 수 없지만, 염화시중의 미소처럼 '약한 등불'로 세상천지의 어둠을 밝혀 주는 빛을 얻었다고 할 수 있을 것이다. 자연을 관찰해서 천지의 마음을 꿰뚫어 보고 인간 존재의 본질을 깨닫는 것이야말로 모든 시와 종교의 근원적인 주제일 것이다.[17]

최동호는 비분리의 시학의 기원을 한용운의 시에 두는데, 「알 수 없어요」의 경우 대개의 진술이 자연과 인간이 대비되면서 분리되지 않고 있다는 것에 주목한다. 특히 6행은 "그러한 발상을 한 단계 더 높이고" 있다. 이 구절이 바로 핵심 구절이자 도약의 구절인 것이다. 논의는 계속된다. 인간과 천지를 구별하되 분리하지 않는 비분리적 시각은 동양의 전통적인 시각이다. 논리와 이성이 닿지 못하는 영역에 이러한 시각은 접근할 수 있다. 타고 남

---

17) 최동호, 「하나의 도에 이르는 시학」, 『하나의 도에 이르는 시학』, 고대출판부, 1997. 36쪽.

은 재가 기름이 된다는 말은 비논리의 영역에 있는 진술이다. 그리고 전망과 진리가 그곳에 있다. 비분리적 시각으로 '등불'은 '재'와, 보호 주체인 '가슴'은 보호 대상인 '누구'와, 이별은 재회와, 절망은 희망과 접속하게 되는 것이다.

재와 등불을 절망과 희망으로 고쳐 읽으면 6행의 핵심 구절은 이별 속에서 재회를 믿는 시집의 주제 의식과 닿게 된다. 현실이 난관에 봉착하더라도 보이지 않는 세계에 대한 강한 믿음은 어떠한 전망 하나를 내놓는다. 현실에 대한 부정적 인식도 마음속의 신뢰 덕분에 절망으로 떨어지지 않는다. "약한 등불"은 저 대립적 자질을 지닌 대상들을 총합하는 존재는 아니다. 그것은 모순과 대립을 화해시키는 '정답'이 아니라 쉬운 화해나 쉬운 포기에 빠져들지 않도록 이끄는 새로운 '문제'일 것이다. "약한 등불"은 긴장을 유지하며 '누구'를 지속적으로 찾게 하는 대상이다. 중요한 것은 '누구'의 실체를 밝히는 일이 아니라 '누구'를 헤아리는 과정이다. 그것은 곧 '님'의 의미와도 포개진다. 비록 등장하지는 않지만 '님'의 의미를 이 시에서 고려할 수 있는 것도 바로 이 구절이 매개 역할을 맡기 때문이다.

그러나 지극한 번뇌야말로 세속을 버리지 않고 이 세계 안에서 참다운 삶을 구하는 구도의 바탕이고, 절망이야말로 도저한 어둠을 넘어서 빛을 구하는 힘의 진정한 근원이라고 하는 역설적 진리에 동의한다면 위의 시행은 단순한 비논리의 치장이라고는 할 수 없다. 그것은, 이미 여러 차례 강조하였던 것처럼, 압도적인 어둠의 무게를 지탱하면서 역사적 삶을 긍정하고 불안전한 세계에서 정의로움의 실현을 향해 나아가고자 했던 인물의 필연적 자기확인이라고 해야 할 것이다.

이렇게 그칠 줄 모르고 타는 '나의 가슴'이 님이 없는 시대의 밤을 지키는 등불이라고 할 때 드러나는 것은 절대적인 소명감이다. 나와 님과의 관계는 그것이 일치하여 있건 불행하게도 떨어져 있건 자유로운 선택에 의해 수납하거나 포기할 수 있는 사항이 아니라 선택 이전의 필연성으로 인식된다. 절대적 필연이므로 님과의 관계에서 나에게 절망은 허락되어 있지 않다. 절망은 님에 대한 그리움과 책임의 포기를 뜻하는 까닭이다.18)

'님은 무엇인가'라는 질문의 답변은 여러 방면으로 제출되었다. 한용운이 시대정신을 갖춘 복합적 문사를 상징하듯이 그가 『님의 침묵』을 통해 설파하고자 했던 '님'의 모습 또한 복합적인 의미를 띤다. 그러나 한용운이 독자에게 요구했던 것은 그와 같은 '님'의 실체를 밝히라는 것이 아니라 '님'의 실체에 닿기 위해 지속적으로 노력하고 질문하라는 것이다. 절망이 "빛을 구하는 힘의 진정한 근원"이고 번뇌가 "참다운 삶을 구하는 구도의 바탕"이라는 비논리적 진술은, 끊임없이 빛을 구하고 끊임없이 참다운 삶을 구하는 노력 그 자체에 주목하라는 전언으로 받아들일 때 이해할 수 있게 된다. 노력은 절망과 희망을 잇고, 번뇌와 해탈을 잇는다. '약한 등불'과 '누구의 밤'이 이어지고, 감각적 질료와 추상적 존재가 이어지기 위해서 필요한 것은 실체의 규명이 아니라 이 노력이 지닌 운동성 또는 역동성의 이해이다. 그런데 운동성과 역동성은 한용운 시편들 중 다른 어떤 시보다 「알 수 없어요」에 많이 있는 것은 아닐까. '님'을 진술의 표면에서 지우고, 그 존재를 계속해서 추적하는 과정이 시 전체를 채우는 시가 바로 「알 수 없어요」이다. 한편 해당 구절은 구조적인 측면과 함께 고려해도 범상치 않다. 이 구절이 들어선 자리는 바로 시조의 낙구 부분과 대응하는데, 전통 시가의 그것이 주로 감탄사로 감정의 고조를 나타낸다면, 여기에서는 평서형 마침표로 가라앉은 감정을 드러낸다. 다른 진술들이 물음으로 끝나는 반면 이 구절은 짧게 평서형으로 마무리된다는 면에서도 정제된 호흡은 더욱 강조된다.

---

18) 김흥규, 「님의 소재와 진정한 역사」, 33쪽.

이견이 있을 수 있으나 6행의 "타고 남은 재가 다시 기름이 됩니다"는 기-승-전-결 중 '전'에, 6행의 나머지 부분 "그칠 줄을 모르고 타는 나의 가슴은 누구의 밤을 지키는 약한 등불입니까"는 '결'에 해당한다. '전'에 해당하는 부분은 형식면에서 이탈할 뿐만 아니라 내용면에서도 도약한다. 재가 기름이 된다는 진술은 비논리적이면서 동시에 시를 장악할 뿐 아니라 시집 전체를 관통하는 주제이다. 감각적인 대상에 대한 묘사와 형이상의 존재에 대한 물음이 긴장하다가 여기에서 급격한 형이상의 순간으로 도약하고 있는 것이다. 결과적으로 이 도약은 대상들에 주목한 앞부분과 마음에 주목하는 뒷부분의 매개 역할을 한다.

'결' 부분은 앞의 부분과 여러 면에서 차이가 난다. 앞부분에서는 바깥의 감각적 대상과 형이상의 존재가 짝을 이루었다면 이 부분에서는 형이상의 존재가 등불이 타오르는 내면과 짝을 이룬다. 바깥 세계에서 안의 세계로 전환이 이뤄지는 것이다. 이어지는 "그칠 줄을 모르고 타는 나의 가슴은 누구의 밤을 지키는 약한 등불입니까"의 '누구' 또한 독립된 주체에서 보호 대상으로 위상이 전환된다. 앞의 '누구'가 바다를 밟고 하늘을 만지는 복합적이고 완전하고 거대한 존재라면 여기에서의 '누구'는 약한 마음의 빛으로 보호 받는 존재인 것이다. 완전체가 불완전체로 의미가 전환되는 곳에서 꺼진 불이 기름이 되어 등불을 비춘다. 의미 생성이 폐쇄되지 않고 개방되는 모습을 여기에서도 확인할 수 있다.

구조적인 면과 함께 고려한 것을 요약하면, 시의 핵심 부분은 한자 문화권의 시 쓰기 전통을 따르는 것으로 보인다. 기-승-전-결의 구성에서는 한시 작법의 전통이 감지되고, 리듬의 이탈로 의미가 강조되는 부분은 시조의 종장 낙구의 역할이 연상된다. '결' 부분의 수식구 2 부분에서는 전에 없던 피수식어가 등장하며 앞의 리듬과 변별점을 확보하며 시의 종결을 알린다. 시조의 마무리 방법이나 기-승-전-결의 구성은 이처럼 「알 수 없어요」의 구성에 영향을 지대하게 끼치고 있으나, 그렇다고 이 시가 전통적 형식을 그대로 모방한다고 보기는 어렵다. 오히려 그것을 응용한다고 파악하는 것이 적절할 듯하다.

기-승 부분과 전-결 부분 사이에 있는 4, 5행은 앞서 살펴본 것처럼 감정의 이완과 고조 역할을 맡으며 이전의 전통적 형식에서 찾을 수 없는 절정부를 담당하고 있다. 한자 문화권의 시에서는 감정의 고조를 완강한 형식으로 제어하는 전통이 있다. 이 부분은 형식상 특별해 보일 뿐더러 내용상 '님'의 실체를 추적하는 과정의 집요함을 드러낸다. 「알 수 없어요」는 안정된 구조를 바탕으로 그 세부가 지속적으로 변주되며 시가적 전통에 굴절을 일으킨다. 요컨대 「알 수 없어요」는 한용운 시 중 섬세하게 묘사한 감각적 대상과 비논리의 진리 사이에서, 전통적 시가의 전통을 토대로 한 안정된 구성과 그 사이에 벌어지는 다채로운 변주 사이에서 긴장을 형성하는 특별한 시이다. 그것은 의미가 어느 하나로 환원되거나 수렴되는 것을 막으며 의미 생성의 터전을 보존하고 미학적 성취를 담당하는 하나의 요소가 된다.

5. 나가며

지금까지 한용운의 대표시 「알 수 없어요」를 대상으로 시를 지탱하고 있는 여러 긴장의 양상을 살펴보았다. 「알 수 없어요」가 '님'이 등장하지 않은 시임에도 불구하고 대표시로 거론되는 점은 여러 긴장을 일으키는 기제들이 미학적 성취까지 이어졌기 때문이다. 이 글은 '긴장'을 방법론으로 리듬, 구조, 시어 등 「알 수 없어요」의 여러 국면을 살펴보았다. 리듬의 경우 1, 2, 3

행의 점진적으로 고조되는 호흡과 동시에 4행의 이완하는 호흡이 긴장을 이루고 있었다. 또한 이완하는 4행은 다시 가장 유려한 5행과 긴장하였다. 6행의 경우 리듬을 이탈하는 단문 형식으로 제시되어 시의 마무리를 알렸다. 그것은 의미론상의 전환을 이끌어 '누구'를 보호 대상으로 변용시켜 의미의 역동성을 부여했다.

행과 행 사이에서만 긴장이 형성된 것은 아니었다. 이 시는 전통 시가의 형식을 변용하며 바로 재래의 기억과 현상과의 긴장을 야기했다. 전체적인 흐름은 한시의 기-승-전-결의 구조를 따르지만 기-승과 전-결 사이에 이완과 절목부를 도입하여 재래의 형식에서는 담기 힘들었던 고조된 감정과 유려한 호흡을 구현했다. 또한 전-결은 시조의 낙구를 환기했으나 그 자리에 흔히 등장하던 감탄사 대신 차분한 평서형 단문을 배치하며 그 낙차 사이에 긴장을 형성하기도 했다.

「알 수 없어요」는 감각적인 대상과 형이상의 존재를 구문상의 피수식어로 나란히 배치하며 시어간의 긴장을 야기했다. 그곳에서 피수식어에 해당되는 수식어의 개수가 조절되며 리듬의 변주가 생겨났다. 감각적 대상과 형이상학적 존재가 긴장할 때 형이상의 진술만 등장하는 구절은 도드라졌다. 그것이 6행의 첫 구절이다. 이 또한 긴장을 이룬 것인데, 여기에 논리를 이탈한 비논리의 진리가 담겨 있었다. 다각도로 강조되는 이 구절은 이 시의 핵심 구절이자 시집을 관통하는 전언과 접목했다. 이를 통해 시집 전체에서 「알 수 없어요」가 할당받는 못은 '님'이 어디 있는지는 알 수 없지만, 그를 끊임없이 헤아리는 과정 자체가 중요하다는 점을 보여주는 것이었다.

한용운 시는 공감의 대상이라기보다는 학습의 대상이 된 것처럼 인식되곤 한다. 「알 수 없어요」의 가치를 고려하면 이를 한용운 시의 미적 가치에 대한 진단으로 이해하는 것은 적절해 보이지 않는다. 한용운 시의 계보는 여전히 유력하다. 한용운 시의 영향력은 여전히 크다. 한용운의 시는 여전히 현재 진행형이다. 그런데 왜 한용운의 시는 공감의 대상이 되지 못했을까. 한용운의 시가 한용운이라는 존재와 마찬가지로 경외의 대상이 된 것은 아닐까. 종교와 철학과 문학을 아우르는 문사의 모습을 이제는 추구하기 어렵기 때문은 아닐까. 긴장은 한용운과 이 시대의 독자 사이에서도 형성된다.

결핍의 감각들 : 정지용의 「카페 프란스」

옮겨다 심은 棕櫚나무 밑에

빗두루 슨 장명등,

카페·프란스에 가쟈.

이놈은 루바쉬카

또 한놈은 보헤미안 넥타이

뺏적 마른 놈이 압장을 섰다.

밤비는 뱀눈 처럼 가는데

페이브멘트에 흐늙이는 불빛

카페·프란스에 가쟈.

이 놈의 머리는 빗두른 능금

또 한놈의 心臟은 벌레 먹은 薔薇

제비 처럼 젖은 놈이 뛰여 간다.

※

『오오 패롵(鸚鵡) 서방! 꾿 이브닝!』

『꾿 이브닝!』(이 친구 어떠하시오?)

鬱金香 아가씨는 이밤에도

更紗 커—틴 밑에서 조시는구료!

나는 子爵의 아들도 아모것도 아니란다.

남달리 손이 히여서 슬프구나!

나는 나라도 집도 없단다

大理石 테이블에 닷는 내뺌이 슬프구나!

오오, 異國種강아지야

내발을 빨어다오

내발을 빨어다오

― 「카뻬 · 뜨란스」[1]

---

1) 최동호 편, 『정지용시집 1 시』(서정시학, 2016).

1. 「카페・뜨란스」

한 젊은이가 당시 유행하던 옷차림의 몇몇 지인을 부른다. 그들의 목적지는 종려나무와 장명등이 설치된 '프란스'라는 외국풍의 카페이다. 밖에는 가는 비가 내리고 그 비에 반사되는 불빛이 거리를 여리게 비추고 있다. 다소 낭만적인 분위기를 느끼며 그들은 카페 안으로 들어간다. 앵무새가 제일 처음 그들을 맞이한다. 정작 반갑게 맞이해야 할 여급은 손님이 없는지 커튼 밑에서 졸고 있다. 친구들을 불렀던 젊은이는 그곳에서 평소 느끼던 상실의 감정, 나라와 집의 부재가 이끌었던 결핍의 감정을 토로한다.

서사가 내재한 「카페・뜨란스」는 서사 그 자체나 그것이 풍기는 정서만을 가지고는 이 시가 발표되었을 때 일으켰던 반향의 원인과, 지금까지 정지용(1902-1950년) 시의 대표작 중 하나로 꼽히는 이유를 설명하기 힘들다.2) 시에 스며든 이국 정조와 그것이 야기한 개인의 감성 토로는 당시 시단에 유행했던 센티멘털 로멘티시즘, 즉 감상적 낭만주의의 뜻풀이로 사용할 수 있을 정도로 흔한 정서인데, 우리는 한두 편을 제외하고는 그것들을 하나 하나의 시편으로 기억하기보다는 무리를 지어서 당대 유행한 시풍으로 기억하는 데 익숙하다.3) 그런데도 이 시는 그 때뿐만 아니라 지금까지 독자에게 회자

---

2) 이 시가 당대 독자에게 끼친 영향력은 동시대 작가들이 이 시의 구절을 가지고 쓴 작품을 통해서 간접적으로 확인할 수 있다. 아나키스트 작가였던 김화산의 시 「악마도惡魔道-엇던따따이스트의 일기발체日記拔萃」에서는 "옴겨다 심은 棕櫚나무. 빗두루 슨 장명등"(『조선문단』, 1927.2)이란 구절이, 이상의 소설 「실화失花」에서는 "마담은 루파시카. 노봐는 에스페란토, 헌팅을 얹은 놈의 心臟을 아까부터 벌레가 연해 파먹어 들어간다. 그러면 詩人 芝溶이여! 李箱은 勿論 子爵의 아들도 아무 것도 아니겠습니다그려!"(『이상문학전집 2』, 문학사상사, 1998. 366쪽)라는 구절이 들어 있다.

3) 이 시가 발표된 시기는 1926년, 『학조學潮』 창간호를 통해서이다. 동요 다섯편과 시조 아홉수를 제외하고 같이 수록된 작품으로는 「슬픈 인상화印象畵」, 「파충류동물爬蟲類動物」이 있다. 표제시는 「카페・뜨란스」이며 이 시가 바로 정지용의 문단 데뷔작이 된다. 그의 첫 시집 『정지용 시집鄭芝溶 詩集』(1935, 시문학사)에는 이 중 「파충류동물」

되고 있다. 「카떼·뜨란스」가 시단 생활의 시초를 알리는 작품이란 사실이 그 원인을 모두 밝혀주지는 않을 것이다. 구절들의 참신한 쓰임새는 그와 같은 추측을 거절한다. "밤비는 뱀눈 처럼 가는데"나, "또 한놈의 心臟은 벌레 먹은 薔薇"와 같은 표현은 독자에게 신선함을 줄 뿐만 아니라 이 시의 주된 정조인 자조적인 정서와 어우러져, 시인이 자신의 감정을 언어로 표현하는 과정에서 언어 그 자체에도 주의를 기울인 흔적으로 남아 있다.

시의 전언이 독자에게 주는 쉬운 전달력 또한 이 시가 넓은 범위에서 오랫동안 읽힌 이유로 추측할 수 있다. 같은 지면에 발표된 「파충류동물爬蟲類動物」은 1연 "식거먼 연기와 불을 배트며"의 정황 제시나, "털 크 덕"과 같은 의성어를 제외한 나머지 부분만을 가지고는 가리키는 대상이 무엇인지 추측하기 어려울 정도로 난삽하게 쓰여졌다. 또 다른 시 「슬픈 인상화印象畵」는 독자가 쉽게 감응할 수 있는 전언을 지니고 있다. 그러나 이 시는 개인의 감상이 비유를 거치지 않고 노골적으로 드러나면서 전언이 보편적으로 확대되지 못하고 한 개인의 감정에 국한되어 있다는 특성을 가진다. 반면에 「카떼·뜨란스」는 개인의 감정이 참신한 비유라는 매개를 거쳐 쉬우면서도 선명하게 독자에게 다가선다. 그것이 이 시가 지닌 특장점이면서, 발표와 동시에 정지용이라는 이름이 시단에 한 자리를 차지하게 된 까닭이다. 그러나 우리가 그렇게 쉽다고 생각하는 구절들이 과연 명확한 의미를 지니고 있는지 시어들을 되짚어 살펴보면 의문이 생긴다. 이 글에서는 이러한 점에 착안하여 시어 하나 하나에 주목해서 시의 의미가 다다르는 마지막까지 추적한 뒤, 전체적인 시의 의미를 재고해 보고자 한다.

을 제외한 두 편의 시가 다시 실리는데, 그 형태는 상당히 많이 바뀌었다. 1926년의 발표시가 포말리즘 기법이 많이 쓰였다면 『정지용 시집鄭芝溶 詩集』의 시는 정돈된 느낌을 준다. 이 글에서는 『정지용 시집』에 수록된 형태를 토대로 분석하고자 한다.

2. 두 명인가 일곱 명인가

　김신정은 「카떼·쁘란스」를 언급하면서 이 시에 '낯선 타자에 몰입하고 그것을 선명하게 포착하고자 하는' 태도가 드러나 있다고 전제한 뒤, '이국적이고 감각적으로 보여지는 전반부'의 '단절'된 현상들이 후반부에서 전면으로 드러나는 '자기 연민, 비애'의 '정조를 향해 움직'이고 있다고 했다.4) 즉, 전반부에 드러난 타자에 대한 선명한 인식, '구체적 실감'이 후반부에 나타난 화자의 감정적인 태도와 긴밀히 결합하고 있다는 것이다. 그 기저에 흐르는 맥락을 중시한 해석이라고 할 수 있다. 이 글 또한 "※"를 기준으로 가른 전반부와 후반부의 의미를 파악하는 과정에서 단절보다는 연결에 주목하는 것을 논의의 기본으로 삼고자 한다.5) 그러나 구체적인 논지는 위의 그것과 상반될 것이다.

　앞의 논문은 시의 전반부를 분석하면서 '선명,' '구체'라는 어휘를 사용했다. 뒤의 '이국적이고 감각적'이라는 진술로 미루어 추측하건대, 그 구체적인 대상은 "棕櫚나무," "루바쉬카," "보헤미안 넥타이"등을 가리키는 것 같다. 이들은 명확한 지시대상을 가지고 있는 기호 표현으로서, '선명'과 '구체'라는 지적에 부합하는 명사이다. 이제 시선을 돌려 화자가 지목하는 사람에 주목해 보자. 전반부에는 여기에 해당하는 어휘가 2연에 "이놈," "또 한놈," "뼛적 마른 놈," 4연에 "이 놈," "또 한놈," "젖은 놈," 총 여섯 개 등장한다. 기호 표현이 겹치는 경우에 한하여 이들이 동일인지, 아니면 모두 다른 이인지 판단하는 것은 시가 주는 정보만으로는 판독할 수 없다. 즉, 전반부에 등장하는 이가 모두 몇 명인지 모호하다는 것이다.

---

4) 김신정, 「정지용 시 연구 : '감각'의 의미를 중심으로」, 연세대학교 대학원 박사논문, 1998.31, 37쪽.
5) 1926년 『학조學潮』 발표작에는 두 부분이 "A"와 "B"로 나뉘어져 있다.

2연과 4연에 두 번 쓰인 "이 놈"이 같은 이인지 아닌지, "또 한놈"이 "이 놈"과 다른 사람임은 확실한데 그 역시 겹치는지 아닌지, "뺏적 마른 놈," "젖은 놈"은 앞의 인물 중의 한 명을 지칭하는지 아니면 제 삼자를 가리키는지 또 이들은 같은 이인지 아닌지, 화자는 이 인물 속에 속해 있는지 아니면 호명하는 역할만 담당하고 인물로 현현하지는 않는지, 그 모든 것이 명확하지 않다. 최소로 줄이자면 두 명이 될 것이고, 최대로 늘리자면 일곱 명이 된다. 이들은 앞서 선명하다고 지적된 이국풍 명사들의 원관념이며 동시에 시의 정황을 일구는 주체이다. 보조관념이 구체적이고 선명하다고 하더라도 그 구체성과 선명함은 시어 혹은 구절에 한정되었을 때에만 유효할 뿐, 원관념에게 자신의 속성을 건네주며 전체적인 시의 맥락에 참여하게 될 때 그 자체를 명확하게 하지는 못하고 있다.

　이 글에서는 전반부에서 드러나는 이런 모호함의 원인에 관념에 의한 배치를 두고자 한다. 즉, 구체적인 어휘나 감각적인 비유가 전반부에 사용되고 있으나, 이들이 '실감'이 아닌 화자의 관념 속에서 재구성되었기 때문에 전체적인 정황 아래서는 그 관계가 모호하다는 것이다. 화자는 사물에 침투해서 그 본성을 포섭, 자신의 언어를 확장하지 않는다. 화자와 사물은 대등한 위치에서 관계를 맺지 않는다. 우위에 있는 화자는 자신의 사고 안에 비축해 둔 사물의 이미지를 언어로 표현한다. 화자가 자신의 감정을 표현하기 위해서 중시하는 것은 그들끼리의 관계가 아니라 시어들이 환기하는 이미지이다. 이들은 화자의 감정을 이입하기 위한 대상으로서 자리하면 그만인 것이다. 이들끼리의 관계는 그 정황에서 한 발 물러난 화자의 감정이 덮고 있다. 그 감정의 구체적인 성격은 후반부에 나타나는 결핍의 정서이다. 이와 같은 시각은 전반부와 후반부의 단절이 아닌 연결을 중시하는 관점이며, 그 방향은 전반부에서 후반부로의 '이행'이 아닌 후반부에서 전반부로의 '역행'이다.

3. 종려棕櫚나무와 루바쉬카 그리고 보헤미안 넥타이

「카떼·쯔란스」 전반부에 대한 기존의 논의들은 화자의 고향 상실 의식이 시어들 깊숙이 침투하면서 이국풍과 우울한 정서를 동반한다는 데 동의한다.6) 이러한 전제하에 각각의 논자들은 당시 시대상황과 연결하여 개별 시어들의 뜻을 구체적으로 살피고 있다. "棕櫚나무"는 앞의 수식어 "옴겨다 심은"과 함께 고려된다. 가난하고 외로운 유학생 신분인 화자의 비애가 "옴겨다 심은"이라는 표현을 쓰게 했다는 것이다.7) 최원식과 사나다 히로코는 "棕櫚나무"를 야자나무로 풀이한 뒤, 원산지가 서양이기 때문에 어휘 자체에 이식된 남국정서나 서양문화의 뜻이 담겨 있다고 보았다. "루바쉬카"와 "보헤미안 넥타이"의 구체적인 맥락을 밝힌 이 역시 앞의 두 논자인데, 그들은 전자를 "심미적 장치로서의 사회주의"(최원식), "좌익사상"(사나다 히로코), 후자를 "개인주의적 아나키즘"(최원식), "예술애호가의 상징"(사나다 히로코)으로 규정한다.8)

"棕櫚나무"의 정확한 뜻한 '대추야자나무'이다. 원산지는 보통 근동지방이 거론되지만, 일본 규슈지방이라고 밝힌 사전도 있다.9) 원산지가 어느 곳

---

6) 김학동, 『정지용연구鄭芝溶研究』, 민음사, 1987.
   민병기, 『정지용』, 건국대학교 출판부, 1996.
   이숭원, 『정지용』, 문학세계사, 1996.
   최원식, 「서울·東京·New York」, 『문학동네』, 1998년 겨울호.
   김신정, 앞의 글.
   사나다 히로코, 「보헤미안의 회화 : 정지용의 「카페·프란스」」, 『동서문학』, 2001년 봄호.
7) 이 시의 공간배경은 일본 교토京都가 유력하다. 시를 창작할 당시 교토에 유학중이었다는 정지용의 전기傳記뿐만 아니라 20년대 조선에는 카페가 없었다는 실증적인 자료(최원식, 사나다 히로코, 앞의 글, 각각 190, 408쪽 참조)가 이를 입증한다.
8) 최원식, 같은 글, 189~191쪽; 사나다 히로코, 같은 글, 409~411쪽.
9) 『두산세계대백과사전』, 1998.

이 되었건 간에 이 시의 배경인 긴키지방의 쿄토[京都]에서 종려나무를 보는 방법은 "옴겨다 심"는 수밖에 없다. 그곳의 흔한 나무들과 다르게 생긴 종려나무에서, 본토 학생들 사이에 섞여 있는 유학생, 그것도 부유한 대부분의 유학생과 달리 보조금만으로 생활해야 했던 국비 유학생의 비애를 느끼는 것은 당연하다.10) 화자는 이와 같이 자신의 처지를 닮은 이식된 "棕櫚나무"를 시의 처음에 제시하고 있다. 그러므로 종려나무의 뜻을 '서양문화'의 상징으로 규정한 견해는 이해하기 어렵다. 동양이 원산지라는 것을 일단 접어두고서라도, 화자의 감정이 분출된 "나는 나라도 집도 없단다"라는 후반부의 진술을 염두에 둔다면, 화자가 서양이라는 특정한 지역 혹은 문화를 자신과 동일시해야 할 아무런 이유가 없다. 이 직접적인 감정표현에는 결여의 정서가 존재할지언정 "나"와 '서양 문화'를 동일한 의미로 파악할 단서는 부재한다. 화자는 "옴겨다 심은"이라는 의미에 한정해서 자신과 닮은 무엇이 필요했을 뿐 그 구체적인 의미에 대해선 무관심했던 것이다. 만약 대상의 의미가 고려된다면 그것은 그곳에서 결여의 의미소가 도출될 수 있을 때이다.

성경에서는 종려나무가 특정한 의미를 가진다. "첫날에는 너희가 아름다운 나무 실과와 종려 가지와 무성한 가지와 시내 버들을 취하여 너희 하나님 여호와 앞에서 칠일동안 즐거워할 것이라"(「레위기」 23장 40절), "의인은 종려나무 같이 번성하며 레바논의 백향목 같이 발육하리로다"(「시편」 92장 12절), "종려나무 가지를 가지고 맞으러 나가 외치되 호산나 찬송하리로다 주의 이름으로 오시는 이 곧 이스라엘의 왕이시여 하더라"(「요한복음」 12장 13절)의 구절에서 확인할 수 있듯이 종려나무는 풍요와 환영을 상징한다. 개신교에서 가톨릭으로 개종한 뒤 그에 관한 시를 많이 남긴 전기적 사실을 고려했을 때, 정지용 옆에 펼쳐진 성경책을 연상하는 일은 억측만은 아닐 것이

---

10) 이숭원, 앞의 책, 190쪽. 정지용은 모교인 휘문고보의 졸업생 장학금을 받아 어렵게 유학생활을 꾸려나갔다.

다. 종려나무가 상징하는 풍요와 환영은 "옴겨다 심"은 이라는 이식의 의미를 거치면서 본래의 뜻이 사라지고 상실과 결핍으로 변모한다. 성경을 토대로 "棕櫚나무"의 의미를 파악하는 방법 역시 지금까지 진행된 여러 시도들에 첨가할 수 있을 것이다.

2연부터는 카페로 함께 가고 싶은 이에 대한 화자 나름의 규정이 이어진다. 시어의 울림이 구절 안에서 힘을 기른 뒤 시 전체의 정조를 향해 나아가고, 그것이 독자에게 공감을 획득하는 부분은 3연과 4연이다. 독자는 3연 "밤비는 뱀눈 처럼 가는데"에서 밖의 풍경이 음습하다는 것을 감각적으로 느낄 수 있으며, "페이브멘트에 흐늙이는 불빛"에서 그 음습함에 우울한 정서가 깃들어 있다는 것을 확인할 수 있다. 또한 함께 가는 이들이 "빗두른 능금"과 "벌레 먹은 薔薇"로 규정된 4연에서는 향기롭고 화려한 외모(능금, 장미)에 내재된 비뚤어지고 상처받은(빗두른, 벌레 먹은) 화자의 정서를 읽어낼 수 있다. 이와 달리 "루바쉬카"와 "보헤미안 넥타이"가 등장하는 2연은 생경한 시어가 다른 시어와 호응 없이 단독으로 쓰이고 있다. 구조 안에서 그 의미와 화자의 정서를 파악하기 어려운 2연은 그 밖의 맥락을 참조하여 뜻을 추측하도록 유도한다.

"루바쉬카" 즉 루바시카는 '러시아 남자가 착용하는 외투'로서 당시 사회주의 사상에 경도된 젊은이들이 즐겨 입었다고 한다.[11] 또한 보들레르가 애용한 보헤미안 넥타이는 '폭 15cm, 길이 120cm 정도로 가슴 앞에서 나비매듭을 하는 타이'로서 프랑스 문화를 동경한 개인주의적 아나키스트들이 매

---

[11] 사나다 히로코, 앞의 글, 410쪽. "쇼와 초기에 이르면 루바시카는 좌익사상의 상징이라는 의미도 띠게 되었다. 좌익적인 경향의 극단 '쯔키지소극장'의 배우들의 러시아식 학생모를 쓰고 루바시카를 입고 러시아식 장화를 신었고 관객들도 비슷한 옷차림을 하고 있었다. 또 1928-30년은 일본에서 프롤레타리아 미술운동이 가장 성했던 시기였는데, 하야시 후미코의 자전적 소설 「방랑기」(1930)에는 가와바타미술학교의 학생들이 단발머리에 루바시카를 입고 있는 것으로 묘사되어 있다. …(중략)… 따라서 「카페·쁘란스」의 루바시카는 사회주의 등의 좌익사상에 대한 동경을 말해 주는 것으로 볼 수 있다."

고 다녔다고 한다.12)

> 연애. 아나-키슴. 루바쉬카. 장발. 이론투쟁. 급진파교제. 신경쇠약. 중도퇴학. 체중 11관 미만. 등등13)

위의 구절은 휘문 고보 선배 김영랑이 젊은 시절에 겪은 '신적 광기'를 정지용이 회고하며 쓴 산문중 일부이다. 시에도 등장한 '루바쉬카'와 나란히 놓인 단어들을 살펴보면 거기에는 '이론투쟁,' '급진파교제'와 같은 사회주의 색채를 띤 어휘뿐만 아니라 '아나-키즘'이란 어휘도 보인다. 또한 '연애'와 같은 개인적인 사건도 끼어 있으며 '신경쇠약'이라는 증상도 함께 한다. 이들은 모두 같은 층위의 관념으로 시인에게 다가서고 있다. 정지용은 어려서 결혼했고 부인 이외의 다른 여자 이야기를 글에 남기는 것을 주저했다. 그는 자신의 연애에 대해 언급하기를 회피하였으며, 유학생활 중에는 당시 유행했던 사회주의나 아나키즘에 침윤될 겨를이 없었다.14) 그는 용돈과 학비를 받아 생활해야했던 가난한 국비 유학생이었다. 무기정학을 받은 적은 있으나 그 역시 바로 복학했고 퇴학을 맞지는 않았다.15) 위에 적힌 모든 사건들은 김영랑과 같은 자유롭고 부유한 지주계층이 누릴 수 있는 것일 뿐 정지용에게 해당되는 것은 아니었다. 즉, "루바쉬카"나 "보헤미안 넥타이"는 그 자체가 지닌 사회주의, 아나키즘의 의미가 아닌, 결핍을 느끼게 하는 대상으로서 시인에게 다가서는 것이다. 굳이 이들의 의미를 찾자면 그것은 시인에게

---

12) 사나다 시로코, 앞의 글, 410쪽; 최원식, 앞의 글, 190, 191쪽.
13) 김학동 편, 『정지용전집 2 산문』, 민음사, 1988. 158쪽.
14) 정지용과 김말봉의 연애 일화는 유치환, 김기진 등 문인들의 회고를 통해 간접적으로나마 확인할 수 있다. 그러나 정작 그 자신은 "우리"(「소묘」, 「압천상류鴨川上流 상, 하」)라고 표현하며 연애의 뉘앙스만 풍길 뿐 그 구체적인 대상과 사건에 대해 언급하기를 피했다.
15) 이숭원, 앞의 책, 184-191쪽.

없는 자유분방이면서 유행이다.

4. 앵무鸚鵡와 자작子爵의 아들

전반부는 각 연마다 두 개의 의미 층위로 이루어져 있다. 연의 1, 2행은 화자가 대상을 소개하는 부분이며, 3행은 화자가 인물들에게 카페로 가자고 권유하거나(1, 3연), 인물들의 행동을 묘사하는 부분이다(2, 4연). 대상을 소개하는 구절인 각 연의 1, 2행에 주목하여 그 안에 있는 시어들이 수식하는 연쇄를 따라가다 보면 마지막에 이르러 앞에서 살펴본 바 있는 '결핍'의 명사들과 마주친다.

1연 : 옮겨다 심은 棕櫚나무/ 빗두루 슨 장명등,
2연 : 이놈은 루바쉬카/ 또 한놈은 보헤미안 넥타이
3연 : 밤비는 뱀눈 처럼 가는데/ 페이브멘트에 흐늙이는 불빛
4연 : 이 놈의 머리는 빗두른 능금/ 또 한놈의 心臟은 벌레 먹은 薔薇

독자의 주의를 모으는 이 명사들은 겉으로는 소위 이국적인 분위기를 풍기고 있으나 안에는 결핍의 의미가 담겨 있어서, 화자는 이것으로써 자신의 감정을 우회적으로 드러내었다. 후반부에 우리가 마주치는 것은 감정의 집약이 아닌 감정의 분출이다. 이제 "슬프구나!," "빨아다오"과 같은 용언이 구절의 마지막에 등장한다. 그 안에서 화자는 자신의 감정을 여과 없이 표현한다. 그 대표적인 경우가 9연의 "나는 나라도 집도 없단다"이다. 여기에는

"손," "大理石 테이블," "異國種강아지"와 같이 후반부에서 그나마 감정 표현의 매개물로 작용하는 시어들마저 빠져 있어, 화자가 품었던 감정이 날것으로 드러나고 있다. 결핍의 구체적인 면모가 시 안에 노출되고 있는 것이다.

전반부에서 후반부로 전이될 때 급격히 바뀌는 것으로는 어조 이외에도 장소를 들 수 있다. 진술의 배경이 실외에서 카페 실내로 변하면서 화자는 자신의 감정을 분출하게 된다. 밖에서 안으로의 공간 이동과 감정의 분출이 병행할 때, 이 안은 단순한 장소라는 의미 이외에 화자의 내면이라는 의미를 덧붙이게 된다. 내면 속에 들어 있는 개인의 감정은 지각 대상을 필요로 하지 않는다. 밖에는 "비," "불빛," "장미" 등과 같이 나의 슬픔이 전이될 대상이 보이지만, 내면에는 나의 감정이 그대로 들끓고 있을 뿐이다. 즉, 자신의 감정을 표현할 때, 그 장소가 밖이었다면 감정을 의탁할 대상은 여기 저기 널려 있으나, 안이라서 감정 그 자체는 사물을 거치지 않고 바로 표출된다는 것이다.

시에서 밖과 안, 외면과 내면의 경계에 자리한 것이 바로 "패롵 서방" 즉, 앵무새이다. 앵무새는 자신의 말을 그대로 받아 내지만, 말 그 자체를 반복할 뿐 내면에 들어 있는 뜻을 헤아리지는 못한다. '자신'의 말을 받아낸다는 점에서 앵무새는 '안'에 속하지만, 기호 표현만 반복할 수 있으므로 자신의 '밖'에 위치한다. 따라서 「카페·프란스」의 앵무새는 화자의 우울한 정서를 외면하는 대상으로 쓰이는 이상李箱시의 '거울'과 같은 존재이다.16) 여기

---

16) 이상(李箱)은 자아의 단절을 의미하는 대상으로 '거울' 이외에도 앵무새를 사용하기도 했다. 「오감도(烏瞰圖)」 시제6호(詩第六號)를 부분 인용하면 다음과 같다.
　鸚鵡　※　二匹
　　　　　二匹
　※ 鸚鵡는 哺乳類에 屬하느니라.
　내가二匹을아는것은내가二匹을아알지못하는것이니라. 勿論나는希望할것이니라.
　鸚鵡　二匹
　『이小姐는紳士李箱의夫人이냐』『그렇다』

에서 『학조學潮』에 발표될 당시 없었으나 『정지용시집』에는 첨가된 "꿈"(앵무새의 대답중)이라는 글자는 자신의 슬픔을 반어적으로 강조하는 역할을 담당하고 있다.

화자는 "패롤 서방"을 지나 자신의 내면 공간으로 들어온다. 그 다음에 마주치는 대상은 "鬱金香 아가씨"이다. 기존의 연구는 울금향鬱金香의 뜻을 몇 가지 추측한 뒤에 튜울립으로 확정하고 있다. 그러나 논의를 거칠 필요 없이 울금향의 뜻은 튜울립이다. 『학조』에 발표될 당시 표기는 "추립브(鬱金香)아가씨"이었기 때문이다. 오히려 "추립브"란 표기를 없애고 "鬱金香"만 남겨둔 이유를 추적하는 일이 중요한 것 같다. "한자가 풍기는 아름답고 요염한 분위기"(사나다 히로소, 414), "청각적으로나 시각적으로나 농익"(최원식, 191)은 분위기 등이 "鬱金香"이 쓰인 이유에 관한 기존의 진술이다. 이 글에서는 "鬱金香"이라는 표기 그 자체가 지닌 의미를 추적하기에 앞서 표기가 "추립브"에서 "鬱金香"으로 변했다는 점에 주목하고자 한다.

10년 정도의 간격이 지난 뒤에 발표된 「카떼·쁘란스」는 상당 부분 수정되었는데, 그것은 일정한 방향을 띠고 있다. 잡지에 발표된 시는 후대 연구자가 포말리즘 기법이라고 지적할 정도로 형식실험이 많았으나, 시집에는 시인이 자신의 의도를 낱말의 형태가 아닌 뜻에 담으려는 흔적이 곳곳에 배어있다.17) 잡지 간행 시에는 다른 활자보다 두 배 큰 시어('이 부 닝!'), 명사와 조사 사이가 띠어진 부분('아가씨 는,' '이밤 에도,' '나 는,' '아들 도,' '손 이')이 눈에 띈다. 반면, 시집의 구절은 정상적인 모습으로 바뀌어 있다. 낱말의 뜻에 집중하는 쪽으로 수정방향을 세운 시인이 유독 이 시어에서만 뜻

나는거기서鸚鵡가怨한것을보았느니라. 나는부끄러워서 얼굴이붉어졌었겠느니라.
鸚鵡　　二匹
　　　　二匹
17) 김학동, 『정지용연구(鄭芝溶硏究)』, 30쪽.
양왕용, 『정지용시연구』, 삼지원, 1988, 100쪽.

이 아닌 표기의 모습에 얽매였을 리 없다. 비관적이고 슬픔에 찬 내면 정서를 강조하기 위해 튤립보다는 우울의 '鬱'자가 들어 있는 "鬱金香"을 채택한 것으로 보인다.

　카페 내부의 풍경을 묘사한 뒤 화자는 드디어 자신의 처지를 비관하기 시작한다. 이 때 등장하는 시어가 "子爵의 아들"이며 흰 "손"이다. "子爵의 아들"은 '나는 아무 것도 아니다, 흰 손이라서 슬프다'라는 자조 섞인 진술과 대비되면서 화자의 감정을 객관화하는 데 기여한다. 타인과의 비교 과정을 거치면 들끓는 감정도 객관적이고 명확하게 인식되곤 하는데, 이는 또한 화자가 구체적인 비애의 원인을 밝히는 다음 연의 "나는 나라도 집도 없단다"의 진술을 이야기하도록 이끌기도 한다. 이러한 역할을 하는 "子爵의 아들"은 유종호의 지적대로 한일합방에 기여한 인사들의 자제로서 유학생활을 방탕하게 보낸 소위 '조선의 난봉꾼'을 뜻한다.18) 화자와 그들은 모두 노동을 하지 않기 때문에 똑같이 흰 손을 가지고 있다. 같은 외양을 가지고 있는 이들의 처지는 상반된다. 그들이 지닌 흰 색의 기원과 내 손이 지닌 흰 색의 기원은 극과 극이다. 백색이 나에게 주는 결핍과 부끄러움의 의미는 부유한 그들과 대비되어 강조되고 있는 것이다. 그렇다고 화자가 그들의 처지를 부러워하는 것은 아니다. 바로 뒤의 시어인 "남달리"에서 확인할 수 있듯, 화자는 자신의 결핍을 두드러지게 하는 데 관심이 있을 뿐 비교 대상이 환기하는 이미지에 대해서는 무관심하다. 만약 관심을 가지고 있다고 본다면 화자는 조선의 난봉꾼이 되고 싶다는 우스꽝스러운 해석이 되고 만다. 덧붙여 '흰 손'을 '프롤레타리아 계급에 동참하지 못하는 지식인의 애환'이 담긴 표현으로 해석하는 견해가 있으나, 전반부에서 확인했듯 사회주의 운동에 관심이 없는 화자를 떠올리면 이는 지나친 해석인 것 같다.19)

---

18) 유종호, 『시란 무엇인가』, 민음사, 1995, 26, 27쪽.
19) 사나다 히로코, 앞의 글, 417쪽.

자작의 아들과 비교하면서 자신의 감정을 강조한 화자는 곧바로 그 감정의 원인을 집과 나라의 부재라고 밝히고 이 시의 인과적인 고리를 매듭짓는다. 「카예·쯔란스」에 흐르는 결핍의 정서가 논리적으로 정돈된 다음 요구되는 것은 또 한 번의 감정 분출이다. 전반부부터 화자가 주력한 것은 논리적인 해명이 아닌 느낌의 전달이기 때문이다. "오오," "내발을 빨아다오"에서 이 시의 감정은 최고조에 달한다. 그곳에 함께 있는 "異國種강아지"는 감정의 주체인 "나"의 다른 표현일 뿐이다. 자작의 아들이 반대편에서 화자의 비애를 강조했다면 이국종 강아지는 같은 편에서 화자의 비애를 강조한다. 그것은 화자 스스로 마련한 위로의 존재이면서 자신의 비탄을 확인하는 매개물이다. 관념으로 설정한 거리 밖의 풍경이 "나" 안으로 들어오면서 생겨나는 감정의 분출, 그것의 최고조에서 화자는 결핍의 정서를 주관적으로 그리고 객관적으로 확장하고 있는 것이다.

5. '나'를 지우기

「카예·쯔란스」에 결핍의 정서가 처음부터 끝까지 흐르고 있다고 본 이 글에서는 전반부의 구체적인 거리풍경마저도 화자의 관념에 의해 배치된 것으로 판단했다. 그 관념의 저류에 놓여 있는 "나"에 대한 관심은 독자에게 시각적인 어휘가 시에 등장하더라도 그 안에서 강한 주관을 감지하게 만들었다. 화자의 주관은 시어의 의미를 흐려놓기도 했으나 어떤 부분에서는 참신하고 감각적인 표현으로 나타나기도 하였다. 정지용의 데뷔작 「카예·쯔란스」는 이와 같이 분석을 거듭할수록 두 가지 면모를 독자에게 각인시킨다.

"나"에 대한 지속적인 관심과 시어들의 참신한 쓰임새. 이후에 발표된 정지용의 시들을 읽어보면 「카떼·뜨란스」에서 드러난 이 두 가지 모습이 그의 시력詩歷에서 잠시 나타났다 사라지는 일회적인 특성이 아니라는 것을 확인할 수 있다.

이 두 가지 관심거리는 정지용의 시에서 각기 다른 방향으로 나아간다. "나"는 점점 지워지는 반면, 언어 표현에 담긴 함의는 점점 무거워진다. "나"는 「유리창」, 「발열發熱」 등에서 혈육으로 풀어진 뒤, 자연이 전면에 등장하는 『백록담』 시편에서는 거의 무화되고 있으나, 언어 표현은 그 과정에서 함축적 의미를 지니며 압축되고 있는 것이다. 이 글에서는 서로 반대로 향하는 이 둘을 인과적으로 묶으려 한다. 세계를 "나"로 좁혔기 때문에, 또한 그것을 지우려했기 때문에, 언어 표현이 압축되었다는 가정은 그의 시 세계를 이해하는 데 그렇게 방해가 되지 않는다. 스스로 '비정치성 예술파'라고 이야기했듯 자의에 의해서건 타의에 의해서건 그는 정치와 타인의 반대쪽에 놓여 있는 대상에 집중했다.[20] 거기에는 "나"와 자연, 그리고 언어가 놓여 있었다. 감정의 절제라는 명목 하에 "나"가 자연으로 대체되면서, 그 명목에 표현이 가로막힌, 그러나 남아 있는 자기 자신에 대한 관심은 언어로 응축되어 표현된 것은 아닐까. 우리 시사詩史에서 이 둘을 연관 지은 시인은 그리 많지 않다. 주관에 대한 관심은 표현을 고려하지 않고 표출되는 경우가 허다하며 언어 표현 그 자체가 목적이 되는 경우도 어렵지 않게 목격할 수 있다. 정지용의 시가 비록 좁은 세계를 가지고 있다고 하더라도[21] 이 둘을 지속적으로 연결시킨 성실함에서 그것이 지닌 가치는 다시 한 번 확인된다.

---

20) 김학동 편, 『정지용전집 2 산문』, 266쪽.
21) 김우창, 「현대시(現代詩)와 형이상(形而上)」, 『궁핍한 시대의 시인(詩人)』, 민음사, 1977, 51쪽

고요하고 분주한 풍경 : 정지용의 「비」

1. 『문장』 1941년 1월호 '정지용 신작 시집'

1941년 1월 『문장』은 신년호를 발간하며 표지에 두 가지 특집 제목을 올린다. 하나는 이병기, 박종화, 김상용, 임화, 최정희, 이태준 등이 참석한 '문학의 제문제 좌담회'이고 다른 하나는 「조찬朝餐」 「비」 「인동차忍冬茶」 「붉은 손」 「꽃과 벗」 「도굴盜掘」 「예장禮裝」 「나비」 「호랑나비」 「진달래」 열 편이 차례로 실린 '정지용 신작 시집'이었다. 세밑이나 새해에 좌담회를 여는 것은 흔한 일이다. 당대를 대표하는 문인의 특집을 마련하는 것도 그리 특별한 일이 아니다. 하지만 시 열 편을 한꺼번에 수록하는 일은 특별하며, 그 시인이 전 해 두 편밖에 발표하지 않은 정지용이라면 이목이 집중될 만하다.[1]

정지용은 열 편의 시를 발표하는 동시에 같은 해 9월 발간되는 두 번째

---

[1] 정지용, 『정지용 전집 1』 개정판, 김학동 편, 2003. 전집의 「시작 연표」를 참조하면, 1940년 정지용의 시작 활동은 1월 「천주당(天主堂)」(『태양太陽』 창간호), 8월 「지는 해」(『조선일보』 1940.8.10)를 발표한 것이 전부이다.

시집 『백록담白鹿潭』 발간 정리 작업에 들어간다. 이 열 편은 그 동안의 침묵을 깨는 동시에 후기 '산수시' 편을 갈무리하는 의미가 컸다.2) 1935년 첫 시집 『정지용시집鄭芝溶詩集』의 '바다시편'이 마감되고 6년 뒤의 일이었다. 당시의 감흥은 편집후기에 해당하는 「여묵餘墨」에 고스란히 드러난다.

▲ 어제밤, 春山館에서 斗醉한 芝溶居士, 일곱 살少女에게서 花環을 받고싶다 하였다. 오래 안쓰다 한목 열篇을 던진 속이라 동지섯달에 꽃이 그리우리만치 헛전 하기도하리라. 꽃이 그리운이한테 꽃을 들리고 盞이그리운이한테 盞을 권할 수있도록 이새해에 우리文壇에 多福하소라.

▲ 이번 芝溶의 詩河가 한목 열번을 맑은데는 豊氏의 百番거름이 있다. 한 글을 爲해 千番이라도 걷는 이 編輯者를가져 나는 든든히「文章」의 새봄을 祝福한다.3)

이번 호 「여묵餘墨」의 제목은 「근하신년謹賀新年」이고 인용문은 후기의 첫 부분이다. 위 글을 쓴 이는 편집자인 조풍연으로 명시되어 있다. 하지만 적어도 이 대목만은 『문장』의 편집인 겸 발행인인 이태준이 썼을 가능성이 크다. 글의 후반부에 지용을 끈질기게 찾아가 원고를 얻어낸 편집자 조풍연에 대해 칭찬하고 있으며, 이러한 편집자를 가져 '나'가 든든하다고 한다. 시 열 편을 오랜만에 발표하고 반취하여 일곱 살 소녀에게 화환을 받고 싶다고 한 정지용이나, 오랜 노력 끝에 원고를 받은 소감을 편집 후기 제일 앞머리에 실은 이태준을 비롯한 문장사 측이나, 모두 노력 뒤에 찾아온 성취의 기쁨을 만끽하고 있다. 오랜 공백을 깬 시인은 스스로 축하 받고 싶었고 문예

---

2) 최동호, 「산수시의 세계와 은일(隱逸)의 정신」, 『정지용 시와 비평의 고고학』, 서정시학, 2013; 「山水詩의 世界와 隱逸의 精神-芝溶詩가 나아간 길」, 『민족문화연구』 19, 1986.1; 정지용 후기시의 특성을 '산수시'로 집약한 이 연구부터 '산수시'의 용어와 미학은 정지용의 후기시를 아우르는 명칭으로 통용되고 있다.
3) 「餘墨-謹賀新年」, 『문장』, 1941. 1월호, 196쪽.

지는 제 앞날의 축복을 기원한다. 둘 다 어려웠던 일이었다.

공교롭게도 『문장』은 친일의 요구에 불응하여 3개월 뒤 1941년 4월에 폐간되었다. 정지용의 시 열 편은, 해방 이후 그의 미미한 창작 활동과 동란 직후 불행한 그의 죽음을 염두에 두면 꺼지기 전 마지막으로 타오르는 불꽃같았다. 여기에는 그가 개척한 두 가지 시의 외관, 2행 1연의 반복형과 휴지부에 공백을 넓힌 줄글 형이 고르게 분포되어 있다. 그뿐만 아니라 배치 순서에 따라 특별한 흐름까지도 감지된다.

가령 첫째 시와 둘째 시인, 「조찬」과 「비」는 매우 짧은 길이의 행으로 구성되었다. 2행 1연 반복형 구성도 같다. 차이가 있다면 「조찬」은 7연이고 「비」는 8연이라는 점이다. 셋째 시인 「인동차」도 2행 1연의 반복으로 구성되었으나, 한 행의 길이가 앞의 두 시보다 상대적으로 길다. 앞 시에는 열 자를 넘는 행이 없지만, 이 시에는 세 개가 있다. 넷째 시와 다섯째 시인 「붉은 손」 「꽃과 벗」은 2행 1연의 반복 형태에서 벗어나 3행, 4행으로 구성된 연이 등장한다. 구문도 명사나 명사형으로 끝난다. 두 시가 형태상 차이가 있다면 「꽃과 벗」은 「붉은 손」보다 약 두 배 정도 길다는 것이다. 여섯 번째 시부터 예의 줄글 형태가 등장한다. 여섯 번째와 일곱 번째 시인 「도굴」과 「예장」의 길이가 서로 비슷하며 여덟 번째 아홉 번째 열 번째 시인 「나븨」 「호랑나븨」 「진달래」의 길이가 비슷한데, 이 두 계열의 시도 뒤쪽 시들이 앞의 시들보다 두 배 정도 길다. 앞의 시들은 형태면에서 매우 간결하고 응축되어 있으며, 뒤의 시들은 상대적으로 이완되며 확산된다. 이 열 편은 첫 시에서 마지막 시로 나아갈수록 의미와 호흡이 긴장에서 이완으로, 압축에서 확산으로 전개된다.

2. 「비」의 위상과 재해석의 필요성

　신작 소시집에 실린 열 편은 정지용 생전에 발간된 시집에 부분적으로 수록되었다. 「비」는 같은 해 『백록담』에 실린 아홉 편에 속해 있었으나 1946년 을유문화사에서 발간한 『지용 시선詩選』에는 누락되었다.4) 서른세 편의 시 중 응축과 긴장을 대표하는 시는 「비」가 아니라 「조찬」이었던 것이다. 일반 독자들도 이 시를 그의 대표작으로 꼽지 않았다. 등단작인 「카페 프란스」는 섬세한 감각 표현으로 당대 시인들에게 영향을 끼쳤고 아이를 잃은 슬픔을 그린 「유리창琉璃窓」은 당대에도 비평가들의 주목을 받았다. 「향수鄕愁」는 노래로 만들어져 후대 대중들의 사랑을 받았다.

　「비」를 주목한 이는 시인 당사자도 아니고 일반 독자나 대중도 아니었다. 연구자, 비평가가 주목하자 이 짧은 시는 의미 해석의 전장이 되었다. 일반 독자보다 연구자가 주목한 정지용의 시로는 「바다 2」와 「유선애상流線哀傷」 등을 들 수 있다. 이들 시는 모호한 표현을 확정하는 방향으로 논의가 집중되었다. 가령 「바다 2」의 "앨쓴 해도"는 '엘슨 해도'인가 '애를 쓴 해도'인가. 「유선애상」의 정체는 '자동차'인가 '피아노'인가 '오리'인가 '갑각류 곤충'인가. 그러한 과정을 거쳐 제출한 결과는 시의 의미를 선명히 하는 데 도움이 되었을지언정 풍부하게 하는 데에는 한계를 보였다. 다른 견해를 배척하는 방식으로 새로운 견해가 정당성을 확보할 수 있었기 때문이다. 그러나 「비」의 경우 일차적인 구절의 해석이 더 복잡한 의미를 생성하는 통로 구실을 한다. 이는 정지용의 후기시가 지향했던 의식의 단초를 제공한다는 점에서 주

---

4) 「도굴」은 『문장』에 실릴 때 10편의 대표시 역할을 했다. 본문의 소시집 표지 제목이 손글씨로 쓴 '盜掘'이었던 것이다. 그러나 이 시는 『백록담』, 『지용 시선』 어디에도 실리지 않는다. 특히 『백록담』에서는 열 편 중 한 편이 누락되었는데, 그것이 「도굴」이었다.

목할 필요가 있다.

일찍이 「비」는 1980년대 문덕수가 '사물시'로 규정하여 검토했으며, 시간을 더 거슬러 1960년대 송욱이 정지용을 혹평하는 방식으로 언급하기도 했다.5) 그러나 이 시를 정지용의 시적 이력에서 중요한 위치에 놓은 본격적인 연구는 최동호의 「山水詩의 世界와 隱逸의 精神-芝溶詩가 나아간 길」이다.6) 최동호는 당대 식민지 현실에서 겪은 시인의 고뇌가 후기시에 투영되었다는 것을 '산수시'와 '은일의 정신'으로 증명하려 했다. 기존에는 이미지즘, 주지주의, '바다시' 등의 용어로 주로 정지용의 전기시를 주목했다면, 이 연구를 기점으로 '산수시'의 범주 안에서 후기시까지 주목할 수 있게 되었다. 여기에서 「비」는 이 산수시와 은일의 정신의 전형으로 소개되었다.

장경렬의 「이미지즘의 원리와 <詩畵一如>의 시론-정지용과 에즈라 파운드, 그리고 이미지즘」은 「비」를 논쟁의 장에 끌어들인 연구이다.7) 최동호가 언급한 「비」가 '산수시'의 미학을 논하는 과정에서 제시된 예시 중 하나였다면, 장경렬의 글에서 「비」는 시와 그림이 같은 것이라는 동양시학의 '시화일여'를 증명하는 거의 유일한 예였던 만큼 비중이 컸다. 그의 논의는 영미시의 이미지즘이 '시화일여'와 비슷하다는 전제로 펼쳐진 것으로서 앞선 최동호의 논의에 이의 제기하는 성격이 짙었다. 「비」는 이로써 주지시와 산수시, 또는 동양시학과 서양시학을 모두 적용하여 이해할 수 있는 시가 되었다.

최동호의 「정지용의 산수시와 情・景의 시학-장경렬 교수의 「비」의 해석과 관련하여」는 부제가 가리키듯 장경렬의 반론에 대한 재반론의 성격을 띤 연구이다.8) 「비」는 이제 한 편의 시뿐만 아니라 한 구절 한 구절 주목 받게

---

5) 송 욱, 「정지용 즉 모더니즘의 자기부정」, 『시학평전』, 일조각, 1963; 문덕수, 「정지용론」, 『한국모더니즘 시연구』, 시문학사, 1981.
6) 앞으로 언급할 최동호의 연구는 최근 저서 『정지용 시와 비평의 고고학』(서정시학, 2013)에 수록된 것을 참조, 인용한다.
7) 장경렬 「이미지즘의 원리와 <詩畵一如>의 시론-정지용과 에즈라 파운드, 그리고 이미지즘」, 『작가세계』, 1999년 겨울호.

되었다. 상이한 시어 풀이는, 앞서 언급한 대로 「유선애상」에서처럼 '정답'의 역할에 그치지 않았다. 그것은 정지용의, 적어도 후기시를 관통하는 미학에 진입하는 관문 역할을 맡기도 했다. '시화일여'를 극복하는 개념으로 소개된 경치와 감정이 서로 혼융된다는 '정경교융情景交融'은 이 관문을 통해서 만나게 되는 동양의 시학이었다.

논쟁 전후에 제출된 김신정의 「정지용 시 연구-'감각'의 의미를 중심으로」, 이숭원의 『정지용 시의 심층적 탐구』, 권영민의 『정지용 시 126편 다시 읽기』 등은 「비」뿐만 아니라 정지용의 시 전체를 풍요롭게 하는 데 기여한 대표적인 업적들이다.9) 그 이후 제출된 견해는 이들을 토대로 전개되었다. 이상숙의 「"종종다리 깟칠한" 풍경과 "수척한 물" -「비」와 동양시학」은 두 논쟁이 벌어진 시기 직후에 제출되었다.10) 그는 여기에서 앞의 논쟁뿐 아니라 송욱, 문덕수 등이 1960년대에 제기했던 「비」에 관한 언급을 갈음하는 한편, 제목이 환기하는 것과 같이 시의 구조와 시어의 의미를 하나하나 되짚어 본다. 이로써 시의 계절적 배경이 전면에 떠오르고 상대적으로 논의에서 소외되었던 구절이 주목된다.

최동호의 「소묘된 풍경의 여백과 기운생동의 미학-권영민 교수의 '지용시 「비」 읽기'에 대한 비판」은 부제가 일러주듯 권영민의 연구에 제동을 거는 글이다.11) 권영민이 분석한 126편에 대한 해석 중 특별히 「비」에 대해 주목한 것은 이 부분의 권영민 해석이 최동호의 선행 연구를 비판적으로 검토

---

8) 최동호, 「정지용의 산수시와 情·景의 시학-장경렬 교수의 「비」의 해석과 관련하여」, 『정지용 시와 비평의 고고학』, 서정시학, 2013; 「정지용의 산수시와 情·景의 시학-장경렬 교수의 「비」의 해석과 관련하여」, 『작가세계』, 2000년 가을호.
9) 김신정, 「정지용 시 연구-'감각'의 의미를 중심으로」, 연세대박사논문, 1998; 이숭원, 『정지용 시의 심층적 탐구』, 태학사, 1999; 권영민, 『정지용 시 126편 다시 읽기』, 민음사, 2004.
10) 이상숙, 「"종종다리 깟칠한" 풍경과 "수척한 물"-「비」와 동양시학」, 『다시 읽는 정지용시』(최동호 편), 월인, 2003.
11) 최동호, 「소묘된 풍경의 여백과 기운생동의 미학-권영민 교수의 '지용시 「비」 읽기'에 대한 비판」, 『어문연구』 50호, 2006.

하고 있으며 이에 대한 반론의 필요성이 제기되었기 때문일 것이다. 이 과정에서 이 시의 구조적인 특장점이 더욱 세밀하게 펼쳐진다.

배호남의 「『백록담』의 시형식 연구」는 정지용의 제2시집 『백록담』의 형식적 특징인 2행 1연 반복 시행과 줄글 형 시형의 길항 관계를 짚어본 연구이다.12) 「비」는 여기에서 전통지향성을 대변하는 앞 형식의 예로 제시되는데, 필자는 분석 과정에서 논쟁이 되었던 부분을 호출하여 새로운 견해를 제기하기도 한다.

20세기 말 동양시학을 배경으로 펼쳐진 「비」에 관한 논의는 시 연구의 진경이었다. 논쟁이 일단락된 뒤에도 「비」에 대한 해석의 시도는 지속되었다. 이러한 연구들은 앞선 '정경교융'과 '시화일여'에 기초한 견해를 참조하거나 극복하려는 시도를 보였다. 다양한 견해가 제출된 지금 이렇게 되물어야 할 시기가 찾아왔다. 그 결과 「비」의 의미는 풍요로워졌는가. 이 글은 「비」가 풍요로운 의미 해석의 장이라는 전제 아래 '논쟁' 이후의 견해를 정리하고자 한다. 먼저 시의 전체적인 정황을 파악하고 구조상의 특징과 그 안에 담긴 의미를 헤아린 뒤, 이를 토대로 부각되는 의견을 첨가할 것이다.

3. 시의 구조적 특징과 정중동靜中動의 미학

「비」는 총 8연 16행, 즉 2행 1연 형태가 네 번 반복된 시이다. 길이가 가장 짧은 행은 세 글자이며, 가장 긴 행은 아홉 글자이다. 짝수 연이 끝날 때

---

12) 배호남, 「『백록담』의 시형식 연구」, 『한국시학연구』 35, 2012.12.

마다 마침표가 찍혀 있고, 홀수 연이 끝날 때에는 대부분 쉼표가 찍혀 있다. 마지막 홀수연인 7연에 어떠한 구두점도 찍혀 있지 않은 것을 제외하고는 모든 연의 마무리가 이 규칙을 따른다. 안정되고 완결된 구조는 대담하게 생략된 말들을 갈피 짓는 데 도움을 주는 동시에 이 시편을 정지용의 시 중에서 가장 단정하고 간결한 시로 기억하는 데 기여한다.

≪문장≫의 원문에서 '앞 섯거니 하야 / 꼬리 치날리여 세우고, / 종종 다리 깟칠한 / 山새 거름거리'로 표시된 제3연이 『白鹿潭』에서는 '앞 섯거니 하야 /꼬리 치날리여 세우고,//종종 다리 깟칠한 / 山새 걸음거리'로 표시되어 제3연과 제4연으로 나뉘었다.13)

구조적 완결성에 관한 이견이 없지는 않다. 권영민은 시가 처음 발표된 『문장』 지면에서는 3연과 4연이 합쳐져 있던 것이 같은 해 발간된 『백록담』에 이르러 나뉘었다고 말한다. 이에 따르면 다른 연들은 2행 1연의 구조인데, 이 부분만 4행 1연이 되어 안정된 구조는 깨진다. 또한 『정지용 시 126편 다시 읽기』에는 '원문' 형태가 제시되어 있는데 여기에는 별도로 언급하지 않은 7, 8연도 붙어 있다.

실제 『문장』 본의 형태를 참조하면 7, 8연이 붙어 있을 여지는 없다. 그러나 3연과 4연의 경우 애매하다. 「비」의 3연과 4연은 떨어졌는가, 붙어 있는가. 해당 페이지만 보면 붙어 있다고 해야 할 것이다. 하지만 시 한 편을 한 장에 무리하게 담으려다 연 구분이 촘촘해졌을 가능성을 배제할 수 없다. 『문장』에 실린 시 10편은 시편끼리, 시편 안에서 연과 연, 행과 행의 간격이 일정치 않다. 또한 『백록담』에 실린 형태와 견주면, 다른 시들의 경우 철자법의 차이가 있을지언정 행과 연의 차이는 없다. 이를 감안하면 처음부터 2행

---

13) 권영민, 『정지용 시 126편 다시 읽기』, 민음사, 2004. 579쪽.

1연의 반복 구조였을 가능성이 높다. 앞선 연구가 그러하듯이 이 글에서도 8연 16행의 구조를 전제하고 시를 감상하고자 한다.

돌에
그늘이 차고,

따로 몰리는
소소리 바람.

앞 섰거니 하야
꼬리 치날리여 세우고,

종종 다리 깟칠한
山새 걸음거리.

여울 지여
수척한 흰 물살,

갈갈히
손가락 펴고,

멎은 듯
새삼 돋는 비ㅅ낯

붉은 닢 닢

소란히 밟고 간다.

　　　　　　　　　　　　　　　　－「비」,『백록담』, 문장사, 1941.14)

　　마침표를 기준으로 보면 시는 크게 네 단락으로 나뉘어 한시의 기·승·전·결起·承·轉·結 구성을 떠올리게 한다. 특히 '전'이 강조되고 '결'에서 여운을 남기는 시 작법은 「비」의 홀수 마지막 연인 7연 끝에 쉼표가 없는 것을 어느 정도 설명해 준다. 마지막 부분이 다른 부분과 변별되는 동시에 여운을 남길 수 있기 때문이다. 한시 작법을 연상시키는 또 다른 지점은 시에 온전히 화자의 감정을 실었다고 할 만한 낱말이 없다는 것이다. 이는 「비」를 해석하는 상반된 토대, 즉 객관묘사에 치중했다는 '시화일여'와 경치에 정신이 투영되었다는 '정경교융'을 불러들인다.

　　시의 내용을 간추리면 다음과 같다. 돌에 그늘이 차고 소소리 바람이 따로 몰린다. 꼬리를 세운 산새가 종종 걸음으로 앞서거니 하며 걷는다. 메말랐던 흰 물살이 여울져 갈래갈래 손가락 편다. 빗방울이 멎은 듯 새삼 돋으며 붉은 잎들을 소란히 밟고 간다. 마침표를 기준으로 한 문장씩 요약했다. 해석에 이견이 없어 보일 만큼 단순해 보이지만, 시가 불러온 논의들을 고려하면 이 간단한 해석도 여러 난관에 봉착한다. 가령 시의 계절은 봄인가 가을인가. "그늘이 차다"고 했는데, '차다'는 차오르는 것인가 차가운 것인가. 새가 "앞 섰거니" 한 대상은 바람인가 비인가 새인가. "수척한 흰 물살"의 '흰'과 '수척'은 풍경을 사실적으로 묘사한 표현인가, 화자의 정신이 적극적으로 개입한 표현인가. "새삼 돋는 비ㅅ낯"의 '돋다'는 '내리다'의 뜻인가 아닌가. 거의 모든 구절에 논점을 가지고 있는 시가 「비」다.

---

14) 시의 표기는 영인본 『원본 정지용 시집』(이숭원 주해, 깊은샘, 2003)에 실린 『백록담』(문장사, 1941)의 것을 따랐다. 『백록담』은 1941년 문장사에서 초판을, 1946년 백양사에서 표지를 바꿔 재판을, 1950년 동명출판사에서 삼판을 찍었다. 『문장』본과 『백록담』본의 차이는 두 가지이다. 3연 1행 "앞 섰거니"는 "앞 섯거니"였으며, 4연 2행 "걸음 거리"는 "거름 거리"였다.

세부 문제를 논의하기에 앞서 전체적인 구조에 대해 조금 더 살펴보자. 시가 의미상 네 단락으로 나뉘어 있다는 것에는 이견이 없다. 형식적 장치인 마침표가 그곳에 찍혀 있기 때문이다. 이 마침표는 과감한 생략이 불러일으킬 수 있는 여러 오해를 불식시키는 효과를 발휘한다. 또한 이를 기준으로 시는 정중동正中動의 미학을 구현한다. 고요한 듯 분주히 움직이는 모습은 다음과 같이 여러 국면에서 나타난다.

첫째, 2연마다 주어가 계속 바뀌며, 특정 대상이 의미를 독점하지 못하도록 한다. 이들은 서로 독립되어 있으면서 함께 비 오는 정황을 구성한다. 1, 2연의 주어는 "그늘"과 "소소리 바람"이고 호응하는 서술어는 각각 "차고"와 "따로 몰리는"이다. 3, 4연의 주어는 "山새"와 "다리"이고 호응하는 서술어는 각각 "세우고"와 "깟칠한"이다. 5, 6연의 주어는 "흰 물살"이고 호응하는 서술어는 "손가락 펴고"이다. 7, 8연의 주어는 "비ㅅ낯"이고 호응하는 서술어는 "밟고 간다"이다. 네 단락의 주어가 모두 다르고 서술어는 모두 동사이다. 비 내리는 정황의 고요한 분위기는 이 개별 풍경에 통일감을 안겨주지만, 개별 풍경은 제 나름으로 분주히 움직이는 모습을 연출하고 있는 것이다.

둘째, 서술형과 관형형이 교차하며 각 단락의 주술관계를 이루고, 정상 어순과 도치 어순이 교차하며 구절을 구성한다. 첫 단락의 '그늘'과 '차다'는 서술형(그늘이 차고)이지만, '소소리 바람'과 '따로 몰리다'는 관형형(따로 몰리는 소소리 바람)이다. 둘째 단락 '다리'와 '깟칠하다'는 정상 어순(종종 다리 깟칠한)이지만 '山새'와 '앞 섰거니' '꼬리 치날리여 세우고'는 도치된 어순(앞 섰거니 꼬리 치날리여 세우고, 山새)이다. 셋째 단락 "흰 물살"은 "여울지여"와 도치된 어순(여울지여, 흰 물살)을 이루지만, "손가락 펴고"와는 정상 어순(흰 물살 손가락 펴고)을 이룬다. 넷째 단락 "비ㅅ낯"은 "새삼 돋다"와 관형형(새삼 돋는 비ㅅ낯)으로 엮여 있으나 "밟고 간다"와는 서술형(비ㅅ낯 붉은 잎 밟고 간다)으로 호응한다. 의미상 단락마다 정상적 어순과 도치된 어순이 번갈아 등장하며 팽팽히 긴장을 이루는 것이다.

셋째, 관형형이나 도치 어순의 구문은 체언으로 마감되지만 서술형이나 정상 어순은 용언으로 마감된다. 즉 이 시는 전반부에 용언-체언(1단락), 용언-체언(2단락) 순으로 마무리되며 시상을 집약하다가, 후반부에 이르러 체언-용언(3단락), 체언-용언(4단락)으로 마무리되며 감정을 풀어놓는 방식을 취한다. 긴장감이 조성되다가 그 감정이 이완되는 방식으로 구성된 것이다. 전반부와 후반부는 주어가 하나인가 둘인가의 차이도 있다. 전반부는 의미상 주어와 서술어가 둘씩 등장하여 짝을 이루지만, 후반부는 서술부 두 개당 주어가 하나씩 배치되어 강조되고 있는 것이다. 이 강조되는 주어가 "물살"과 "비ㅅ낯"이다. 시의 제목이 '비'인 까닭을 여기에서도 확인할 수 있다.

요컨대 서로 다른 주체의 개별성과 비 내리는 풍경이라는 통일성, 어순의 정치와 도치 또는 서술형과 명사형의 교차, 긴장과 이완의 구문 구성 방식 등 고요하면서도 분주히 움직이는 구조는 균형을 이루기 위해 경주한 시인의 노력을 환기하면서 동시에 세부 시 분석과정에서 제출된 견해를 갈피 짓는 데 도움을 준다.

4. 「비」 해석의 세부들

「비」는 고요하면서도 부산한 분위기를 띤다. 구문 구조는 안정적이면서 동시에 변주되고 있으며 정황은 비 내리는 풍경에 수렴되면서도 장면의 독립성을 지킨다. 그런데 비가 내리는 시점에 대해서는 의견이 엇갈린다. "비가 오기 전, 비가 떨어지는 순간, 비가 내려 물줄기로 흐르는 모습, 그리고 잠시 쉬었다 다시 오는 비"15)의 모습을 순차적으로 그렸다는 견해도 있는 반면, 1~6연까지는 비가 내리기 직전의 풍경이고 7, 8연은 비가 내리기 시작한 순간으로 보는 견해도 있다.16) 이 글은 그 까닭을 뒤에서 언급하겠지만 늦어도 둘째 단락인 3, 4연부터 비가 한 두 방울이라도 내리기 시작한 것으로 상정한 뒤 세부 의견을 제시하려 한다.

1) 비는 봄에 내리는가, 가을에 내리는가

「비」의 계절적 배경은 오랫동안 가을로 여겨져 왔다. 봄일 수 있는 가능성을 높인 시어는 '소소리 바람'이다. 사전적인 풀이로 '이른 봄에 살 속으로 스며드는 듯한 차고 매운바람'과 '(전남 충청권 방언) 회오리바람' 두 가지 뜻이 있는데 이 중 앞의 것을 취하면 이 시의 계절적 배경은 봄이 된다.17)

그러나 이 시의 전체 분위기를 두고 볼 때 가을보다는 봄으로 보아야할 것이다. 까칠한-수척한-갈갈히-새삼-비人낯 등의 시어들은 풍성하기보다는 빈약한 물에, 메마르고 까칠한 것들을 적시어 흐를 정도의 비에 어울린다. 여름을 지낸 산 속 계곡과 겨울 지낸 산 속의 모습을 대조하여 볼 때 메마른 산속의 빈약한 물은 가을보다는 봄에 더 어울린다. 한시에서 봄비와 새, 바람의 이미지는 자주

---

15) 이상숙, 앞의 글, 263쪽.
16) 권영민, 앞의 책, 575쪽.
17) 이근화, 「정지용 시 연구」, 고려대 석사논문, 2000. 55~58쪽. 이근화는 "깟칠한 산새"와 "수척한 흰 물살"을 겨울 동안 여윈 텃새와 봄가뭄으로 해석하는 등, 「비」를 봄비 내리는 풍경으로 파악했다.

짝을 이루어 등장하는 제재이며 여러 논자들의 공통된 의견대로, 자유자재로 한시에서 제재를 얻고 표현을 빌릴 정도로 한시의 미학을 원용하는데 능란했던 지용이고 보면 봄, '비'와 '새,' '바람'의 이미지 군(群)을 구사한 것으로 볼 수 있다. 「비」의 계절적 배경을 봄으로 보는 또 하나의 이유가 여기에 있다. 봄비와 새의 이미지는 이 시 전체의 이미지 축을 형성하여 구조적·묘사적 완결성을 드러내는 중심 제재이다.[18]

이상숙은 몇 가지 논거를 보태 봄일 가능성을 높인다. 요약하면 다음과 같다. 첫 번째 뜻인 '이른 봄에 살 속으로 스며드는 듯한 차고 매운바람'으로 소소리 바람을 파악하면, 여러 시어들이 겨울을 지낸 이른 봄의 산속과 어울리며, 정지용이 능통했던 한시에는 이 시의 시어들과 봄이 '이미지 군'을 이룬다는 것이다. 봄비와 새는 "구조적·묘사적 완결성을 드러내는 중심제재"인 것인데, 설득력이 높은 견해이지만, 그렇다고 가을일 가능성이 완전히 사라지는 것은 아니다. 오랫동안 가을을 배경으로 인식한 까닭은 무엇일까.

우선 소소리 바람의 두 번째 사전 풀이가 '회오리바람의 충청·전라 방언'이라는 점에서 기인한다. 정지용의 고향인 옥천도 충청도이다. 그는 알려진 대로 초기 망향의 정서와 후기 고립감을 표출할 때 고향의 정서와 언어를 활용했다. 더욱이 수식어 "따로 몰리는"은 첫째 뜻인 '스며드는 듯한 차고 매운' 바람보다는 둘째 뜻인 '회오리바람'과 어울린다. 회오리바람은 바람이 따로 몰려 휘도는 현상 아닌가. 시의 안팎에서 소소리 바람이 회오리바람의 뜻을 지지한다면 그만큼 '이른 봄'의 바람일 가능성은 낮아진다. 봄인가 가을인가의 문제에서 봄일 가능성이 낮아지면 가을일 가능성은 높아진다.

인용문 앞부분에서 언급한 대로 '까칠'이나 '수척'과 같은 시어는 가뭄을 환기한다. 여름을 지낸 가을과 겨울을 지낸 봄 중에서 시의 계절을 선택하라

---
18) 이상숙, 앞의 글, 265~266쪽.

면 후자와 잘 어울리는 까닭도 여기에 있다. 그러나 가뭄은 장마철만 제외하면 봄뿐만 아니라 가을이나 겨울에도 있을 수 있으며, 가을에는 여름을 지낸 가을뿐만 아니라 겨울로 접어드는 가을도 있다. 늦가을은 풍요로움을 간직하기보다는 소멸과 재생을 예감하는 계절이다. 이 시의 배경으로 가을을 상정하게 하는 가장 유력한 시어 "붉은 잎" 또한 초가을보다는 늦가을에 어울리는 제재이다. 잎들을 '밟고 가는' 빗방울은 이때 풍요로움을 재촉하는 대상보다는 소멸과 재생을 확인시켜주는 대상이 된다. 어느 한 쪽도 폐기되기 힘든 의견이다.

2) 그늘은 차가운 것인가, 차오르는 것인가

「비」의 첫 구절은 "돌에/그늘이 차고"이다. '차다'의 뜻은 '차갑다'인가, '차오르다'인가. 이 둘을 모두 고려해 '차다'로 뭉뚱그렸을 수도 있으나, 이는 정확한 표현을 위해 시어를 다듬고 심지어는 만들기까지 한 정지용의 시적 개성을 고려하면 가능성이 낮은 추측이다. '차갑다'는 감각적인 언어를 구사하면서도 감정을 절제하는 정지용 시어의 특성을 반영한다. 이 말 자체가 신체 감각을 나타내는 말인데, 감각의 주체를 돌에 양도함으로써 절제하는 모습이 드러나기 때문이다. 한편 '차오르다'로 해석하면 관찰의 주체는 화자에게로, 행위의 주체는 그늘에로 책임이 분산된다.

① 많은 논자들이 "그늘이 차고"의 의미를 '차갑다'라는 감각의 이미지화라고 해석하고 있다. 이숭원은 "문맥을 보면 '차갑다'의 뜻이 맞는 것 같다"고 쓰고 있다(이숭원 주해, 『원본 정지용시집』, 깊은샘, 2003, 208쪽). 그러나 필자의 해석으로는 이 시의 1연은 비를 몰고 오는 먹구름이 몰려오는 것을 묘사한 것으로,

땅 위의 돌에 먹구름이 드리우는 그늘이 차오른다는 의미로 해석하는 것이 보다 정확하다.19)

② 1연의 '차다'에 대해서 자동사(滿)로 보느냐, 형용사(冷)로 보느냐를 놓고 해석의 논쟁이 있어 왔다. 정지용 시에서 '차다'라는 감각이 갖는 위상과 「朝餐」, 「春雪」에서 분석한 정지용 특유의 감각적 인식을 고려할 때, 「비」의 '차다'는 감각어로 해석하는 것이 타당하다. 다만 이 시의 화자는 풍경의 배면에 존재하고 있기 때문에 「朝餐」, 「春雪」에서처럼 감각을 통해 자연과 직접 매개되지 못하고 자연물에 감각을 투사하고 있다는 점이 다를 뿐이다. 「비」는 풍경 안에서 직접적인 감각을 통해 자연과 화자를 교섭시키는 방식이 아니라, 풍경 밖에서 화자의 감각을 투사함으로써 자연과 자연을 교섭시키는 방식을 시도한 작품으로 볼 수 있다.20)

①의 필자 배호남은 '차오른다'로 보고 있고, ②의 필자 오연경은 '차갑다'로 보고 있다. 오연경은 '정지용 특유의 감각적 인식'이 여기에도 활용된다는 논지를 펼친다. 화자는 사태에서 한 걸음 물러나 "자연과 자연을 교섭시키는" 효과를 거둔다고 보는데, 이는 최동호의 의견을 계승하는 것이다.21) 배호남은 '차오른다'로 해석하는 것이 "보다 정확하다"고 말하고 있으나 이에 대한 논거 제시는 생략했다.

같은 견해를 보인 이상숙은 "전반부에서는 풍경의 제시로 이어지고 후반부 5~6연에서야 화자의 위치와 개입이 언급되는 이 시의 경우에 처음부터 화자의 감각과 감정이 드러나는 것으로 해석하는 것은 어색하다"고 했다.22)

---

19) 배호남, 앞의 글, 154쪽.
20) 오연경, 「정지용 산수시에서 자연과 정신의 감각적 매개 양상 – '차다'라는 신체 감각을 중심으로」, 『한국문학이론과 비평』 49, 2010.12, 51쪽.
21) 최동호, 「산수시와 은일의 정신」, 앞의 책, 151쪽 참조.

그러나 오연경의 시각에서는 다른 해석이 나올 수 있다. '차갑다'는 '차오르다'보다 감정과 감각이 많이 노출되었다고 할 수 있으나, 바로 그 감정과 감각이 화자가 아닌 돌의 것이기 때문에 화자의 입장에서는 자제했다고 볼 수 있는 것이다.

형용사 '차갑다'로 보는 견해는 절제된 감각을 구사하는 정지용의 시적 개성이 지지한다. 동사 '차오르다'로 보는 견해는 '정중동'의 구조에서 '동(動)'을 맡았다고 볼 수 있다. 그러나 분주한 움직임은 같은 단락의 "따로 몰리는"에도 있다. 즉 "따로 몰리는"이 고요함과 분주함 중에서 분주함을 맡고 있는 것이 확실하기 때문에 "차고"가 맡을 몫은 분주함이 아니라 고요함이다. '차오르다'로 해석하면 고요하고 절제된 모습을 첫째 단락 1, 2연에서만 찾을 수 없게 된다. 구조의 균형이 무너지는 것이다. 그러나 "차고"를 '차갑다'로 해석하면 '정중동'의 균형은 유지된다. 이를 반영한 해당 구절의 해석은 다음과 같다. 돌에는 그늘이 차갑고 소소리 바람이 따로 몰린다.

3) 누가 누구를 앞섰거니 했나

둘째 단락 3, 4연의 논점은 두 가지로 요약할 수 있다. "앞섰거니"의 주체는 산새인가 비인가, 뒤쳐진 대상은 산새인가 바람인가. 경우의 수는 네 가지이다. 산새가 산새를 앞설 수 있으며, 산새가 바람을 앞설 수도 있으며, 비가 산새를 앞설 수 있으며 비가 바람을 앞설 수 있다. 그러나 네 번째 가정인 비가 바람을 앞서는 경우는 의미상 두 번째 단락의 주인공이 '산새'라는 점에서 모순된다. 산새는 주체와 대상 어느 한자리에 있어야 한다. 비가 산

---
22) 이상숙, 앞의 글, 263~264쪽.

새를 앞선다는 견해와 산새가 바람을 앞섰다는 견해는 이미 제출된 바 있다.

③ 여기서 주목할 것은 '앞섰거니 하야'라는 서술어이다. 이 서술어의 주체가 산새라는 것은 쉽게 알 수 있다. 그런데 무엇을 앞섰다는 것일까? 이것은 바로 앞의 제 2연에서 묘사한 '따로 몰리는 소소리 바람'을 두고 하는 말이다. 어쩌면 바람의 뒤에 따라올 비를 염두에 두고 있는 것이라고 생각할 수도 있다. '꼬리 치날리어 세우고'라는 말에서 볼 수 있듯이, 바람결에 꼬리가 위로 치날리어 세워진 산새의 모습을 떠올릴 수 있다면 산새가 비를 몰고 오는 바람에 앞섰다는 것은 쉽게 이해할 수 있다.23)

④ 3연의 '앞 섯거니 하야 / 꼬리 치날리여 세우고'에서 '앞 섯거니'하고 짐작한 대상은 무엇인가에 대한 의문이 생긴다. 앞서 있으리라는 것은 '비'일 것이다. '비가 앞에 와 있거니', '앞까지 와 있으니 이곳도 금방 비가 내리겠거니'하는 예측에 새의 움직임은 분주해진다. 꼬리를 세우고 종종걸음으로 둥지를 찾을 것이다. (중략) 아마도 이미 비가 떨어지기 시작했으므로 빗 속에 날지 못하고 가는 것이 아닐까.24)

③의 필자 권영민은 주체를 산새로 보고 대상을 바람으로 본다. 산새가 바람에 앞서 꼬리를 치날리며 종종걸음으로 걷고 있다는 것이다. 그 바람은 첫째 단락인 2연의 소소리바람인데, 그로 인해 "꼬리가 위로 치날리어 세워진 산새의 모습"이 연출된다는 것이다. ④의 필자 이상숙은 주체를 비로 보고 대상을 산새로 보고 있다. 비가 앞서 있기 때문에 산새가 꼬리를 세우고

---

23) 권영민, 앞의 책, 576쪽.
24) 이상숙, 앞의 글, 266~267쪽.

종종걸음으로 둥지를 찾는다는 것이다.

　권영민의 견해가 설득력을 얻기 위해서는 짝수 연마다 마침표를 찍어 장면의 독립성을 지키며 통일성을 축조하는 구조적 특징에 예외를 두고 그 이유를 설명해야 할 것이다. *그*가 지목한 바람은 2연 마지막 명사로 등장한다. 새가 무엇을 앞섰는가를 논하는 단락 3, 4연을 벗어나 있다. 이 시는 마침표를 기준으로 단락마다 분위기는 공유하되 구문 구조나 장면은 그 안에서 소화하고 있다. 정지용의 2행 1연 구성의 모든 시들이 이처럼 마침표를 기계적으로 찍지는 않았다. 그리고 모든 시들이 「비」보다 정황을 과감히 생략하지도 않았다. 이 구절뿐만 아니라 앞으로 다룰 구절들이 조사나 호응관계를 명시하는 장치를 과감히 생략하면서 여러 견해를 끌어들인 면이 많다. 기계적으로 찍혀 있는 마침표는 생략으로 발생할 수 있는 혼선을 최대한 가라앉히고자 하는 교통 표지 역할을 한다. 구문이 호응하는 범위를 제한하는 표시가 마침표인 것이다.

　이상숙의 견해가 설득력을 얻기 위해서는 마찬가지로 구조적 특징에 예외를 설정하고 그럴 수밖에 없는 이유를 제시해야 할 것이다. 이 시의 균형감과 단락의 독립성은 마침표뿐만 아니라 매번 교체되는 주어로도 유지된다. 1·2연의 그늘과 바람, 3·4연의 산새와 다리, 5·6연의 물살, 7·8연의 빗방울이 주어로 등장하여 비 내리기 전후의 풍경을 연출하고 있는데, 이 기준을 따르면 3, 4연의 주어는 비와 산새가 된다. 시의 제목이기도 한 비는 의미상 모든 풍경에 관여하지만 직접 구문의 주어로 들어서지는 않는다. 구문의 주어 역할까지 맡는다면, 고요하면서도 부산한 이 시의 균형이 깨지는 것은 아닐까.

　그런데 산새가 산새를 앞서거니 한 것으로 볼 수는 없는 것인가. 비 오기 전후 흔히 새들은 지상에서 종종걸음으로 자리를 옮겨 다닌다. 뒤에 있던 산새가 앞에 있던 산새를 앞섰을 수도 있으며, 둘이 앞서거니 뒤서거니 걷는데 뒤의 것을 생략했을 수도 있다. '가게들이 늘어서 있다'라고 하지 않고 '가게가 늘어서 있다'라고 하는 한국어의 특성을 염두에 두면 "앞 섰거니"라는 말에서 두 마리의 산새를 떠올리는 것이 어색하지 않다. 더욱이 시에 새를 한 마리만 상정하는 것은 외로움의 정서를 노골적으로 투영한 것이 되어 정서를 배면에 감추는 이 시의 정조와 썩 어울리지 않는다. 한 마리의 산새는 외로운 화자와 동일시되기 쉽다. 시에는 외로움과 같은 감정이 노출되지 않도록 공 들인 흔적이 여러 곳에 있다. 두 마리 산새의 설정은 화자와의 거리를 유지할 수 있는 것이다.

> 최동호는 이 장면에 대해 '빗방울이 후두둑 떨어지기 시작하는 장면'이라고 보고, 빗방울이 떨어지는 장면을 "직접적으로 표현하지 않고, 바삐 걸어가는 山새 걸음걸이에 유추시켜 표현한 것"이라 보았다. 그러나 이는 시적 표현에 대한 과잉된 해석으로 여겨진다.25)

한 가지 더 주목할 것이 있다. 위의 필자도 그러하고 "앞 섰거니"의 정황을 해석하는 부분에서 다른 견해를 보인 두 논자도 그러하고, 이 부분에서 아직 비가 내리지 않고 있다고 본다. 모두 비가 내리기 전의 부산한 풍경으로 보고 있는 것이다. 이는 비가 막 떨어지기 시작한 풍경으로 보는 견해를 비판하며 제출한 것이다. 배호남은 인용문에서 비가 내리기 시작했다는 견해에 대해 '과잉해석'이라 말하고는 있는데, 왜 과잉인지는 설명이 없다.26) 추정하자면 '산새 걸음거리=후두둑 떨어지는 빗방울'로 받아들인 뒤 이를 과잉이라고 보는 것 같다. 그런데 "유추시켜 표현했다는 것"과 '동일시했다는 것'은 의미 차이가 크다.27) 소리 나게 문을 닫고 방에 들어가

---

25) 배호남, 앞의 글, 155쪽.
26) 권영민 또한 최동호의 이 부분을 과잉 해석이라 진단했다. 권영민, 앞의 책, 575~577쪽 참조.

면 직전에 불화가 있었다는 것을 추측할 수 있다. 그런데 그 추측은 문 닫힌 소리와 불화를 동일시해서 생긴 것은 아니다. 걸음걸이와 빗방울을 같다고 여기지 않더라도 새가 지상에서 바삐 이동하면 대개는 곧 비가 내리거나 내릴 것이라고 예상할 수 있는 것이다. 한 가지 더 숙고해야 할 문제가 있다. 비가 내렸던 것을 전제로 두고 있는 7, 8연의 정황을 나름대로 설명할 수 있어야 한다. 여기에 대해서는 뒤에서 논의하기로 하자. 이 부분을 정리하면 다음과 같다. 비가 내리기 시작하자, 새들은 앞서거니 뒤서거니 분주히 이동한다.

4) 수척한 흰 물살은 어떻게 손가락을 폈나

"수척한 흰 물살"에 대한 해석은 기존 논쟁의 핵심이었다. 무엇을 묘사한 것인가, 또는 무엇이 투사된 것인가의 문제는 동양시학의 주요 개념인 '시화일여'와 '정경교융'을 논의에 불러들였다. 논의의 출발점은 '흰'과 '수척'이 사실적인 묘사에 집중한 표현인가 아니면 화자의 정신이 개입한 표현인가, 즉 시는 객관 묘사에 집중하는가(시화일여), 아니면 풍경 속에 정신이 개입하였는가(정경교융)의 문제로 요약할 수 있다. 객관 묘사로 보는 견

---

27) 배호남이 문제 삼은 최동호의 견해의 전후 맥락은 다음과 같다. "그렇다면, 이런 표현들은 단순히 '山들새 걸음거리'만을 묘사하는 것인가. '소소리 바람'과 '山새 걸음거리' 사이에는 어떤 상관성이 있을까. 이 의문은 정지용이 이 시의 배면에 감추고 있는 시적 유추를 생각하게 만든다. 커트된 장면과 장면은 무관한 나열이 아니다. 제1-2연이 비가 오기 직전의 상황이라면, 제3-4연은 빗방울이 후두둑 떨어지기 시작하는 장면이다. 빗방울이 여기저기 떨어져 내리기 시작하는 장면을 정지용은 직접적으로 표현하지 않고 바삐 걸어가는 山새 걸음걸이에 유추하여 표현한 것이다. 시의 표면에는 '소소리 바람'과 '山 새 걸음거리'만 소묘되어 있지만, 그 시적 문맥에서 이들은 상호 유기적으로 결합되어 유추와 상상을 불러일으킨다. 이들을 빌려 시간의 진전과 더불어 통일성을 지니는 하나의 세계를 조형해내는 시인의 시적 절제가 우리의 지적 유추를 자극한다는 점에서 지용의 시적 개성은 주목할 만한 것이 아닐 수 없다"(최동호, 「산수시의 세계와 은일의 정신」, 앞의 책, 152~153쪽). 주목할 부분은 이 장면을 동일시했는가, 아니면 유기적으로 결합했다고 보았는가이다.

해는 "흰"을 '돌이나 바위에 부딪히는 가운데 이는 하얀 포말'로 "수척한"을 '빠른 속도의 물살'로 본다.28) 이는 그림 그리듯 시를 쓴다는 '시화일여'에 기대 해석한 결과이다. 한편, 정신의 투사로 보는 견해는 시인 자신이 겪는 정신의 수척함을 불어나는 물살에 투사됐다고 본다. 즉, "'흰 물살'이 일기 위해서는 풍성한 물살이 흘러가야 하는데 '수척한'이 수식어로 첨가되어 있는 것으로 볼 때 여기에는 시인 자신의 위축된 정신이 작용하고 있는 것"이라고 본 것이다.29) 주관적 감정과 객관적 경치가 서로 융화하고 있는 '정경교융'의 양상을 구현한 결과가 이와 같다.

> 이러한 해석은 뒤따라오는 5연의 "수척한 흰 물살"과도 자연스럽게 연결된다. 만약 최동호의 해석대로 5연의 물살이 "비가 내린 뒤에 여울져 내리는 물살"이라면 "수척한 물살"일 수도 없고 "흰" 물살일 수도 없다. 그러므로 "수척한 흰 물살"이란 비가 오기 전에 계곡의 바위틈을 흘러내리는 물살을 묘사한 것으로 보아야 한다
>
> (……)
>
> 6연의 "갈갈히/손가락 펴고,"라는 표현은 비 오기 전의 "수척한" 물살이 계곡의 바위틈 사이로 흐르는 모습을 묘사한 것이다. 이러한 표현은 같은 산수시 계열인 「瀑布」에서 폭포가 하얗게 갈라지는 물살을 놓고 "흰 발톱 갈키리/앙징스레도 할퀸다."라는 표현과 유사성을 보여준다.30)

배호남은 "수척한 흰 물살"이 비가 오기 전 계곡의 바위틈으로 흘러내리는 물살이며 "갈갈히/손가락 펴고"는 수척한 물살이 계곡의 바위틈 사이로

---

28) 장경렬, 앞의 글, 333쪽.
29) 최동호, 「정지용의 산수시의 세계와 정경의 시학」, 앞의 책, 216쪽.
30) 배호남, 앞의 글, 155쪽.

흐르는 모습이라 본다. 이는 '시화일여'의 견해와 같은 것이다. 다른 것이 있다면 정황을 비가 오기 전의 계곡으로 고정시킨 데 있다. 그의 견해를 따르면 물살은 불지 않고 흐르고 있으며 비는 네 번째 단락 7, 8연의 상황이 되어서야 내리기 시작한다.31) 이와 같은 해석은 비구름이 바로 이곳에서 생겨 이곳에서 비가 내리는 것을 전제로 해야 하는데, 실제로는 일어나기 어려운 현상이다.

지금 이곳에 비가 내리지 않는다고 가정해 보자. 앞으로 이곳에 도착할 비구름은 지금 다른 곳에 비를 내릴 것이다. 시는 본격적으로 내릴 비의 기운을 여러 대상이 감지하는 것으로 앞부분을 채웠다. 돌에 그늘이 차고 소소리바람이 따로 몰리고 산새가 종종걸음으로 걸었다. 한두 방울 비가 내릴 수도 있을 것이다. 그렇다면 다른 곳에 내리지만 틀림없이 이곳에 도착할 비, 매우 가까워진 비구름을 어떻게 표현할까. 이를 물살이 불어나는 모습이 담당하고 있다고 해야 하지 않을까. 주목할 부분은 상태를 나타낸 '손가락 펴고 있고'가 아니라 동작을 나타낸 "손가락 펴고"이다. 다른 곳에 먼저 내린 비를 이곳에 실어왔기 때문에 물이 불어 손가락을 펼치는 것처럼 보인다. 상류에 먼저 떨어진 비가 구름에서 떨어질 비보다 먼저 이곳에 도착했다. 이 시간차는 매우 짧다. 그 짧은 순간의 긴장감을 직접적이면서도 가시적으로 보이게 한 것이 "손가락 펴고"이다.

이 글은 이 부분의 뜻을 '수척했던 흰 물살이 손가락 펴듯 불어난다'로 타진한다. '(바닥이 얕거나 폭이 좁아) 물살이 세게 흘러'의 뜻을 지닌 "여울지어"는 "수척한 흰 물살"보다 "손가락 펴고"와 호응한다고 본 것이다. 문제가 되는 것은 '흰'이다. '수척한'과 '흰'은 이 장면에서 어떻게 보더라도 호응이 어렵다. 그 때문에 최동호는 '수척한'에 그 당시 정지용의 정신적 위기를

---

31) 배호남, 앞의 글, 156쪽. "비가 오기 전에 계곡의 바위틈을 흘러내리는 물살을 묘사한 것으로 보아야 한다."

투영시켰다. 이 글은 '흰'에 짙게 그 정신적 위기가 투영되었다고 본다. 개울이 있으면 '수척하다'와 '희다'는 호응되기 어렵지만, 일반적으로 그 둘은 의미를 공유한다. 등단작 「카페 프란스」부터 그는 '하얀 손가락'에 노동의 반대편에 있는 야윈 정신을 투영했다. 특히 산수시 창작 시기에 더욱 많이 등장하는 흰 색의 이미지는 그가 이 시기에 천착했던 은일의 정신을 대변한다고 할 수 있다.32)

5) 빗방울은 내리는가, 돋는가

7, 8연의 호응 관계는 명확하다. 빗방울이 붉은 잎들을 소란히 밟고 간다. 여기에 대한 이견은 거의 없다. 그러나 세부적인 문제, '멎은 듯'과 '새삼 돋다'에 대한 해석은 통일되지 않았다. 먼저 '멎다'를 보자. 비가 멎기 위해서는 먼저 비가 내려야 한다. 그 때문에 앞부분에 이미 한 번 비가 내렸다가 휴지기를 거쳐 다시 내린다는 해석이 제출된 것이다. 이 '멎다'는 7연에 이르러서야 비가 내리기 시작한다는 견해를 부정하는 가장 유력한 증거이다. 비는 이미 내렸어야 한다. 그런데 왜 '새삼' 돋는 것일까. '돋다'는 비가 내려 나뭇잎에 물방울이 생기는 모습, 시의 표현을 빌리자면 '밟는' 모습을 표현한 것이다. 비가 멎은 줄 알았는데, 그래서 빗방울은 더 이상 보이지 않을 줄 알았는데, 물이 모여 붉은 잎 위에서 방울을 이뤘기 때문이다.

이 시에서 정지용이 활용하고 있는 시어 가운데 '새삼 듣는 비ㅅ낯(빗낱)'의 '듣는'이라는 말을 좀 자세히 살펴보자. 요즘은 이 단어를 제대로 사용하고 있는 글을 본 적이 없다. 비가 내리는 경우를 서술하는 문장이라는 것이 겨우 '비가 온

---

32) 박순원, 「정지용 시에 나타난 색채어 연구」, 『비평문학』 24, 2006.12.

다', '비가 내린다', '비가 쏟아진다', '빗방울이 떨어진다' 정도에서 더 나아가지 않는다. '듣는'의 기본형은 '듣다'인데, 이 말은 고어에서도 '떨어지다'는 뜻으로 쓰였다. 『두시언해』에 나오는 '가뵈야온 고지 듣놋다'(落輕花, 7권 5쪽)라는 구절에서 볼 수 있는 것처럼, '떨어지다'는 의미로 본래부터 쓰이고 있었음을 알 수 있다. 그런데 이 말은 현대어에 와서는 '물이 방울 방울 떨어지다'는 의미로 쓰인다. 그러므로 '눈물이 떨어지다'라든지 '물방울이 떨어지다'라는 것을 이 말로 대신 쓸 수 있다.33)

권영민은 본문을 제시하는 지면에 각주를 달아 "'듣다'의 오식. 떨어지다. 방울 지어 떨어지다"라 설명한 뒤 작품 해설에서 윗 대목을 언급한다.34) "돋다"는 '듣다'의 오타라는 것이다. 인용문에서는 '돋다'에 대한 설명은 없고, 처음부터 '듣다'에 대해 설명하고 있다. 그러나 『문장』『백록담』둘 다 이 부분은 "돋는"으로 되어 있다. 오식이면 『백록담』에는 수정되어야 하는 것일 텐데, 같은 해 발간한 두 출전의 해당 부분이 둘 다 오식일 확률은 그만큼 적다. 차라리 "'돋는'을 '듣는' 즉 '떨어지다'의 옛말로 보는" 견해가 타당하다면 타당하다고 할 수 있다.35)

하지만 현재에도 쓰이고 있는 '돋다'의 뜻으로 파악해도 해석에는 무리가 없다. 비가 붉은 잎을 '밟다'고 표현했으니 발자국이 남을 것이다. 발자국은 흔적이다. 여기에서 그 흔적은 잎 위에 방울지며 나타난다. '아래로 떨어지는 비'를 돋아난다고 한 것이 아니라 '아래에서 방울지는 비'를 돋아난다고 한 것이다. 나뭇잎에 빗방울이 떨어지는 것보다는 물방울이 고여 흔적을 남기는 것이 '밟다'와도 어울려 보인다. 정리하면 다음과 같다. 비가 멎은 줄

---

33) 권영민, 앞의 책, 578쪽.
34) 권영민, 앞의 책, 574쪽.
35) 이상숙, 앞의 글, 270쪽.

알았더니 나뭇잎에 빗방울이 돋는 것을 보니 다시 내리나 보다. 그 모습이 마치 빗방울이 붉은 잎을 밟고 가는 것 같다.

지금까지 「비」 논쟁 이후 제출된 견해들을 정리해보고, 그 타당성 여부를 타진해 보았다. 전체적으로 정적인 분위기를 띠고 있으나 세부적으로는 분주한 움직임을 연출하는 구조를 토대로, 제출된 견해가 기존의 성과를 보완하는 것인지, 극복하는 것인지, 기존의 성과와 무관한 것인지 짚어보고자 한 것이다. 뜻하지 않게 이 과정에서 확인할 수 있었던 점은 설득력 여부와 상관없이 어느 쪽에서건 드러나는 「비」의 미학적 가치에 대한 확신이었다. 「비」는 여러 해석을 유인할 풍부한 의미를 생성하고 있는 중이었다.

5. 나가며

정지용의 「비」는 20세기 말 한 편의 시에 대해 가장 심도 있는 논쟁을 불러일으킨 시이다. 논쟁이 마감되었다고 「비」에 대한 해석의 시도도 마감된 것은 아니었다. 그 후에도 더욱 정밀하게 「비」를 감상하고자 하는 견해가 지속적으로 제출되었는데, 그 또한 정리할 필요성이 제기됨에 따라 논쟁 이후의 의견에 주목하여 수정과 첨가의 과정을 밟으려 했다. 단락별로 정리한 결과는 다음과 같다.

의미상 첫째 단락 1, 2연은 그늘이 차가운데 소소리 바람이 따로 몰리는 것으로 요약할 수 있다. '차다'를 '차오르다'로 볼 수도 있으나, 정지된 상태와 움직이는 동작이 의미상 한 단락에 배치된 구조를 염두에 두면, 이 부분은 따로 몰리는 동작과 대비되는 정지된 그림의 모습이 어울린다. 한편 '소소리 바람'을 봄의 차가운 바람으로 볼 수 있으나, 시의 배경으로 가을을 배제할 수 없듯이 '따로 몰리'는 회오리바람으로 설정하는 것도 배제하기 힘들다.

둘째 단락 3, 4연의 요약은 다음과 같다. 까칠한 다리로 종종걸음 하는 산새 걸음걸이, 꼬리 치날려 세우고 저들끼리 앞섰거니 한다. 이에 대한 이견은 '앞섰거니'의 대상을 바람 등으로 보는 것이다. '산새'를 단수로 보아 바람보다 앞선다는 것인데, 한국어의 특성상 산새는 둘 이상이어도 단수로 나타낼 경우가 많다. 굳이 따로 몰리는 바람과 산새가 경쟁할 필요는 없다. 산새는 비가 다시 오는 기운을 감지했기 때문에 다시 분주히 움직이고 있다. 비가 올 때 새들은 높이 날지 않고 낮게 날거나 지상을 배회한다.

셋째 단락 5, 6연의 요약은 다음과 같다. 비가 다시 내릴 기운이 점점 강해진다. 젖었던 계곡 또는 개울이 여울지고 물길이 트기 시작한다. 물살이 어느덧 갈가리 손가락 펴듯이 불어난다. 물살을 수식하는 '흰'은 실사와는 어느 정도 거리가 있는 어휘로 보았다. 이에 대한 이견은 물이 불어나는 순간이 아니라 계속 흐르고 있는 순간을 포착한다고 보는 것이다. 이는 "펴고"라는 동작을 설명하지 못한다.

넷째 단락 7, 8연의 요약은 다음과 같다. 멎은 줄 알았는데 빗방울이 이파리에 방울져 돈다. 빗방울이 붉은 이파리를 밟는 듯이 건드리며 소란스럽게 다시 내린다. 7, 8연에 이르러 비가 오기 시작한다는 이견도 있으나, "멎은 듯/새삼"이 이러한 해석을 저지한다. '돈는'을 '내리다'의 고어인 '듣는'으로 보는 견해도 있다. 그러나 이파리에 물방울이 '돈는다'고 여기는 것이 자연스럽다. 시선이 밟고 가는 지상에 머물고 있는데, 다시 비 내리는 모습을 포착하는 것은 혼란스러운 시선을 야기한다.

관념과 현실 사이 : 이상의 「꽃나무」

1. 이상 시어의 두 가지 개성

　이상(1910-1937년)이 『조선과 건축朝鮮と建築』 '만필漫筆'란에 시의 형식을 띤 작품을 기고한 마지막 해는 1932년이다. '건축무한육면각체建築無限六面角體'라는 큰 제목 아래 일곱 편의 작품이 여기에 실리는데, 이로써 그의 일문시 창작 시기는 일단락된다. 1년의 공백 기간 뒤 『카톨릭 청년靑年』에 「꽃나무」외 두 편이 발표되며 그의 시는 국문 창작시기에 접어든다. 습작 노트에 어떠한 글로 창작을 했건, 즉 작품 구상을 어느 언어로 했건 간에, 1933년 이후 발표지면에서 그는 일관되게 국문시를 선보였다.

　1932년에서 1933년으로 넘어가는 이 공백기는 작품을 발표하면서 자신의 창작 기간을 촘촘히 메워 나갔던 다른 시기들만큼이나 중요한 의미를 지닌다. 특히 그의 작품 성격을 분류하고 구분하려는 여러 시도들에 이 기간은 기준을 제시하며 이해를 돕는다. 먼저, 이 기간을 거치면서 바뀐 창작

언어는 이상의 의식에 모국어의 존재감이 내재했으리라는 추측으로 이끈다. 이는 수학과 같은 보편어, 일어, 국어, 불어 등의 언어가 똑같은 층위에서 이상의 실험 수단으로 활용되었다는 논의를 심화하는 단서가 될 것이다.[1)]

그가 국문 창작을 고집하면서 생긴 변화는 시의 소재 면에서도 확인된다. 이전의 시들에서는 수학이나 과학과 같은 보편적인 관념을 소재로 택했던 일이 빈번했으나 이후의 시들에서는 주로 개인의 생활을 바탕으로 한 소재가 다루어진다. 시에서 관념이 이야기되더라도 현실과 밀접한 소재로 변형되어 나타나거나, 아예 관념이 배제된 개인 생활의 영역에서 시의 모티프가 채택되고 있다. 국문으로 발표된 오감도烏瞰圖 연작은 이러한 지적을 비껴가는 숫자나 그래프가 등장하기도 하지만, 이것을 새로운 창작으로 보기는 힘들다. 숫자나 그래프가 등장하는 시들은 일문시 '조감도鳥瞰圖' 연작과 닮은 점이 많이 있기 때문이다.

언어의 형태나 시의 소재가 크게 바뀌기 시작한 이 기간은 역설적이게도 이상의 공통된 관심사를 명확하게 드러내며, 이상 시를 관통하는 특징을 이해하는 데에 도움을 준다. 시어 형태나 시의 소재가 바뀐 뒤에도 양쪽의 시편들을 아우르는 요소는 여전히 존재해서, 결과적으로 그것이 이상시의 특

---

1) 김윤식은 『이상문학 텍스트연구』(서울대출판부, 1998)에서 이 문제에 관해 나름의 논의를 펼친 바 있다. 1936년에 발표된 소설 「날개」와 시 「위독」 연작에서 비로소 이상은 '회색이며, 관념적이며, 절대적인 언어'를 사용하게 되었다는 것인데, 김윤식은 이를 '인공어'라고 명명했다. 그의 논지는, 이상에게 조선어와 일본어는 '거울에 비친 거울상처럼 좌우대칭을 갖는 쌍생아' 관계여서, '한국어에 대한 일본어의 우월성 따위를 부정'할 수 있었고, 그것은 모든 언어를 인공어로 변모시키려는 이상의 의도 때문에 가능했다는 것이다. 결국 이상은 인공어의 기획아래 '조선어 및 일본어를 해체'시켜 무기물화 했다고 그의 주장을 요약할 수 있다(123-137쪽). 이 글의 논의는 일본어에서 한국어로 이상의 글쓰기 형태가 완전히 변모했다는 것을 전제로 한다. 이 전제에서 출발하는 이 글은 인공어의 기획이 이상으로 하여금 일본어와 한국어를 대등한 층위에 놓게 했다기보다는 이상이 가진 모국어의 의식을 관념어와 일본어가 예각화했다는 입장을 견지한다.

징으로 인식되기 때문이다. 이상의 국문시에서 보이는 띄어쓰기 무시나, 구체어처럼 등장하는 많은 관념어들이 그러한 예이다. 그는 띄어쓰기가 없는 일어 구문의 특성에 착안하여 실험적으로 국문시에도 이 형태를 적용했으며, "習慣이도로와있다"(「아츰」), "壽命을헐어서"(「가정家庭」), "虛僞뒤에다살짝감춰버렸다"(「추구追求」) 등의 예에서처럼 관념어들을 구체어로 인식했다. 띄어쓰기 무시가 기존의 질서를 파괴하고자 하는 의식과 연관된다는 평가가 있더라도, 그것을 다른 시인이 똑같이 활용하는 경우, 최초의 시도라는 점에서 이상의 시가 발휘한 효과에 미치기 힘들다. 그런 반면에 두 번째 특징인 관념어들의 물질화는 시어가 쓰일 수 있는 범주를 확대했다는 면에서, 다른 시인이 다른 관념어를 같은 방식으로 쓸 수 있게 했다는 면에서, 문학사적인 의의를 가진다.

2. 「꽃나무」의 위상, '꽃나무'라는 교량

관념어들이 구체어처럼 쓰이는 이상시의 특징은 일문시 창작과정에서 단련된 것으로 보인다. 「선에관한각서」 등에서 보이는 수학과 과학을 소재로 한 일문시는 현실과 괴리된 관념에 대해 숙고하는 화자의 모습을 드러냈으며, 국문시 창작 기간으로 넘어오면서 이 소재는 현실의 옷을 입고 다양하게 변모한다. 가령, 이 글에서 다루는 「꽃나무」에서도 관념은 '꽃나무'라는 구체어로 모습을 바꾼 채 자아와의 갈등을 빚어내고 있다.

벌판한복판에 꽃나무하나가있소 近處에는 꽃나무가하나도업소 꽃나무는제가 생각하는꽃나무를 熱心으로생각하는것처럼 熱心으로꽃을피워가지고섯소. 꽃나무는제가생각하는꽃나무에게갈수업소 나는막달아낫소 한꽃나무를爲하야 그러는것처럼 나는참그런이상스러운숭내를내엿소.

― 「꽃나무」2)

여섯 문장으로 이루어진 이 짧은 시는 이상이 국문으로 발표한 최초의 시이다. 여기에는 이후 국문시에서 줄곧 나타나는 아내와의 불편한 관계나 각혈 모티프에 관한 구절이 직접 드러나 있지 않다. 그러나 이후 국문시에서 보이는 비극적인 인식과 태도는 이 시에서도 감지할 수 있으며, 앞 시기 일문시에서 보였던 관념을 다루는 방식 또한 그대로 이어지고 있다. 「꽃나무」는 일문시와 국문시를 형태면에서 가르는 기점이면서 동시에 의식면에서는 잇는 교량 구실을 하고 있는 것이다.

무리를 지으며 피어있는 꽃나무들의 풍경에 익숙한 우리의 지각은, 한 그루의 꽃나무만 놓여 있는 이 시의 "벌판"을 일상적인 공간으로 받아들이기 힘들어 한다. 꽃나무와 벌판이라는 기호는 일상의 모습을 표현하기 위해 쓰였다기보다는, 차라리 화자의 관념 속 의도를 재현하기 위해 쓰였다고 보는 것이 적절하다. 독자의 관심을 자신의 관념 안으로 이끈 화자는, 그곳의 모습을 소개하는 데에 처음에는 매우 조심스럽다. 그는 모습이나 동작을 일컫는 용어 중에서 가장 포괄적이면서 동시에 모호한 "잇소"와 "업소"를 선택하여, 꽃나무를 가장 느슨하게 규정한다. 이 선택에는 그가 그리는 관념의 세계가 일상의 세계를 덮을 수 있다는 야심과 이 기획이 결국 실패로 돌아가리라는 비극적인 인식이 동시에 들어 있다. 이 상반되는 두 가지 성격은 시가 전개되면서 결국 비극적인 성격으로 기운다.

"잇소"와 "업소"에 의해 첫 문장에서 모습과 행동을 배제한 등장의 의미

---

2) 『카톨닉 청년(青年)』 제2호(1933.7).

를 지닌 꽃나무는 다음 문장에서 조금 명확해진다. 구체적인 의미를 부여하는 술어 "섯소" 때문에 꽃나무는 화자의 관념에서 이전보다 조금 더 주체성을 획득할 뿐만 아니라 그 과정에서 "생각"할 수 있는 능동성을 획득한다. 꽃나무가 생각하려는 대상은 화자의 그것처럼 다른 꽃나무이다. "나"가 생각으로 꽃나무를 그린 것처럼, "나"의 생각 안에 놓인 꽃나무도 자신의 생각을 펼쳐나가기를 "熱心으로" 기원한다. 그는 "나"의 관념 속에서 빠져 나와, "나"와 일대 일의 대등한 관계를 맺는 듯이 보인다.

　이상은 이 시의 꽃나무와 같이 일상적인 현실 체험에서 멀리 떨어져 있는 자신의 생각에 현실 속 존재와 같은 지위를 부여하려는 시도를 계속했다. 대부분 독서를 통해 얻어진 것으로 보이는 이 관념들은 이상이 처해있는 현실과 괴리가 너무도 컸기 때문에 현실 속의 자신과 자신 안의 현실 모두를 좌절하게 했다. 그는 여기서 두 가지 방법으로 노력한다. 현실을 자신의 관념과 비슷한 층위로 격상시키려 했던 반면, 자신의 관념을 현실의 언어로 재구하고자 한 것이다. 이 시도가 자신의 의도대로 어느 정도 결실을 맺은 시기는 국문시 창작 기간이 끝나는 지점인 동시에 그의 생애 마지막 부분이었다. 그는 1936년에 김기림에게 보낸 「私信(五)」에서 "요새 朝鮮日報 學藝欄에 近代詩 <危篤> 連載中이오. 機能語, 組織語, 構成語, 思索語. 로 된 한글文字 追求試驗이오."라고 쓴다.3) 그가 이야기한 기능어, 조직어, 구성어, 사색어는 그의 관념들이 추상어의 옷을 입은 하나의 응고된 명사를 가리킨다. 아직 추상어가 국문 형태로 그대로 드러나 있지는 않지만 시에서 구체어로 쓰인 꽃나무 역시 이후에 쓰일 추상어와 같이 화자와 대등한 관계를 맺고 있다.

---

3) 김윤식 엮음, 『이상(李箱)문학전집 3 수필(隨筆)』, 문학사상사, 1993. 231쪽.

3. '이상스러운 흉내'의 비극

　화자는 어느 정도 주체성을 확보한 꽃나무의 생각을 보지 못하고, 간접적으로 "솟"만을 바라본다. 그렇기 때문에 꽃은 결실의 표식이 아닌 완전한 소통의 불가능을 상징한다. 화자의 입장이 아니라 생각하는 다른 주체 꽃나무의 입장에서 생각해보아도 꽃은 부정적인 표지이다. 꽃나무는 자신의 내면에 다른 꽃나무를 세웠으면 한다. 그가 "열심"으로 그려보아도 그것은 성취되지 않고 오히려 자신의 외면에 꽃만 피워낼 뿐이다. 양쪽에서 모두 부정적으로 작용하는 꽃의 의미를 염두에 두었을 때, 꽃나무는 결국 완전한 자율성을 획득했다고 볼 수 없다. 이 자율성의 실패는 이상의 관념어가 구체어의 기호표현을 띠고 있기 때문에 발생한 결과는 아니다. 그의 의도대로 관념어 자체가 기능어, 조직어, 구성어, 사색어의 형태를 띠더라도 같은 결과를 가져 왔을 것이다. 차라리 그 실패는, 자신의 관념이 현실을 덮을 수 있다는 기획 자체의 모순에서 비롯된 것으로 보아야 한다. 관념과 현실이 마찰 없이 교류하는 세계는 이상이 살았던 당대뿐만 아니라 지금 여기의 세계에서도 이루어질 수 없으며 이후에도 존재하지 않을 것이다.
　"솟나무는제가생각하는솟나무에게갈수업소"는 꽃나무의 불완전한 자율성을 보여주는 실례이다. 그는 '서다'보다 더 주체적인 '가다'의 행위를 하지 못한다. '가다'는 '목적한 곳을 향해 옮기다'란 본뜻과 '어떠한 상태나 수준에 다다르다'란 파생된 뜻으로 동시에 쓰인다. 전자는 행동의 층위에 속하고 후자는 생각의 층위에 놓여 있다. 어느 정도 자율성을 획득한 "솟나무"에는 두 가지 뜻이 함께 적용 될 수 있으나, 진술 중간에 제시된 "생각하는"이라는 수식어의 영향력은 그것의 뜻을 후자로 기울게 한다. 인용문은 '열심히 제가 생각하는 꽃나무를 그리려 하여도 그 모습을 온전하게 나타낼 수 없다'로 해석된다.

　꽃나무가 온전히 자신의 꽃나무를 생각할 수 없는 원인은 텍스트에 명확하게 제시되어 있지 않다. "나는막달아낫소 한쏫나무를爲하야 그러는것처럼"의 다음 문장 또한 '도망'에 대한 이유가 제시되어 있지 않다. 이 두 문장을 인과적으로 재구성했을 때 그 뜻은 '내가 달아남으로 해서 꽃나무는 자신의 생각 속에 온전한 다른 꽃나무를 그릴 수 있다'가 된다. 이 때의 '나의 달아남' 또한 꽃나무의 '가다'가 그렇듯 생각의 영역에 속한다. 이와 같은 해석은 화자가 꽃나무를 존재하게 했던 자신의 최초 설정을 철회한다면, 기득권을 포기한다면, 꽃나무는 완전한 주체로서 자신의 생각을 펼쳐나갈 수 있을지도 모른다는 가능성을 암시한다. 만약, 그것이 실현된다면 시에서 유일한 부정적인 시어인 꽃을 볼 필요도 없이 꽃나무는 자율적 주체로 서게 된다.

　관념 속의 한 대상을 완전한 주체로 만드는 작업은 인간의 영향력을 벗어나 있는 행위이다. 따라서 "숭내"의 대상은 꽃나무가 아닌, 자기 자신의 능력을 벗어난 신神과 같은 존재이다. "갈수업소"에서 드러나 있듯이 부정형 이외의 동사 술어와 호응하지 못하는 꽃나무는, '달아남'의 행동을 취하는 화자가 닮고자 하는 대상이 될 수 없다. 화자는 꽃나무를 만든 주체인데도, 꽃나무를 갈 수 있게 하기 위해 결국 도망간다. 그 "숭내"는 "이상스러운" 것일 수밖에 없다. 그것은 "나"의 행위 모두 흉내에 그쳤다는 쪽으로 의미가 확대된다. 꽃나무와 화자가 점점 멀어지면서 시의 최종적인 의미와 화자의 기획은 모두 비극적으로 귀결된다.

4. 나가며

　이 시에 나타난 최종적인 의미로서의 비극성은 이후 이상의 다른 시에서 거듭 확인된다. 「절벽絶壁」과 같은 시에서는 자신의 관념을 기호 표현에 덧씌우려는 기미가 보이지는 않지만, 그 순수하고 투명한 언어는 반복해서 시의 문면에 등장하며 그들 스스로 비극성을 띠는 결과를 낳는다. 아내를 이야기하거나 혹은 자신의 질병을 이야기할 때에도 결과는 마찬가지이다. 그는 현실의 대상에 함몰되지 않으려는 노력의 일환으로 자신이 조성한 구도 내로 현실의 대상들을 유도한다. 그 공간에서 그는 자신의 추상어로써 그들을 견디려 하지만 이 또한 비극적으로 귀결된다. 이상의 시가 비극적이라는 판단은 그의 시가 기지만 보여주려는 시도였다는 폄하된 평에 대해서 반대하는 입장에 서 있다. 그러나 결과로서 도출된 비극적 인식만을 가지고는 그 시들의 의미를 파악하기는 힘들다. 그 비극적 인식의 정도는 그의 시에 감추어져 있는 거대한 기획, 실천의 구체적 과정, 실패로 이어지는 일관된 맥락 속에서 파악되어야 비로소 가늠할 수 있을 것이다.

일시적인 평화와 영원한 전쟁 : 이상의 '오감도烏瞰圖' 「시제12호詩第十二號」

1. '오감도烏瞰圖' 연작 중 「시제12호詩第十二號」의 위상

때묻은빨래조각이한뭉텅이空中으로날라떨어진다. 그것은흰비둘기의떼다. 이손바닥만한한조각하늘저편에戰爭이끝나고平和가왔다는宣傳이다. 한무더기비둘기의떼가깃에묻은때를씻는다. 이손바닥만한하늘이편에방망이로흰비둘기의떼를 때려죽이는不潔한戰爭이始作된다. 空氣에숯검정이가지저분하게묻으면흰비둘기의떼는또한번손바닥만한하늘저편으로날아간다.1)

---

1) 「시제12호詩第十二號」, 『조선중앙일보』, 1934. 자구에 대한 풀이에 대해 이견이 없으므로 원문의 표기를 현대어로 바꾸었다. 띄어쓰기 하지 않은 형태는 그대로 두었다. 원문의 표기는 다음과 같다. "때무든빨내조각이한뭉탱이空中으로날너떠러진다. 그것은 흰비닭이의떼다. 이손바닥만한한조각하늘저편에戰爭이끗나고平和가왓다는宣傳이다. 한무덕이비닭이의떼가깃에무든때를씻는다. 이손바닥만한하늘이편에방맹이로흰비닭이의떼를따려죽이는不潔한戰爭이始作된다. 空氣에숫검정이가지저분하게무드면흰비닭이의떼는또한번손바닥만한하늘저편으로날아간다."

총 여섯 개의 문장으로 구성된 「시제12호詩第十二號」는 줄 글 형태의 시이다. 한 문장 안의 어절은 붙어 있고, 문장과 문장은 마침표와 띄어쓰기에 의해 구분되어 있다. 이상은 국문시 창작 시기에 열 문장 내의 줄 글 형태로 마무리되는 시를 즐겨 썼다. '오감도烏瞰圖' 연작 내에서도 「시제2호詩第二號」, 「시제3호詩第三號」, 「시제11호詩第十一號」, 「시제12호」, 「시제13호詩第十三號」 등이 이러한 형태를 띠고 있으며, 1935년 『조선일보』에 발표한 '위독危篤' 연작이나, 『카톨릭청년』에 발표한 '역단易斷' 연작 등의 모습도 대개 그러하다. 이러한 이상의 시는 보통 정황을 설정하고, 감정의 개입 없는 진술이 주를 이루다가, 어느 한 부분에서 자신의 진심이라고 할 수 있는 내적 독백을 드러내거나, 아이러니가 담긴 문장을 배치하며 시적인 것을 확보한다.

「시제12호」는 단순한 형태에 단순한 의미를 담고 있는 시로 여겨져 다른 오감도烏瞰圖 시편들보다 덜 주목을 받았다. 기존의 견해를 따르면 「시제1호詩第一號」와 같이 오감도 연작을 여는 문학사적 의의를 지니지도 않았고, 「시제4호詩第四號」, 「시제5호詩第五號」와 같이 실험의 극단을 보여주지도 않았으며, 「시제6호詩第六號」나 「시제7호詩第七號」처럼 한자 실험이나 이중 언어의 딜레마를 보여주지도 않은 것이 「시제12호」이다. 또한 이 시는 거울을 소재로 한 「시제15호詩第十五號」처럼 '자아 분열'의 전형적인 예를 보여주지도 않았다. 「시제12호」는 실험시라고 판단하기에는 온건한 편에 속하며, 이상의 높은 문학적 성취를 보여주었다고 말하기에는 그 의미가 단선적이라고 할 수 있다. 이렇게 보면 그 해석도 일치되어야 마땅하겠으나 실상은 그렇지 못하다. 기존의 연구들은 시의 부분적, 또는 전체적인 풀이에서 이견을 제출하고 있다.

2. 기존의 쟁점 : 비둘기와 빨래의 의미

　전집 발간 시 어구에 주해를 최초로 단 이어령의 풀이를 후대 연구자들이 그대로 따르고 있는 것으로 보아 시어의 사전적 풀이에 대해서는 합의에 이른 것 같다. 원문 첫째 문장의 "빨내"는 '빨래'를 뜻하고, 둘째 문장의 "비닭이"는 '비둘기'를 일컫는다. 다섯 번째 문장에서 "무덕이"는 '무더기,' 여섯 번째 문장의 "방맹이"는 '방망이'를 뜻한다. 이와 같은 시어 표기가 현재와 차이를 보이는 까닭은, 이상이 일부러 '사치奢侈'를 '치사侈奢'로 바꾸어 썼던 사정과는 다르게, 당대에 그렇게 통용되었다고 보는 것이 적절하다. 눈에 띄는 것은 표기가 아니라 어절을 붙여 쓴 문장형태일 것이다. 하지만 이 역시 이 시만의 특성이 아니라 이상 시 전편에 보이는 보편적 시적 개성이다.
　이견은 '흰 비둘기'의 해석에서 시작된다. 이 비둘기는 실제 화자의 시선에 포착된 것인가 아니면 빨래 조각을 비유한 것인가. 즉 빨래와 비둘기가 동시에 화자의 시선에 포착된 것인가, 아니면 화자가 빨래를 보며 비둘기를 연상한 것인가. 이상 시 전문에 대해 해석을 처음 시도한 이어령은 "흰비둘기의 떼→깨끗이 빨아서 널어놓은 빨래들이 펄럭이는 것을 흰 비둘기로 비유한 것"이라 했다.[2] 빨래는 실제 보이는 대상이고 흰 비둘기는 시인이 연상한 대상인 것이다. 이어령의 해석에는 비둘기가 연상의 대상이듯이 비둘기가 환기하는 평화의 의미도 연상의 시점에서 시에 유입된 것이다. 그가 "전쟁이 끝나고 평화가 왔다는 선전"을 두고 "빨래를 비둘기에 비유한다면 그 널어 놓은 빨래는 비둘기로 상징되는 평화의 선전이 되는 셈"이라 해설한 것도 이러한 까닭에서 비롯되었다.[3] 그는 '선전'이라는 시어가 문제적이

---

[2] 이어령 편, 『이상시전작집(李箱詩全作集)』, 갑인출판사, 1978.
[3] 같은 곳.

라는 것을 인식했다. 하지만 이를 '널어놓은 빨래'로 수렴시켜 결과적으로 그 문제성을 더 이상 확장하지 않았다.

후대의 견해들은 계승하건 극복하건 이어령의 주해를 참조했다. 뒤이어 이상 시 전집을 편찬한 이승훈 또한 '때 묻은 빨래조각 한 뭉텅이'가 실상이고, '흰 비둘기의 떼'가 연상의 결과라 보았다.4) 이어서 그는 이어령이 설정한 '널어놓은 빨래'를 수용하여 이것이 평화를 상징하고 방망이로 빨래를 두들기는 일은 전쟁을 뜻한다고 해석한다. 이어령의 의견은 "흰비둘기의떼를 때려죽이는不潔한戰爭"에 대해서도 그대로 재인용된다. 이를 '깨끗이 빤 빨래를 공중에 널고 더러운 빨래는 방망이로 때려 빨고 있는 세탁 광경'이라 본 것이다. 하지만 이 해석은 의심스럽다. 앞의 전제에서는 흰 비둘기가 곧 널어놓은 빨래였다. 그런데 뒤에서는 흰 비둘기 떼의 일부분이 널기 전의 더러운 빨래가 되었다. 널어놓은 빨래를 다시 "때려 죽"일 필요는 없지 않은가.

김용직은 실상으로서의 빨래조각과 연상으로서의 비둘기라는 기존의 해석에 이의를 직접 제기하지는 않았지만, 결과적으로 그의 해석은 이견을 제기한 역할을 했다. 그는 이 시가 "약간의 환각, 또는 난시현상"으로 쓰여졌다고 보았다.5) 시의 첫 문장 "빨래조각이한뭉텅이空中으로날러떨어진다"에서 서술어 '떨어지다'에 주목하면 '공중으로'보다 '공중에서'가 적절한데, 그럼에도 불구하고 '으로'가 쓰인 것은 빨래가 "'하늘'에서 온 것인 양 전이시킬 필요가 있었"기 때문이라는 것이다.6) 그에 따르면 이 시는 이상의 환각과 난시 상태에서 비롯된 '초현실'의 세계를 그리고 있다. 이전까지 주목하지 않았던 조사 '으로'에 주목했다는 점, '난시,' '환각' 등의 표현으로 현실과 환상의 구분을 교란시켰다는 점 등은 그의 해석이 남긴 의의라 할 수 있다.

---

4) 이승훈 편, 『이상(李箱)문학전집 1-시(詩)』, 문학사상사, 1989. 45쪽.
5) 김용직, 『한국현대시사1』, 한국문연, 1996. 410쪽.
6) 같은 곳.

2009년 권영민은 이상의 모든 작품에 상세한 해설과 주석을 덧붙였다.7) 「시제12호詩第十二號」 분석 부분에서 그는 빨래 조각과 비둘기 모두를 실상에 배치했다. 즉 빨래터에 비둘기가 날아왔다는 것이다. 그에 따르면 평범한 소시민들의 일상을 대변하는 빨래터에 비둘기 떼가 날아왔고 방망이질에 놀라 다시 날아가 버린다. 비둘기의 등장과 퇴장에 의해 빨래가 지닌 '더러움'과 '깨끗함'의 일상성은 '전쟁'과 '평화'의 상징적 의미가 덧붙어 고차원적인 의미를 얻는다.8) 깃에 묻은 때를 씻건 방망이질에 놀라건 하늘로 날아가건 행동의 주체는 모두 빨래터에 왔던 비둘기이다. 권영민만큼 비둘기의 비중을 크게 두고 시를 해석한 견해는 많지 않다. 실상으로서의 비둘기를 설정했기 때문에 가능한 일이었다.

황현산은 '오감도烏瞰圖' 연작을 검토하는 과정에서 「시제12호」를 비중 있게 다루었다.9) 그는 이상의 문학을 입체파, 미래파, 다다로 해석하는 견해에 반대하여 평범하게 보기를 주문하였고, 이러한 선입견이 곡해한 예로 「시제12호」를 들었다. 여기에서 환각과 난시를 불러들인 '으로'와 '에서'의 문제가 다시 거론된다. 그에 따르면 화자가 던진 빨래 아래에 있으면 공중'에서'가 적절하지만 빨래터를 굽어보고 있는 것이라면 '으로'가 적절하다. 즉 "빨래하는 사람이 빨랫감을 집어 던졌으며, 그래서 빨랫감은 공중'으로' 날랐다가 (아마도 물속에) 떨어졌다"는 것이다.10)

황현산은 기존의 연구 결과에 이견을 보였을 뿐만 아니라 그 연구들이 무심코 넘긴 부분을 적극적으로 분석하기도 하였다. 그가 주목한 부분은 '빨랫감'과 '비둘기'이다. 비둘기가 평화를 상징하는 것에 그도 동의한다. 하지만 비둘기가 평화라고 말하는 것에서 시의 해석이 끝나는 것일까. 이상은 "표상

---

7) 권영민, 『이상 전집 1』, 뿔, 2009. 26쪽.
8) 같은 곳.
9) 황현산, 「이상의 막 달아나기」, 『잘 표현된 불행』, 문예중앙, 2012. 779-783쪽.
10) 같은 글, 782쪽.

의 상투성에 동의하기보다는 그것을 비웃는" 시인이다.11) 이상의 말에는 뚜렷하건 희미하건 아이러니가 담겨 있다. 가령 셋째 문장의 메시지를 정말로 전쟁이 끝나고 평화가 왔다고 믿어야 할까. 황현산은 문장 속에 있는 낱말 '선전'에 주목한다. 표면은 평화로울 수 있으나 실상은 그렇지 못하다는 것이다. 그가 보기에 이 평화의 시간은 지독한 전쟁의 시간이기도 하다. 빨래는 짓밟히고 방망이로 얻어맞아야 한다. 비둘기가 향하는 다른 하늘도 평화로운 저 세상이 아니라 다른 전쟁터이다. 이곳과 저곳이 모두 전쟁터라는 것이 황현산이 해석한 「시제12호詩第十二號」의 결론이다. 그의 결론은 당시 이상의 상황, "폐질환을 앓는 한 소모성 환자"가 잠시 맞이하는 '휴식의 시정'과 겹친다.

이상의 다른 시를 참조하여 「시제12호」의 의미를 더하려는 시도들도 있다. 이영지는 빨래와 비둘기의 대립을 '죽은 물체와 산 생명'의 대립으로 설정한 뒤, "손바닥"을 "9호에서부터 12호까지 동일한 상징이 되는 인간의 원형 상징"으로, '흰비둘기'를 '때려죽이는' 데도 살아남은 생명의 씨앗으로 보았다.12) 저편 하늘로 날아가는 비둘기의 모습을 두고 그는 이상이 민족적 애국심을 표현한 것이고 평화에 대한 미래를 예언하는 것이라 하였다. 나라 잃은 시대에 민족과 평화에 대한 의식이 이상에게 없다고는 말할 수는 없겠지만, 이 마지막 구절을 민족과 평화를 고심한 흔적으로 읽기 위해서는 시 안에서의 맥락이 이를 뒷받침해야 할 것이고, 다른 작품들의 맥락도 참조해야 할 것이다.

이경훈은 「시제12호」를 1935년 발표한 「가외가전街外街傳」과 관련시킨다.13) 그는 「가외가전街外街傳」의 "窒息한비들기만한까마귀한마리가날아들어왔다"라는 구절의 흑과 백의 대립적 자질에 주목하여 「시제12호」의 구도

---

11) 같은 곳.
12) 이영지, 『이상시 연구』, 양문각, 1989.
13) 이경훈, 「「街外街傳」 주석」, 『이상, 철천의 수사학』, 소명출판, 2000. 257쪽

를 '비둘기=청결=빨래/까마귀=불결=숯검정'로 나눈다. 그리고 '방망이'가 등장한다는 사실에 주목하여 이를 "빨내방맹이가내등의더러운衣裳을뚜들긴다"(「화로火爐」)와 접목시킨다. 그의 의견을 따르면 '더러운 빨래→까마귀/깨끗한 빨래→비둘기'인 것이다. 그는 방망이를 남성 성기의 상징으로 보아 「시제12호詩第十二號」의 "이손바닥만한하늘이편에방망이로흰비둘기의떼를때려죽이는不潔한戰爭이始作된다"를 "창녀의 음부 속으로 더러운 남성 성기가 들어왔다는 뜻"으로 해석한다.14) 이러한 해석은 시어의 모호한 의미를 풍성하게 하는 데 기여한다. 그러나 이 또한 시 안에서 그 맥락을 형성할 때 더욱 설득력이 높아질 것이다.

3. 하늘 저편의 전쟁과 평화

앞선 견해 중 이견을 보이는 부분을 간추리면 크게 네 가지로 요약할 수 있다. 첫째, 전체적인 시의 구도와 관련해서이다. 즉 비둘기는 시인의 연상에 의해 등장한 것인가, 실제로 빨래터에 있는 것인가. 둘째, "공중으로"의 '으로'는 적절한 표현인가, '에서'가 적절한 것인가. 즉 화자는 원거리에서 빨래터를 보고 있는 것인가, 아니면 화자의 착시가 개입된 것인가. 셋째, 빨래터에 찾아 온 평화는 믿을 만한 것인가, 아니면 일시적인 것인가. 즉 '선전' 속에는 아이러니의 간격이 벌어져 있는가, 없는가. 넷째, 비둘기가 날아간 "하늘저편"에는 평화가 있을 것인가 아니면 또 다른 전쟁이 있을 것인가. 이 외에도 일반적으로 남성 성기를 상징하는 '방망이'가 시에서도 그 상징의 뜻

---
14) 같은 곳.

을 유지하는가, 변환되었는가 등을 살펴볼 수 있다.

　네 가지 이견들 중 어떠한 견해를 따르는지에 따라 시의 의미는 협소해지기도 하고 풍성해지기도 한다. 가령 비둘기가 실제로 빨래터에 없으나 착시에 의해 연상된 것이라는 전제 아래 평화는 의심의 여지없이 비둘기와 연결되어 있으며, 하늘 저편에 또 다른 평화가 있다고 상정하면 이 시는 소품이 된다. 비둘기는 시인의 연상에 의해 빨래터에 평화를 실어와 전쟁의 종결을 알린다. 그리고 다시 저편 평화의 나라로 날아간다. 대략 이 정도로 그 뜻을 갈피 지을 수 있을 것이다. 여기에는 해석의 여지가 많이 남아 있지 않다.

　한편, 빨래터와 비둘기가 실제로 날아왔다 간다는 전제 아래 비둘기가 연상시킨 평화의 도래가 실상과는 다른 '선전'의 효과에 지나지 않으며, 하늘 저편의 의미도 한 순간의 휴식 정도라면 시의 의미는 확장될 여지가 많다. 빨래와 비둘기는 실제로 빨래터에 등장하여 의미를 주고받고 있고, '선전'이라는 말과 실상과는 차이가 있어 그 뜻을 헤아리도록 유도하고, 하늘 저편의 공간과 시간 또한 평화와 전쟁 어느 것으로 확정할 수 없다면, 시의 의미는 어느 하나로 고정될 수 없기 때문이다.

　양쪽의 해석은 공존하기 어렵다. 이들의 견해는 어느 한쪽의 논거가 다른 한쪽을 부정해야 설득력을 갖출 수 있다. 첫 번째 논점부터 살펴보자. 비둘기가 빨래터에 없으며 시인의 연상 작용에 의해 등장했다는 주장의 근거는 처음 두 문장 "때묻은빨래조각이한뭉텅이쏟아진으로날라떨어진다. 그것은흰비둘기의떼다."이다. 둘째 문장 '그것'은 문맥상 '빨래조각 한 뭉텅이'일 수밖에 없다. 이어령은 여기에 착안하여 "흰비둘기의 떼→깨끗이 빨아서 널어 놓은 빨래들이 펄럭이는 것을 흰비둘기로 비유한 것"이라 했던 것이다. 같은 뜻인 것처럼 보이지만 이어령의 진술에는 원 시의 진술과 차이가 나는 부분이 있다. 우선 이 둘이 동일시된다고 하더라도 '널어놓은' 빨래를 뜻한다는 표시는 원 시 어디에도 없다. '날라 떨어지는 빨래 한 뭉텅이'라면 널어놓은 빨래보다는 헹구고 두드리는 과정 중에 있는 빨래를 뜻하는 것이 적절해 보인다. 빨래를 마치고 널어놓는 것까지 빨래터에서 볼 수 있는가. 예외가 있을 수는 있겠으나 일상적으로 빨래는 빨래터에서 널기보다는 집에 돌아와 넌다.

그런데 비둘기와 빨래를 동일시하기 위해서는 먼저 이 둘이 별개여야 할 것이다. 비둘기가 실상인지 연상 대상인지 가르는 것은 시의 전체적인 의미를 고려하여 판단할 일이다. 이상은 두 대상을 잇대고 있기는 하지만 어느 하나를 연상 속 대상으로 규정하고 있지 않다. 비둘기를 실제 풍경에 배치하고 비둘기 위주로 시의 의미를 파악한 권영민의 견해가 나온 것도 여기에서 비롯한 것이다.

비둘기가 실제로는 없고 시인의 연상 대상이라 하더라도 그것이 초현실을 설명하기 위한 '착시나 난시'의 결과일 필요는 없다. 반대로 이 '착시나 난시'의 해석을 거부하기 위해 비둘기를 실상에 배치할 필요도 없다. 문제는 전체적인 시의 해석에 무리가 없어야 한다는 것이다. 비둘기를 실상에 두었을 때, 뒷부분 "방망이로흰비둘기의떼를때려죽이는" 모습을 설명하기 어려워진다. 빨래 방망이질에 맞아 죽는 비둘기를 연상하기는 어렵다. 이 부분의 비둘기는 여전히 방망이질을 당하는 빨래와 의미를 주고받아야 한다. 그러기 위해서는 빨래와 동떨어진 실상으로서의 비둘기를 상정하기보다는 빨래에서 촉발된 연상으로서의 비둘기를 상정하는 것이 적절해 보인다. 하지만 이를 초현실적 풍경을 설명하기 위한 착시나 난시의 결과로 규정하는 것에는 비약이 따른다. 하나의 대상을 보고 다른 대상을 떠올리는 것은 초현실의 시를 쓰는 시인뿐만 아니라 여느 시인들의 시에서도 흔히 나타나는 현상이다. 이 부분은 빨래를 보며 비둘기를 연상하고, 또한 빨래하는 모습을 보며 날아왔다 날아가는 비둘기를 연상하는 장면으로 인식하는 것이 자연스럽다.

둘째, '에서'인가 '으로'인가. 「시제12호詩第十二號」의 첫 문장 중 "공중으로"의 '으로'가 '에서'와 달리 서술어 "날라떨어진다"와 어색하게 호응하기 때문에 환각과 난시가 개입되었다는 견해와, 떨어지는 빨래 밑이 아니라 빨래터를 개관할 수 있는 거리에 화자가 있다면 '날라떨어지는' 것과 '공중으로'가 모순되지 않는다는 견해가 대립하고 있다. 여기에 덧붙일 것이 있다면 착시와 난시로 본 견해가 "날라떨어진다"의 "떨어진다"에 해석의 초점을 맞춘 나머지 "날라"를 도외시하지 않았나하는 점이다. "날라"는 '날면서'의 뜻일 수도 있고 '날았다가'의 뜻일 수도 있다. '날면서'의 경우 수직으로 떨어지지 않는다는 뜻을 포함하고, '날았다가'의 경우 '날아올랐다가'의 뜻을 포함한다. 이 두 가지 가능성에서 "공중으로"의 '으로'는 뒤의 것과 호응하며, '날아올랐다가 떨어진다'가 시인이 의도한 것임을 알려준다. 즉, 빨래가 공중으로 날랐다가 떨어지면 부서는 '공중에서'보다는 '공중으로'가 더 적절한 것이다.

　셋째와 넷째, "선전"과 "하늘 저편"의 의미. 이 둘은 함께 연결되어 있는데, 평화가 왔다는 "선전"을 투명하게 소식을 전하는 '전갈'로 인식하는가, 아니면 실상을 가리는 '광고'로 인식하는가에 따라 뒷부분의 해석도 달라진다. 전갈로 인식한 해석은 빨래터에 진정한 평화가 왔다고 본다. 다음 문장의 때를 씻는 비둘기 떼의 모습도 더러운 전쟁이 끝나고 깨끗한 평화가 왔다는 뜻이며, 마지막 문장 비둘기가 날아가는 "손바닥만한 하늘 저편" 역시 다른 세상으로 평화를 전파하는 모습을 표현한 것이 된다. 여기에는 표현과 뜻 사이에서 형성되는 아이러니의 거리가 없다. 그러나 이러한 해석의 난점은 "흰비둘기의때를때려죽이는不潔한戰爭이始作"되는 불길한 징조를 풀이할 수 없다는 것이다. 전쟁이 끝나고 평화가 왔다. 그 평화의 기운은 다른 세상에 희망을 줄 정도로 완전하고 무결해야 한다. 여기에 '불결한 전쟁'은 평화의 완전무결함을 해치는 불순한 이물질이다. 이는 전제와 모순된다. 그렇다면 이 '선전'이라는 말에는 처음부터 그와 같은 이물질 같은 것이 끼어들 수 있는 간격이 확보된 것이 아닐까. 즉, 겉으로 보기에는 평화롭지만 실상은 또 다른 전쟁이 일어나고 있으며, 이를 평화의 '선전'이라 표현한 것은 아닐까. 뒤의 해석을 따르면 '불결한 전쟁'의 뜻을 포섭할 수 있게 되는 한편, 비둘기가 날아가는 '하늘 저편'을 또 다른 전쟁의 공간으로 상정하게 된다.

4. 아이러니의 확보와 '더러운 의상'의 맥락

「시제12호詩第十二號」가 '오감도烏瞰圖' 연작의 일부이며, '오감도' 연작의 일부가 이상이 일찍이 발표했던 일문시에 바탕을 두고 있다는 점을 새삼 강조할 필요는 없을 것이다. 다만 일문시 발표 시기와 '오감도' 발표 시기 사이에 일어났던 여러 일은 이 시의 해석과 관련하여 주목할 필요가 있다. 이상은 '이상異常한 가역반응可逆反應' '건축무한육면각체建築無限六面角體' '조감도烏瞰圖' 연작 등을 『조선과건축』 '만필漫筆'란에 일문으로 발표했다. 그에 반해 '오감도' 연작은 『조선중앙일보』에 국문으로 발표되었다. 지면 표기에 따라 작품 표기의 차이가 생겼다고 말할 수 있으나, 이상이 『조선과건축』의 모든 시를 일문으로 발표하고 1933년 이후 모든 시를 국문으로 발표했다는 점을 고려한다면, 모국어에 대한 자각이 그의 의식에 개입되어 있다는 것을 배제하기는 어렵다. 과학과 성을 중심으로 보편적 언어 실험에 골몰했던 시기가 일문시 창작 시기였다면 병과 도시를 중심으로 소통을 그리워하던 시기가 국문시 창작 시기였다.15) 길지 않은 이상의 창작 시기를 전기와 후기로 나눈다면 발표 당시 표기 형태가 기준이 되어야 할 것이다.

---

15) 김인환, 「이상시의 계보」, 『기억의 계단』, 민음사, 2001, 284-294쪽.

1932년의 휴지기를 거쳐 이상은 1933년 『카톨릭청년靑年』에 「꽃나무」, 「거울」 등을 발표하며 국문시 창작 시기를 열었다. 그리고 이듬해 『조선중앙일보』에 '오감도烏瞰圖' 연작이 게재되기 시작했다. 수천 편 중에 서른 편을 고른 이 '오감도' 연작은 독자들의 항의로 열다섯 편에서 연재를 중단하게 된다.16) 이상은 자신의 시를 일간지에 연재하면서 불특정 다수의 기호에 맞추기보다는 일상 지각의 영역에 충격을 주는 방편으로 첨단의 형식을 선보이려 했던 것이다. 「시제4호詩第四號」나 「시제5호詩第五號」 등과 같이 일문시를 국문으로 옮긴 시는 그의 국문시 창작 시기의 시 중에서 실험성이 가장 높다고 할 수 있다. 그 외에도 한자 표기로 진술을 이끈 「시제7호詩第七號」 「시제8호詩第八號」 등도 실험성이 높다. 1년 전에 발표한 『카톨릭청년靑年』의 국문시와 견주면 '오감도烏瞰圖' 연작의 실험성은 눈에 띄는 것이라 할 수 있다.

하지만 '오감도烏瞰圖'와 다른 국문시의 성향이 변별되는 까닭이 모두 실험 의식의 결과라고 보기는 어렵다. 실험성이 낮아 보이는 시들도 연작에는 있다. 특히 뒤쪽 시들은 시적이라고 말할 수는 있어도 전위적 또는 실험적이라고 말하기 어렵다. 이들 시에는 다른 국문시의 특성을 공유하기도 한다. 가령 「시제15호詩第十五號」인 경우 '거울'의 자아 분열상을 매개로 전 해에 발표한 「거울」과 닿아 있다. 「시제14호詩第十四號」는 버리고 싶지만 버릴 수 없는 과거를 다루었다는 점에서 1935년에 발표한 「정식正式」과 닮아 있다. 「시제13호詩第十三號」는 자신의 육체를 대상화시켜 그 거리감을 반어적으로 표현했다는 면에서 병든 육체에 대해 안타까워하는 시들과 맥락이 닿아 있다. 「시제12호詩第十二號」는 어떤가. 이 시 또한 가독성이 높다는 면에서 국문시 계열의 특성과 닮아 있다. 황현산은 시 속에 있는 '공기에 숯검

---

16) 이상, 「烏瞰圖作者의말」, 『증보 정본 이상문학전집 3-수필·기타』, 김주현 편, 소명출판, 2009, 219쪽.

정이'에 착안하여 폐질환 즉 각혈의 시들과 연결시켰고, 이경훈은 '방망이'에 착안하여 「가외가전街外街傳」을 끌어들였다.

그럼에도 불구하고 '오감도烏瞰圖' 연작에는 뜻을 쉽게 헤아리지 못하게 하는 힘이 있다. 실험성으로는 설명할 수 없는 이 힘을 시인과 대상 사이의 긴장을 지속시키는 아이러니의 힘이라 할 수 있을 것이다. 이상 시의 실험성과 아이러니는 그 뜻이 정확히 포개지지 않는다. 각각의 시편에서 큰 편차를 보이며 나타나는 실험성과 달리 아이러니는 '오감도' 연작 모든 편에서 확인할 수 있는 주저음이다. 좁은 골목 속에 13인의 아이를 질주시킨 「시제1호詩第一號」, 아버지라는 기호를 거듭 사용하며 그 권위를 훌쩍 뛰어넘으려 애쓰는 「시제2호詩第二號」, 싸움하는 사람과 싸움하지 아니하던 사람을 충돌시킨 「시제3호詩第三號」 등 앞 번호의 '오감도'뿐만 아니라 끊어진 팔을 화초처럼 방안에 장식해 놓은 「시제13호詩第十三號」, 역사의 인력과 척력을 걸인에 빗대어 묘사한 「시제14호詩第十四號」, 거울 속의 자아와 거울 밖의 자아를 충돌시킨 「시제15호詩第十五號」 등 뒷번호까지도 그 강도는 다르지만 아이러니가 감지된다. '오감도' 연작의 전반적인 흐름을 「시제12호詩第十二號」만 거스른다고 상정하기보다는 따른다고 상정하는 것이 자연스러울 것이다. '선전'은 일상 언어에서도 자주 아이러니로 쓰인다. 이 시에 아이러니가 발휘되는 부분이 있다면 그곳은 다른 어떤 곳보다도 "平和가왔다는宣傳"일 가능성이 높다. 평화가 왔다는 소식을 곧이곧대로 믿기는 어렵다는 것이다.

房거죽에極寒이와다앗다. 極寒이房속을넘본다. 房안은견듼다. 나는讀書의뜻과함께힘이든다. 火爐를꽉쥐고집의集中을잡아땡기면유리窓이움폭해지면서極寒이혹처럼房을놀린다. 참다못하야火爐는식고차겹기때문에나는適當스러운房안에서쩔쩔맨다. 어느바다에潮水가미나보다. 잘다저진房바닥에서어머니가生기고어머니는내압흔데에서火爐를떼여가지고부억으로나가신다. 나는겨우暴動을記憶하는데내게서는억지로가지갓는다. 두팔을버리고유리창을가로막으면빨내방맹이가내등의더러운衣裳을뚜들긴다. 極寒을결커미는어머니−奇蹟이다. 기침藥처럼딱근딱근한火爐를한아름담아가지고내體溫우에올나스면讀書는겁이나서근드박질을친다.

— 「화로火爐」17)

캄캄한空氣를마시면肺에害롭다. 肺壁에끄름이앉는다. 밤새도록나는옴살을알른다. 밤은참많기도하드라. 실어내가기도하고실어들여오기도하다가이저버리고새벽이된다. 肺에도아즘이켜진다. 밤사이에무엇이없어졌나살펴본다. 習慣이도로와있다. 다만내侈奢한책이여러장찢겼다. 憔悴한結論우에아즘햇살이仔細히적힌다. 永遠이그코없는밤은오지않을듯이.

— 「아즘」18)

국문시 창작 시기에 '오감도烏瞰圖' 연작 이외의 연작으로는 1936년 『카톨릭청년靑年』에 발표된 '역단易斷'과 『조선일보』에 발표된 '위독危篤'이 있다. 인용한 두 편의 시는 '역단' 연작 중 일부이다. 「화로火爐」와 「아즘」은 자신의 육친과 육체를 대상으로 한 시로서 그의 작품 중 드물게도 아이러니의 거리가 거의 보이지 않는 시이다. 달리 말하면 그의 무력감 또는 감동이 그대로 드러난 시편이라 할 수 있다. '오감도' 연작 발표 이후 2년이라는 시간이 흐른 시점에 발표된 이 두 편의 시에서는 악화된 이상의 병이 시적 대상과 거리를 확보했던 아이러니적 태도를 무화시키는 데 기여했음을 확인할 수 있다. 이후의 시편들에서도 이전과는 다르게 병에 대해 좌절하면서 소통을 중시하는 모습이 전면에 드러난다.

---

17) 『카톨릭청년靑年』 33호, 1936.2.
18) 『카톨릭청년靑年』 33호, 1936.2.

「화로」의 경우, '방망이'를 매개로 「가외가전街外街傳」, 「시제12호詩第十二號」와 함께 언급되는 시이다. 「가외가전」을 분석한 기존 연구를 참조할 때 방망이를 남성 성기의 상징으로 보는 해석에는 무리가 없어 보인다. 「가외가전街外街傳」도 1936년에 발표된 시이다. 이상은 구인회의 동인지『시와소설』에 이 시를 발표했다. 이상의 실험성은 여기에서 다시 한 번 빛을 발한다. 느슨한 연대 의식을 가졌던 구인회라고 하더라도 자신의 이름을 걸고 발표하는 시이기 때문에 동인이 지닌 모더니즘 성향을 이상이 무시하기는 어려웠을 것이다. 몸과 성과 도시를 동일시하는 동시에 모든 대상에 거리를 확보하는 태도가 「가외가전」에 나타나고 있는데, 전기 시 세계를 지탱했던 성의 모티프와 후기 시 세계를 지탱했던 병든 육체의 모티프가 이 시에서 접목한다.

하지만 「가외가전」에서 보이는 이 지적인 실험을 같은 시기에 발표한 다른 시들에서는 확인하기 어렵다. 「화로火爐」의 방망이질에서 성교장면이나 남성 성기를 떠올릴 수 있을까. 「화로」의 핵심 구절은 "어머니는 기적이다"이다. 차가운 골방에 화로도 식었는데, 어머니는 이 모든 냉기를 없애는 기적 같은 존재라는 것이다. 대상과 거리를 두고 위트와 아이러니를 섞어 썼던 이상이지만 유일하게 그 거리를 무화시킨 존재가 「화로」의 어머니이다. 이 점은 아내와의 관계를 말한 다른 시에서도 볼 수 없는 점이다. 그 어머니가 자신의 더러운 의상을 '방망이'로 두들기고 있다. 여기에 등장하는 방망이는 남성성과는 무관한, 병든 육체에 찾아든 일시적인 휴식의 의미가 짙다.

이 '더러운 의상'은, 「시제12호詩第十二號」의 '깃에 묻은 때'를 씻는 비둘기(=빨래)를 연상시킨다. 「화로」의 더러운 의상과 「시제12호」의 빨래는 모두 방망이로 두들겨 맞고 있다는 공통점이 있다. 하지만 그 이후의 전개는 서로 다르다. 「화로」의 경우 어머니의 등장과 더불어 잠시나마 기적과 같은 휴식의 시간이 확보된다. 「시제12호」의 경우 빨래와 의미가 겹친 비둘기의 등장으로 의미의 긴장이 형성된다. 빨래는 방망이질로 깨끗해지지만 비둘기는 몸이 상한다. "선전"에서 촉발된 아이러니가 모습을 뚜렷이 하고 있다.

또한 이 '더러운 의상'은 「아츰」의 '폐벽에 앉은 기름'과 연관되기도 한다. 「아츰」에서 시인은 '기름'으로 인해 밤새 몸살을 앓으며 각혈을 한다. 고통을 잊기 위한 독서의 끝은 각혈 뒤에 맞이하는 "초췌한 결론"이다. 아침은 폐벽의 기름이 야기한 기침을 잦아들게 할 것이다. 하지만 죽음만이 그에게 영원한 안식을 줄 것이라서 그것은 일시적인 회복일 뿐이다. 이처럼 「화로」의 '더러운 의상'과 더불어 「아츰」의 '폐벽의 기름'은 고통스러운 삶을 대변한다. 그 고통은 그가 짊어지고 가야 할 삶의 모습이기도 하다. 그렇다면 「시제12호詩第十二號」에서 빨래 조각에서 떨어져 나가 공기에 묻은 '숯검정이'의 뜻은 영원한 안식과도 평화의 도래와도 거리가 멀지 않을까. 당시 그에게 삶을 유지시켜주는 공기는 희박했다. 거기에는 숯검정이 이미 묻어 있었다. 그것은 공기에 들러붙어 고통스러운 삶이 어떤 세상에도 존재할 것이라는 불길한 예감을 표현한다. 평화의 선전은 이 시에서 믿을 만한 전갈이 아니라 미덥지 못한 광고인 것이다.

5. 나가며

「시제12호」에는 이렇듯 '오감도烏瞰圖' 연작의 계열의 특성이라 할 수 있는 아이러니의 거리가 확보되어 있는 동시에 병을 앓고 있는 이상의 처지가 은연중에 개입되어 있다. 당시 지녔던 이상의 몸 상태와 그의 욕망을 무시할 경우 '오감도' 연작의 시편들 중에서 「시제12호」의 구도는 평범해 보이고, 메시지는 뚜렷해 보인다. 하지만 이를 염두에 둘 경우 일시적인 휴식이 주는 절망의 기미가 손바닥만한 하늘 저편에 손바닥만하게 보일 것이다. 지금까지의 해석을 적용해 다시 「시제12호」를 풀어 보자; (멀리서 보았더니) 때 묻은 빨래조각 한 뭉텅이가 공중으로 날아올랐다가 떨어진다. 그것은 흰 비둘기의 떼와 같다. (빨래터 풍경이) 손바닥만한 한 조각 하늘 저편에 전쟁이 끝나고 평화가 왔다는 선전처럼 느껴진다. (그러나 그것은 선전일 뿐이다) 빨래가 깨끗해지는 모습이 마치 한 무더기 비둘기의 떼가 깃에 묻은 때를 씻는 것과 같다. 하지만 여기에서 손바닥만한 하늘 이 편에 방망이로 흰 비둘기의 떼를 때려죽이는 불결한 전쟁이 시작된다는 뜻도 생겨난다. 공기에 숯검정이가 지저분하게 묻으면 흰 비둘기의 떼는 (일시적인 평화의 모습을 연출하러) 또 한 번 손바닥만한 하늘 저편으로 날아간다.

위태로운 행복 : 백석의 시 「나와 나타샤와 흰 당나귀」

1. 「나와 나타샤와 힌당나귀」 분석의 두 전제

「나와 나타샤와 힌당나귀」는 백석(1912-1995년)이 1938년 3월 『여성』에 발표한 시이다. 1938년은 그의 삶과 시 이력 양 쪽에서 전환기였다.1) 조선일보사 입사 및 『여성』지 편집, 영생여고보 교사 등 정착의 삶이 앞에 놓여 있다면, 통영을 비롯한 전국 기행, 만주 유랑의 삶이 뒤에 놓여 있다. 시편도 사정은 마찬가지이다. 「여우난곬족」・「모닥불」・「여승」 등을 수록한 첫 시집 『사슴』은 이미 2년 전에 발행되었으며, 분단 전 대표작이라고 할 수 있는 「북방에서」(1940년), 「국수」(1941년), 「흰 바람벽이 있어」(1941년)의 발표는 2, 3년 기다려야 했다. 초기작이건 후기작이건 백석의 대표작들과 견주

---

1) 백석의 시와 삶에 대한 진술은 그동안 출간된 전집의 연보를 참조하여 기술한 것이다. 그 목록은 다음과 같다. 이동순 편, 『백석시전집』, 창비, 1987; 이숭원, 『백석을 만나다』, 태학사, 2008; 고형진 편, 『정본 백석 시집』, 문학동네, 2007; 송준 편, 『백석 시 전집』, 흰당나귀, 2012; 최동호・김문주・이상숙, 『백석 문학전집 1 : 시』, 서정시학, 2012; 현대시비평연구회 편, 『다시 읽는 백석 시』, 소명출판, 2014.

어 이 시는 고립된 것처럼 보인다. 초기 대표작에 산재된 토속어나 방언이 보이지 않을 뿐만 아니라 후기 대표작들이 지닌 공통점, 즉 유랑의 정서나 소명 의식을 경유한 자기 위안의 모습도 흐릿하다.2) 그것은 이 시와 다른 시와의 심미적 거리를 형성하여 변별점으로 작용하기도 한다.

그럼에도 불구하고 이 시는 백석의 대표작으로 꼽힌다. 형태적으로는 단순한 구절이 반복되어 쉽게 기억되고, 내용상으로는 사랑의 전언을 담고 있어 널리 읽힌다. 대중성이라 할 수 있는 요소들이 가미되어 있는 것이다. 그런데 혹시 대중적이기 때문에 대표작으로 꼽히는 것은 아닐까. 더 나아가 대표작인 모든 이유가 대중적인 요소에 있는 것은 아닌가. 이 시를 본격적으로 분석한 연구가 드물다는 점은 이와 같은 추정을 설득력 있게 한다. 그러나 이 글은, 연구를 진척시키지 못하게 하면서 대중성과 변별되는 바로 그 지점을 이 시의 개성으로 본다.

이 시의 개성을 헤아리기 위해서 이 글은 크게 두 가지 전제이자 가설을 설정했다. 첫째, 시에서 현실과 상상은 구분되어 있되 현실이 지속적으로 상상 장면에 개입한다는 것이다. 상상과 현실의 경계는 '흰 눈'에서 비롯하는데, 흰 눈이 내리면 가난한 현실이 덮이고 따뜻한 상상이 펼쳐진다. 화자에게 상상의 시간은 곧 휴식의 시간이며 현실의 시간은 유랑의 시간이다. 이 시를 온전히 사랑의 노래, 즉 연가로 읽는 독법은 상상과 현실이, 휴식과 유랑이, 사랑과 가난이 뚜렷이 구분되어 있다는 것을 전제로 둔다. 이 글은 이와 같은 구분을 부분적으로 수용하되 상상에 개입된 현실의 흔적을 드러내는 데 초점을 맞출 것이다.

둘째, 이 시의 시적 개성이 시어와 시어, 구문과 구문의 결합 방식에서 상당 부분 확보된다는 점이다. 시적 의미가 문법적 기능을 수행하는 부분에서

---

2) 백석의 초기 시에 나타난 방언 및 토속어를 모더니티 기획과 관련하여 진술한 연구는 다음과 같다. 김수림, 「방언-혼재향(混在鄕, heteropia)의 언어 –백석의 방언과 그 혼돈, 그 비밀」, 『어문논집』 55, 2007; 최정례, 『백석 시어의 힘』, 서정시학, 2008.

주로 생성되는 것은 가능하지만 드문 일이다. 「나와 나타샤와 힌당나귀」에는 의외의 조사나 어미가 쓰이고 맥락을 이탈하는 시어가 등장한다. 그런데 이러한 비문법적인 구절에는 여지없이 위력적인 현실의 흔적이 보인다. 이 점에서 두 가지 전제는 서로 관련이 깊다. 현실의 위력이 형식적 이탈을 야기했다고도 말할 수 있는데, 이를 확인하기 위해서 먼저 기본적인 시의 구조를 살펴 본 뒤 현실의 흔적이 어떻게 상상의 시공간에 남아 있는지 여러 요소들의 결합 방식을 기준으로 확인하려 한다.

2. 상상과 현실의 구분과 '흰 눈'의 역할

「나와 나타샤와 힌당나귀」는 총 네 연으로 이뤄져 있다. 첫 연과 마지막 연은 세 행이며, 둘째 연은 일곱 행, 셋째 연은 여섯 행이다. 첫 연부터 '눈이 내리다'의 진술이, 둘째 연부터는 '나타샤를 사랑하다' 또는 '나타샤가 사랑하다'의 진술이 반복되는 동시에 변주되며 단순하면서도 풍요로운 리듬을 형성한다. '나'와 '나타샤'와 '당나귀'는 눈을 배경으로 리듬을 타며, 첫 연에만 있는 '가난함'에서 출발하여 마지막 연에만 있는 '응앙응앙 우는 울음'까지 이어지는 여정을 밟는다.

가난한 내가
아름다운 나타샤를 사랑해서
오늘밤은 푹푹 눈이나린다

나타샤를 사랑은하고

눈은 푹푹 날리고

나는 혼자 쓸쓸히 앉어 燒酒를 마신다

燒酒를 마시며 생각한다

나타샤와 나는

눈이 푹푹 쌓이는밤 힌당나귀타고

산골로가쟈 출출이 우는 깊은산골로가 마가리에살쟈

눈은 푹푹 나리고

나는 나타샤를 생각하고

나타샤가 아니올리 없다

언제벌서 내속에 고조곤히와 이야기한다

산골로 가는것은 세상한테 지는것이아니다

세상같은건 더러워 버리는것이다

눈은 푹푹 나리고

아름다운 나타샤는 나를 사랑하고

어데서 힌당나귀도 오늘밤이 좋아서 응앙 응앙 울을 것이다

— 「나와 나타샤와 힌당나귀」3)

시어의 뜻은 어렵지 않다. 해독하기 어려운 『사슴』 수록 시편과 달리, 낱말 몇 개를 제외하고는 시의 전언과 정조를 쉽게 파악할 수 있다. "출출이"는 '뱁새'이며, "마가리"는 '오막살이'이고, "고조곤히"는 '고요하게'이다.4)

---

3) 『여성』 3권 3호(1938.3); 최동호·김문주·이상숙, 『백석 문학전집 1 : 시』, 서정시학, 2012.
4) 현대시비평연구회 편, 『다시 읽는 백석 시』, 소명출판, 2014. 294쪽. 이 책은 백석 시 전편에 제시된 어석을 종합하여 표로 제시했다.

시어 풀이 작업을 진행한 여러 백석 전집에서 이에 대한 이견은 없다. 이를 기반으로 전체적인 정황을 재구하면 다음과 같다; 화자는 가난하다. 그는 눈이 많이 내리는 밤에 실존 인물인지는 확실치 않지만 사랑하는 '나타샤'를 생각한다. 그 사랑이 매우 커서 눈이 내린다고 생각할 정도이다. 나타샤를 사랑하고 눈은 내리는데 그는 쓸쓸히 앉아 소주를 마시며 생각한다. 흰 당나귀를 타고 뱁새가 우는 깊은 산골로 가 함께 오막살이 하는 자신과 나타샤를. 마음속에서 조용히 그녀가 '산골로 가는 것은 세상한테 지는 것이 아니다, 세상 같은 건 더러워 버리는 것이다'라고 말하는 것에 기대어, 나타샤가 꼭 올 것이라고 여전히 그는 생각한다. 눈은 내린다. 나타샤는 '나'를 사랑한다. 이 완벽한 밤의 풍경을 축복하기 위해서라도 흰 당나귀는 어디에서 '응앙응앙' 울 것이다.

시가 쉽게 읽힌다고 해서 해석까지 한결 같은 것은 아니다. 선행 연구는 이 시를 사랑의 연가로 읽기도 하고, 반대로 외로운 독백으로 읽기도 한다.5) 상반된 해석은 서로의 해석을 어느 정도 품고 있는데 주목할 점은 그 갈림길에 '흰 당나귀,' '흰 눈,' 그리고 '나타샤'가 환기하는 백색 이미지가 놓여 있다는 것이다.6) 백색은 '더러운 세상'과 대비되어 순수와 순결의 의미를 띤다. 흰 눈이 와서 세상을 덮고 있으니 순수하고 순결한 사랑을 펼칠 수 있다는 것이다. 그러나 백색의 의미가 이것으로 마무리되는 것은 아니다.

백색 이미지는 내리는 눈에서 주로 조성되었다. 눈은 녹는 것을 전제로

---

5) 이 시를 고형진은 『백석시 바로 읽기』(현대문학, 2006. 343쪽)에서 "사랑하는 사람을 애틋하게 그리워하는" "사실상 최초의 연시"라 하였고, 이숭원은 『백석시의 심층적 탐구』(태학사, 2006. 128쪽)에서 "쓸쓸함, 외로움, 슬픔, 두려움" 등의 정서를 자아내는 시라 하였다.
6) 이경수, 『한국 현대시와 반복의 미학』, 월인, 2005, 95-97쪽; 현대시비평연구회 편, 『다시 읽는 백석 시』, 295-296쪽. 두 연구 모두 백색 이미지와 나타샤의 의미를 비중 있게 다룬다. 나타샤에 대해서는 『다시 읽는 백석시』를 따르면 실제 인물, 가상의 인물로 나뉜다. 가상의 인물인 경우 러시아 여성을 상정한 것인데, 피부색에서 백색 이미지를 떠올린다는 의견이 거기에서 제출된다. 이 글에서는 이와 같은 의견이 전체적인 시의 해석에서 간접적인 영향만을 미치고 있다고 판단하여 주석으로 정리한다.

내린다. 뱁새가 울고 당나귀가 쉬어가는 곳이라면 아무리 쌓이더라도 언젠가 눈은 녹는다. 백색의 생명력이 그만큼 짧은 것이다. 화자는 발이 푹푹 잠길 정도로 눈이 쌓이기를 원하는 듯하다. 그만큼 쌓여야 눈이 늦게 녹을 것이며, 나타샤와 함께 있는 행복한 상상이 오래 지속될 것이다. 하지만 상상을 펼칠 흰 바탕이 언젠가 사라질 것임을 내리는 눈은 계속 암시한다. 아름다운 상상은 위태롭게 지속된다.

백석의 다른 시 「흰 바람벽이 있어」를 떠올려 보자. 유랑중인 화자는 하룻밤 방 한 칸을 빌려 지친 심신을 누인다. 흰 벽에는 지난날의 영상과 지친 마음을 다잡는 글귀가 지나간다. 반면 「나와 나타샤와 힌당나귀」에는 아름다운 나타샤를 상상할 수 있게 하는 흰 눈이 있다. '흰 벽'과 '흰 눈'은 모두 상상을 펼칠 수 있는 배경 역할을 한다. 차이도 있다. 「흰 바람벽이 있어」의 '흰 벽'에는 지난날의 추억과 함께 유랑의 필연성을 제공하는 소명의 메시지가 지나간다. 현실을 감내하는 힘이 생겨나는 것이다. 「나와 나타샤와 힌당나귀」의 '흰 눈' 위에서는 나타샤와의 사랑 장면과 더불어 현실과의 단절을 강조하는 그녀의 말이 연출된다. 이것들은 흰 눈과 함께 곧 스러질 것이다. 기억을 되살리는 '흰 벽'은 비참한 현실을 견디는 힘을 주지만, 공상을 불러오는 '흰 눈'은 비참한 현실을 잠시 잊게 할 뿐이다.

「흰 바람벽이 있어」뿐 아니라 「북방에서」나 「남신의주 유동 박시봉방」 등 유랑의 필연성을 제공하고 소명 의식을 환기하는 시들은, 화자가 기댈 곳이 거기밖에 없다는 것을 강조하는 것처럼, 대개 상상 속에서 기억이나 전통과 접목한다. 그러나 「나와 나타샤와 힌당나귀」에는 과거가 없다. 나타샤는 기억의 대상이라기보다는 주술처럼 반복되는 말에 이끌려온 가상의 인물일 가능성이 높다. 기억이 없는 상상은 위안의 기능을 지속적으로 수행하지 못하는 것일까. 「나와 나타샤와 힌당나귀」의 상상에서 충만한 행복을 느낄 수 없는 이유가 여기에 있는 것은 아닐까.

3. 형식적 표지에 투사된 현실

　백석은 낱말에 내포된 의미뿐만 아니라 낱말과 낱말, 구문과 구문, 문장과 문장 사이의 관계를 중시한다. 그의 시가 서사지향성을 띠고 있는 것도 이와 관련된다고 할 수 있다.7) 대표시 중 하나인 「여승」을 상기해 보자. 플롯에 따라 배치된 사건과 사건 사이에서, 즉 문장과 문장 사이에서 여운과 의미가 발생한다. 대표시로 일컬어지는 많은 시가 기억을 축으로 서사를 구성한다.
　리듬은 백석의 시를 산문으로 읽게 하지 않는 요소이다. 백석의 시에서는 낱말과 구절의 반복과 변주로 인해 리듬이 강하게 느껴진다.8) 한편 리듬은 독자가 시의 전언뿐만 아니라 모습에 주목하도록 이끈다. 백석 시는 서사를 지향하더라도 서정성을 발견할 수 있으며, 전언이 중요하더라도 리듬이 더욱 강화될 수 있다는 것을 보여준다. 내용을 주목하도록 하는 서사지향성, 형식을 주목하도록 하는 리듬, 백석 시는 이 두 가지 의미 생성의 요소가 길항하면서 한국시문학사에서 독특한 개성을 발휘한다.
　「나와 나타샤와 흰당나귀」의 경우 여러 형식적 장치에서 그의 시적 개성을 더욱 도드라지게 한다. 이 시는 전언 자체를 전환시킬 정도로 리듬의 힘이 강하며, 문법과 맥락을 이탈하는 방식으로 특별한 의미를 만들기도 한다.9) 이 장에서는 의태어 의성어 등 첩어의 낯선 쓰임새, 도입부의 인과성을 환기하는 어미, 삼인칭 대상을 이인칭 청자로 설정한 청유형, 한정 보조사

---

7) 고형진, 『현대시의 서사 지향성과 미적 구조』, 시와시학사, 2003. 54-60쪽.
8) 이경수, 앞의 책, 70-142쪽. 이 책에 따르면 백석의 시는 '부연적 반복'과 '병렬적 반복'의 특성을 가진다. 이들은 각각 의미를 구체화하는 데 기여하는 한편, 동시성을 확장한다.
9) 이경수, 앞의 책, 96쪽. "푹푹 쌓이는 눈과 함께 진행되는 기본 문장의 반복과 변형을 통해 "가난한 내가/아름다운 나타샤를 사랑"하는 상황은 "아름다운 나타샤"가 "나를 사랑해"는 상황으로 변화된다. 내가 오지 않는 나타샤를 기다리는 외적인 상황 자체는 달라진 것이 없지만, 되새김질의 방식을 통해 사랑의 전환이 이루어진 것이다."

'은'의 활용 등에 초점을 맞추어 형식적 특징에 내재된 공통된 힘의 실체를 규명하고자 한다.

1) 의태어, 의성어의 비약 : '푹푹 눈이 내리다'

'눈'이 포함된 구절은 주목을 받아왔고 여전히 주목이 필요하다. 시에서는 '눈'이 내리는 모습이 '푹푹 나리다'로 제시되어 있다. 지금까지 연구의 초점은 '나리다'의 뜻에 맞춰져 왔다. 이숭원은 "눈이 푹푹 날릴 수는 없"기 때문에 1, 3, 5연 세 번 등장하는 '나리다'와 2연에 한 번 등장하는 '날리다'를 같은 뜻으로 보았다.10) 그에 따르면 "날리고"가 "나리고"의 오기인 것이다. 이 글도 이숭원의 결론을 따른다. 다만 수식어 '푹푹'의 쓰임새에 더욱 주목하여 어떠한 의미가 거기에 담겨 있는지 살펴보고자 한다. 이 부사가 등장하는 구절은 다음과 같다.

    1연 3행 : 푹푹 눈이나린다
    2연 2행 : 눈은 푹푹 날리고
    3연 1행 : 눈은 푹푹 나리고
    4연 1행 : 눈은 푹푹 나리고

3연과 4연의 형태와 위치는 같다. 이 두 행은 연의 제일 앞에서 말을 풀어내는 역할을 한다. 그러나 맥락상 두 뜻은 갈라진다. 3연의 경우 현실과 상상을 잇는 가교 역할을 하고, 4연은 상상속의 장면을 묘사한다. 이와 견줘 2연은 현실 속의 장면에 해당한다. 상상 장면의 점진적인 노출이라는 면에서

---

10) 이숭원, 『백석을 만나다』, 태학사, 2008, 318쪽.

라도, 즉 눈이 많이 내려야 상상을 펼칠 흰 눈이 쌓이기 때문에, 2연의 "날리고"는 '나리고'로 보는 것이 적절해 보인다. 바로 그 때문에 '나리고'와 '날리고'를 동일시한 이유, '푹푹 날릴 수는 없기 때문'은 재고의 여지가 있다. 이와 같은 판단은 눈이 '푹푹 나릴(내릴) 수 있다'는 것을 전제로 한다. 눈이 '푹푹 날리는' 것은 불가능하지만 '푹푹 나리(내리)는' 것은 가능할까. 국립국어원에서 제공하는『표준국어대사전』의 풀이를 참조해 보자.

> 푹푹 : 눈 따위가 많이 내려 수북하게 쌓이는 모양. 용례) 함박눈이 푹푹 내린다.[11]

이 해석을 참조하면 '푹푹 내리는 것'에는 어색함이 없다. 사전의 용례에도 '눈이 푹푹 내린다'가 제시되어 있다. 이 풀이와 용례를 토대로 구절의 자연스러움을 논증하는 연구가 이미 제출되기도 하였다. 그러나 표제어의 풀이와 용례가 어울린다고 말하기는 어렵다. 풀이는 '많이 내리는' 것이 아니라 '많이 내려(서) 수북하게 쌓이는 모양'이다. 최종 서술어는 '수북하게 쌓이다'인 것이다. 그렇다면 '푹푹'은 풀이를 참조하여 '쌓이다'를 수식할 수 있고, 용례를 참조하여 '내리다'를 수식할 수 있다고 봐야 할까. 눈 여겨 볼 부분은 표제어의 풀이와 용례에 제시되어 있는 술어들, 즉 '내리다'와 '쌓이다'가 모두 백석의 바로 이 구절과 일치한다는 점이다. 이 시의 해당 구절이 널리 알려져 사전에 풀이와 예시를 등재시켰을 가능성을 배제할 수 없는 것이다.

같은 사전에서 '푹푹'의 풀이와 용례를 전부 살펴보면, 해당 예를 제외하고는 모두 '내리다/쌓이다'와 호응하기 어렵다.[12] 이들은 '푹푹 찐다'의 예에

---

11) http://stdweb2.korean.go.kr/search/View.jsp '국립국어원' 홈페이지에서 검색할 수 있는『표준국어대사전』에는 '푹푹'이 열두 가지 뜻으로 제시되어 있다. 예시는 그 중 하나이다.
12) 같은 곳. '푹푹'의 용례를 표로 정리하면 다음과 같다.

서처럼 익거나 삭거나 썩는 모양, '푹푹 들어간다'의 예에서처럼 찌르거나 쑤시거나 빠지거나 들어가는 모양, '푹푹 내쉬다'의 예에서처럼 숨 등이 구멍을 통해 쏟아져 나오는 모양 등으로 나눌 수 있다. 인용문의 '푹푹'은 다른 것과 함께 분류되지 않는 독립적인, 또는 이질적인 항목이다. 시 구절의 오류 또는 비약이 사전에 등재되었을 가능성이 적지 않으며, 그렇기 때문에 사전의 풀이가 해당 구절이 쓰인 것에 대한 문제 제기를 불식시킬 수 없다.

그러나 '푹푹'이라는 의태어가 내리고 쌓이는 '눈'과 상관없다고 말하기도 힘들다. 쌓인 눈을 밟으면, 해당 항목이 아닌 다른 항목의 풀이 '자꾸 깊이 빠지거나 들어가는 모양'을 따라, 푹푹 발이 빠질 수 있기 때문이다. 이를 시간 순으로는 '많이 내리다-많이 쌓이다-(발이) 푹푹 빠지다,' 한 문장으로는 '눈이 많이 내려서 쌓이면, 그 위를 밟을 때 발이 푹푹 빠진다'로 정리할 수 있다. 시에서 '푹푹'은 잘못 쓰였다기보다는 시간과 논리를 당겨썼다고 보는

	풀 이	용 례
1	속속들이 흠씬 익을 정도로 몹시 끓이거나 삶는 모양.	돼지고기를 푹푹 삶다.
2	남김없이 심하게 썩거나 삭는 모양.	사과가 푹푹 썩다.
3	칼이나 창 따위로 자꾸 세게 찌르거나 쑤시는 모양.	쌀가마를 꼬챙이로 푹푹 찔러 보다.
4	날이 찌는 듯이 무더운 모양.	7월도 안 됐는데 벌써부터 날씨가 푹푹 찐다.
5	자꾸 깊이 빠지거나 들어가는 모양.	진흙에 발이 푹푹 빠진다.
6	힘없이 자꾸 쓰러지거나 엎어지는 모양.	더위에 지친 병사들이 행군 도중에 푹푹 쓰러진다.
7	삽이나 숟가락 따위로 물건을 자꾸 많이씩 퍼내는 모양.	우리는 가마니에 소금을 푹푹 퍼서 담았다.
8	눈 따위가 많이 내려 수북하게 쌓이는 모양.	함박눈이 푹푹 내린다.
9	돈 따위를 아낌없이 쓰는 모양.	돈을 푹푹 쓰다.
10	분량이 자꾸 많이 줄어들거나 없어지는 모양.	요즈음은 생활비가 많이 들어서 은행 잔고가 푹푹 준다.
11	구멍으로 가루나 연기 따위가 자꾸 세차게 쏟아져 나오는 모양.	
12	입김이나 숨을 매우 크게 내쉬는 모양.	아버지가 무슨 걱정이 있는 듯 한숨을 푹푹 내쉬고 있다.

것이 적절할 듯하다. '푹푹'과 서술어 사이에 비약이 발생한다는 것이다. '푹푹'은 호응하는 말이 생략되며 마치 급박하게 출현한 것처럼 보인다. 화자는 눈이 내리고, 또 쌓이는 장면을 보며 이미 누군가 그 쌓인 눈을 밟고 오거나 아니면 자신이 눈을 밟고 어디로 가는 장면을 연상한다.

'누구'는 나타샤이며, '어디로'는 산골이다. 그는 나타샤와 산골로 가는 장면을 행복하게 상상한다. 즉 '푹푹'은 행복한 상상을 재촉하는 의미로 쓰인 것이다. 나타샤는 화자가 듣고 싶어 하는 "세상은 더러워서 버린다"는 말을 들려준다. 현실에서 결핍된 욕망을 상상에서 모두 채워주는 인물이 나타샤이다. 그러나 역설적으로 그 때문에 완벽한 행복은 깨지게 된다. 세상의 고뇌가 없는 곳으로 상정한 산골에서 다시 세상이 언급된다. 세상을 환기해야 세상과 분리되는 산골은 의존적이고 불완전한 공간이다. 현실은 토대가 불완전한 상상에 무시로 개입한다.

'푹푹 나리다/쌓이다'와 같은 낱말 사이에서의 비약은 백석의 시에서 드물게 나타난다. 그러나 이 시에서는 이를 한 번 더 찾을 수 있다. "힌당나귀도 오늘밤이 좋아서 응앙 응앙 울을 것이다"에서의 "응앙 응앙"이 그 예이다. '응앙응앙'이라는 의성어는 당나귀보다는 아기가 낼 법한 소리이다. 남녀가 세상을 등지고 산골로 간 뒤에 어디에선가 들리는 소리가 아이의 울음소리라면 이것은 축복의 의미를 띠면서 동시에 '푹푹'과 마찬가지로 뒤에 일어날 사건을 의성어를 통해 당겨 제시한 것이라 할 수 있다. 따뜻한 축복의 소리로 들리지만 완전히 행복한 모습을 떠올리기 어려운 이유도 여기에서 발생한다. 비약과 재촉이 이 행복을 마련했다. 또한 당나귀가 아기를 대신하여 울 때 축복은 고독과 함께 환기된다. 상상 속에서라도 화자는 차마 아기를 등장시키지 못하고 있다. 당나귀의 울음소리는 행복한 상상 한 쪽에 가난한 현실, 더러운 세상의 자리를 마련한다.

지금까지 눈을 둘러싼 의미를 헤아려 보았다. 흰 눈은 더러운 세상을 가리며 상상의 시공간을 마련했다. 그러나 곧 녹을 것이라서 그 순간은 일시적이고 불안했다. 한편, 눈은 이 시에서 '푹푹' 내리고 쌓이며 눈을 밟는 주체를 환기했다. 세상을 '빨리' 버리고 싶은 마음과 산골로 나타샤와 '빨리' 사라지고 싶어 하는 마음이 여기에서 드러났다. 이 재촉의 의미는 의성어 '응앙응앙'과 함께 더욱 강해졌다. 곧 녹아 사라질 운명을 알고 있기 때문에 행복한 순간을 급히 그려내고 싶어 하는 욕망이 '푹푹'과 '응앙응앙'에 담겨 있었던 것이다.

2) 이질적 사건의 인과성 : '나타샤를 사랑해서 오늘밤은 푹푹 눈이 나린다'

「나와 나타샤와 힌당나귀」에는 제1연부터 범상치 않은 구문이 등장한다. "이룰 수 없는 사랑에 관한 공상을 담은 절창"으로 이 시를 평가한 곽효환은 1연을 "아무런 인과관계가 없는 내가 나타샤를 사랑하는 일과 눈이 내리는 일을 묶"었다고 평가했다.13) "아름다운 연시의 한 경지를 열고 있"다고 평가한 신용목은 이 대목을 "눈이 내리는 자연적 현상을 '가난한 내가 아름다운 나타샤를 사랑하기 때문'이라는 주관적 체험으로 바꿔놓"았다고 했다.14) 곽효환의 인과관계가 없는 구절을 묶었다는 평가는 신용목의 자연현상을 주관적 체험으로 바꿔놓았다는 평가와 상응한다. 요약하자면 의미상 별개의 진술이 인과적 어미로 결속되어 있다는 것이다. 그 결과 시에서는 낭만적 사랑의 주술적 효과가 연출되고 독자는 첫 연부터 구절과 구절의 연결고리에 주목하게 된다.

---

13) 곽효환, 『한국 근대시의 북방의식』, 서정시학, 2008. 163-164쪽.
14) 신용목, 「백석 시의 현실 인식과 미적 대응」, 고려대박사학위논문, 2012. 104-105쪽.

1. 나는 가난하다.
2. 나는 아름다운 나타샤를 사랑한다.
3. 오늘밤은 푹푹 눈이 나린다.

첫 구문은 세 가지의 주술 관계로 이뤄진다. '나는 가난하다', '나는 아름다운 나타샤를 사랑한다', '오늘밤은 푹푹 눈이 나린다'. 첫 구문은 자신의 경제 상태를, 둘째 구문은 자신의 심리 상태를, 셋째 구문은 자신과 상관없는 자연 현상을 드러낸다. 어디에도 인과 관계가 형성되기 어렵다. '가난을 극복할 열정이 있기 때문에' 정도의 맥락을 첨가하면 '나'를 매개로 1과 2 사이에 인과 관계를 설정할 수도 있을 것 같다. 맥락을 첨가하더라도 인과 관계가 형성될 곳은 앞의 두 구문 사이이지, 뒤의 두 구문 사이는 아니라는 것이다. 그러나 시에서는 맥락의 첨가 없이 마지막 두 구문 사이에 인과 관계를 상정하는 어미를 사용한다. 결과는 다음과 같다. '나타샤를 사랑하기 때문에 오늘 밤에 눈이 내린다'.

이 구문은 의미상 이치에 닿지 않는다. 역설적으로 그렇기 때문에 사랑의 힘이 도드라진다. 앞의 두 구문이 묶였을 경우에는 사랑의 감정이 화자가 처한 처지와 대비되어 강조되지만 뒤의 두 구문이 묶일 경우에 사랑은 자연현상까지도 바꿔 놓는 힘을 발휘한다. 밖의 상황까지 변화시키는 사랑의 강도는 어미 하나를 특별하게 사용함으로써 확보된다. 자연은 나타샤와의 사랑에 집중할 수 있도록 눈을 내리게 하는 것으로 그에게 화답한다. 그의 사랑은 눈을 내리게 했고, 눈은 그에게 낭만적 상상을 제공했다. 많은 연구들이 주목한 지점도 여기이다. 부연이 필요해 보인다. 인과성을 대변하는 어미 자체를 낯설게 한 부분도 간과할 수 없다. '때문에', '해서', 등의 형식적 장치 자체도 이 구문에서 낯설게 보인다는 것이다.

여기에 더 주목하면 시의 의미도 일정 부분 바뀐다. 이 시는 '가난함'으로 대변되는 현실의 영향이 앞에만 나타나고 뒤에는 나타나지 않는 것처럼 보인다. 뒷부분에는 가난한 현실의 흔적이 없는 것일까. 내용에 주목하면 그렇다고 해야 할 것이다. 가난은 사랑으로 극복되었고, 이후의 진술은 사랑의 주술로 내리고 있는 눈 위에서 펼쳐진다. 그러나 인과 관계 표지 자체를 낯설게 한 것으로 이해하면 그렇다고 말하기 어렵다. 즉 저 구절은 사랑하기 때문에 눈이 온다는 말을 믿으라고 쓰인 동시에 사랑하기 때문에 눈이 온다는 말이 이상하다는 점을 드러내기 위해 쓰였다는 것이다. 이와 같은 맥락에서 가난은 진술의 배면에 깔리게 되며, 현실과 상상의 분할선은 교란된다. '상상 속 현실'과 '현실 속 상상'이 상정되는 것이다. 이 모습은 다른 구문 형식에서도 구현된다.

3) 삼인칭 청유형 어미 : '나타샤와 나는 산골로 가자, 마가리에 살자'

「나와 나타샤와 힌당나귀」에서 비문법적인 측면은 2연 후반부에서 가장 뚜렷하게 나타난다. "나타샤와 나는/눈이 푹푹 쌓이는밤 힌당나귀타고/산골로가쟈 출출이 우는 깊은산골로가 마가리에살자"는 두 문장으로 구성되어 있다. 앞의 문장에서 주어는 "나타샤와 나"이며 서술어는 "산골로가쟈"이다. 뒤의 문장 주어도 앞과 같다. 앞과 동일하기 때문에 생략된 것인데, 따라서 주어는 "나타샤와 나"이며, 서술어는 "마가리에 살쟈"이다.

1. 나타샤와 나는 눈이 푹푹 쌓이는 밤 흰 당나귀 타고 산골로 가자.
2. (나타샤와 나는) 출출이 우는 깊은 산골로 가 마가리에 살자.

청유형 어미 '~자'는 일인칭과 더불어 이인칭을 필요로 한다. 이인칭은

들는 사람이다. 거리가 멀거나 다른 시간에 놓여 있더라도 일인칭이 그렇게 여기면 이인칭이 된다. 그러나 나타샤는 여기에 해당하지 않는다. 그는 일인칭의 상상 공간, 생각 속에서 '사랑하는 대상'으로 상정되어 있다. 나타샤는 삼인칭인 것이다. 삼인칭인데 이인칭으로 불렸다는 점에서 이 구문은 비문이다. 그러나 이 비문의 형식을 거치며 나타샤는 이인칭이 된다. 나타샤는 문장 층위에서는 삼인칭이지만, 심리적으로는 이인칭의 자격을 획득한다. 즉, 생각 속의 인물이 바로 앞에 있게 되는 효과를 발휘하게 되는 것이다. 상상과 현실의 구분은 여기에서 지워진다. 이러한 결과를 고려할 때 이 구절은 비문법적인 표현이라고 말하기 힘들게 된다. 생각의 대상이 현실의 대상으로 바뀌는 순간, 즉 상상이 현실로 도약하는 이 구문을 비문이라 단정할 수 있을까. 이 순간, 나타샤는 눈앞에 현시되고, 서술의 시간과 이야기의 시간이 교차되고, 욕망은 환영의 옷을 입어 현실에 나타나고, 상상이 현실을 덮치게 된다.

그렇다면 상상은 현실의 누추함을 외면한 채 펼쳐지는 것인가. 낭만적이고 자족적인 연가가 그 뒤에 이어지는 것인가. 사정은 그렇지 않다. 나타샤는 현실의 흔적을 안고 등장한다. 가령 3연의 "나는 나타샤를 생각하고/나타샤가 아니올리 없다"를 보면 화자의 생각 속에 여전히 나타샤가 있다. 현실이 지워지지 않은 것이다. "언제벌서 내속에 고조곤히 와 이야기한다/산골로 가는것은 세상한테 지는것이아니다/세상같은건 더러워 버리는 것이다"에서도 이야기 내용 속에 나타샤의 말이 있다. 이야기하는 상황 자체가 지워지지는 않은 것이다.

나타샤는 화자가 듣고 싶어 하는 말을 하는 존재이며 상상 속에서 사랑하는 대상이다. 그와 함께 가고 싶은 곳은 '마가리'로 대변하는 산골이다. 그곳은 '더러운 세상' 반대편에 있다. 시의 내용에 주목하면 산골에서 당나귀의 울음소리를 들으며 행복하게 나타샤와 함께 오래 살 수 있을 것 같다.

그러나 현실의 흔적을 상기해 보면 산골로 가도 나타샤가 없으리라는 것을 그도 알고 있는 것 같다. 나타샤는 환영이자 욕망의 충족 대상이다. 나타샤는 그러므로 사랑을 대변하면서 동시에 고독을 입증하는 존재이다. 나타샤는 상상에서 사랑을 완성하지만 현실에서는 고독을 완성한다. '가난한 현실'은 2연 이후에 다시 명시되지 않지만, 이곳저곳에서 그 위력을 드러낸다.

4) 절대적 존재의 상대성 : '나타샤를 사랑은 하고'

「나와 나타샤와 흰당나귀」는 체언 몇 개와 용언 몇 개가 짝을 이뤄 반복하며 변주되는 단순한 형태를 지녔다. 구절이 반복되면 익숙해지고, 변주되면 기묘해진다. 익숙함과 기묘함의 정서는 시의 전언이 아닌 시어의 형태에서 비롯하는 것이다. 이를 리듬의 효과라고 말할 수 있을 것이다. 특정한 요소의 반복과 변주는 리듬을 형성하고, 리듬은 형태적인 요소에 머물지 않고 의미 생성에 관여한다. 이 시에서는 크게 '눈은 푹푹 내리다(쌓이다)'와 '나는 나타샤를 사랑하다(생각하다)'가 반복되며 변주되고 있는데, 두 진술은 각자 별개로 보이지만 더 작은 단위 '은/는'의 매개로 서로 관여하며 의미 생성에 동참한다.

1연 3행 : 오늘밤은 푹푹 눈이나린다
2연 1행 : 나타샤를 사랑은하고
2연 2행 : 눈은 푹푹 날리고
2연 3행 : 나는 혼자 쓸쓸히 앉어 燒酒를 마신다
2연 5행 : 나타샤와 나는

2연 6행 : 눈이 푹푹 쌓이는밤 힌당나귀타고

2연 7행 : 산골로가쟈 출출이 우는 깊은산골로가 마가리에살쟈

3연 1행 : 눈은 푹푹 나리고

3연 2행 : 나는 나타샤를 생각하고

3연 5행 : 산골로 가는것은 세상한테 지는것이아니다

3연 6행 : 세상같은건 더러워 버리는것이다

4연 1행 : 눈은 푹푹 나리고

4연 2행 : 아름다운 나타샤는 나를 사랑하고

'은/는'은 열세 행에 등장한다. 총 열아홉 행의 시에서 칠 할에 가까운 비중을 차지하고 있다. 2연의 경우에는 '은/는'이 기준이 되어 행까지 나뉠 정도로 리듬 형성의 주축 역할을 맡고 있다. 시에서 '은/는'은 체언을 수식하는 관형형 어미, 용언의 활용형 어미, 격을 표시하는 조사 등으로 나뉜다. 이중에서 특별히 주목할 부분은 격을 표시하는 조사이다. 격을 표시하는 경우 대개는 주격을 담당하는데, 처음 등장하는 1연 3행 "오늘밤은 푹푹 눈이나린다"와 2연 1행 "나타샤를 사랑은하고"는 예외이다. 첫째 예 '오늘밤은'은 '오늘밤에는'의 준말이다. 부사어이지만 주격처럼 보이는 것이 특징이다. 입말에서 흔히 보이는 현상이다. 둘째 예, "사랑은하고"의 '은'은 한정하는 의미를 지닌 보조사이자 유일한 목적격이다. 이 부분은 맥락상 이해하기 힘들다.

2연에서는 조사의 활용을 통한 감정의 변화 표출이 돋보인다. '나타샤를 사랑은 하고'에서 사랑 뒤에 붙은 조사인 '은'은 없어도 될 말을 일부러 붙인 것이다. 강조의 의미를 지닌 '은'이라는 조사가 붙음으로써 화자의 마음속에서 일렁이는 사랑의 감정이 주체할 수 없을 만큼 크다는 것을 느끼게 한다. 이어 그 다음 행의 '눈은 내리고'에서 또 '은'이라는 강조를 나타내는 조사가 구사된다. '이'와

'가'는 단순히 주격을 표시하는 조사이지만 '은'과 '는'은 강조를 나타내는 주제어이다. 그래서 '눈이 내리고'라고 말했으면 단순히 눈 내리는 사실만을 지시했겠지만, '눈은 내리고'라고 말함으로써 눈 내리는 상황이 한층 강조된다. 나타샤를 향한 사랑의 마음이 주체할 수 없이 강렬하게 솟구치는데, 거기에다 눈까지 푹푹 내림으로써 화자의 마음이 더욱 애틋하고 짙은 감상에 젖지 않을 수 없음이 조사의 사용으로 생생히 드러나는 것이다.15)

고형진은 시에 쓰인 '은/는'을 강조로 보았다. 그에 따르면 목적어로 쓰인 "나타샤를 사랑은 하고"에서의 '은'은 "화자의 마음속에서 일렁이는 사랑의 감정이 주체할 수 없을 만큼 크다"는 것을 강조하고, 다음 행 "눈은 내리고"의 '은'은 "눈 내리는 사실만을 지시"하는 '눈이 내리고'와는 달리 "더욱 애틋하고 짙은 감상에 젖지 않을 수 없음"을 드러낸다.

이처럼 「나와 나타샤와 힌당나귀」에 쓰인 모든 '은/는'은 강조를 뜻한다. 그러나 '은/는'이 주격에 있을 때의 잠재적 비교 대상인 '이/가'나, 목적격에 있을 때의 잠재적 비교 대상인 '을/를'도 강조를 뜻하는 경우가 있다. '(다른 사람이 아닌) 내가 (다른 것도 아닌) 그것을 한다'와 같은 문장의 '내가'와 '그것을'이 이에 해당한다. 강조를 뜻하되 이들과 변별되는 기제가 무엇인지, 거기에 어떠한 의미가 담겨 있는지 살피는 과정이 요청된다.

    1) 나타샤를 사랑한다.
    2) 나타샤는 사랑한다.
    3) 나타샤를 사랑은 한다.
    4) 나타샤를 사랑을 한다.

---

15) 고형진, 『백석시 바로 읽기』, 현대문학, 2006, 343~344쪽.

2연 1행의 "나타샤를 사랑은하고"의 구문과 비교할 수 있는 경우의 수는 네 가지이다. 1)과 2)와 3)과 4)는 모두 화자의 의도를 강조할 수 있으나 목적어 '을/를'이 쓰인 1)과 4)의 경우, 발화 순간 그 목적어를 대체할 수 있는 대상이 전제되어 있지 않다는 특징이 있다. 발화 순간 격조사 앞에 있는 대상은 절대적인 것으로 인식되며, 발화가 된 다음에야 다른 선택지가 잠재적으로 환기된다.16) 가령 1) '나타샤를 사랑한다'의 경우에는 '나타샤'에, 4) '사랑을 한다'의 경우에는 '사랑'에 절대성이 부여된다. 말하는 순간 이 두 대상은 선택을 독점한다. 발화된 다음에야 비로소 환기되는 다른 대상들은 오히려 이것들의 절대성을 강조하는 데 활용된다.

---

16) 오현정, 「보조사 {은/는}과 주격조사 {이/가}의 교수·학습방법 연구」, 『한국어 의미학』 35, 2011, 197-210쪽; 유현경·양수향·안예리, 「영어권 중·고급 학습자를 위한 조사 '가'와 '는'의 교수 방안 연구」, 『이중언어학』 34, 2007, 288쪽. 이 연구들은 '주격'에 해당하는 것이고, 백석의 시 구절은 '목적격'에 해당한다. 그러나 연구가 주목하고 있는 차이가 주격과 목적격 사이에서 발생하는 것이 아니라 격조사와 보조사의 사이에서 발생하는 것이므로 이 글에 대입하고자 한다. 오현정은 보조사와 격조사의 차이에 대해 선택항의 전제 여부를 기준으로 '강조'와 '초점'으로 설명했다. 이 글에서는 이 결과를 기반으로 '상대성, 절대성'이란 명칭을 사용한다. 오현정의 연구에서도 밝혔듯이 용어의 "구분이 모호"하기도 하거니와 「나와 나타샤와 흰당나귀」에서는 '상대/절대'의 구분이 대조되는 문맥을 더욱 뚜렷하게 한다고 판단했기 때문이다. 이 용어는 '강조/초점'과 같은 맥락으로 쓰인 것이다.
오현정의 모델은 복합적으로 고려해야 할 여러 상황을 학습자의 수용가능성을 고려하여 단순화했다. 참고로 "이를 적용하여 학습한다는 것은 쉬운 일이 아닐 것"이라고 하며 제시한 참조 모델은 아래와 같다. 출처는 유현경·양수향·안예리의 연구이다. 이 그림을 따르면 보조사와 격조사의 구분 기준과 특성은 각각 '의미 층위,' '통사 층위,' '화용 층위' 등으로 다시 나누어 고려해야 한다. 그림 중 시의 해당 구절을 분석하는 데 필요한 항목은 A(특별히 그것을 지정하였는가), B(대조인가), D(신정보인가)이다.

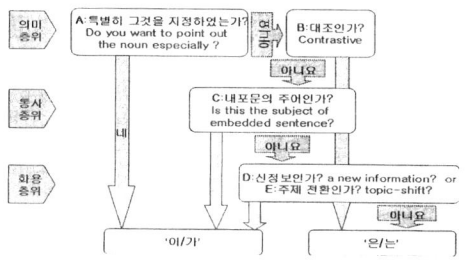

2)와 3)의 경우, 한정과 배제의 의미를 지닌다. 이 한정 보조사는 발화 순간 다른 여러 선택지가 전제되어 있기 때문에 상대적이라 할 수 있다. 전제된 여러 선택항 중에서 하나를 고르는 의미가 큰 것이다. 문맥에 따라 예외가 있지만 선택되는 후보군은 목적어뿐만 아니라 서술어에 조성되는 경우가 많다.17) 2) '나타샤는 사랑한다'에서 '는'은 나타샤뿐만 아니라 그 외의 인물을, '사랑하다'뿐만 아니라 '사랑하지 않다'를 고려 대상으로 상정한다. 3)의 경우도 '나타샤'와 '사랑' 모두 대체 가능한 항목이라 할 수 있다. 2)와 3)에서 '나타샤 이외의 인물을 사랑한다' 또는 '나타샤를 사랑하지 않는다' 등의 구문이 선택 받지 못했으나 전제되어 있었던 것이다.

그러므로 시의 구절 "나타샤를 사랑은 하고"가 지닌 의미는 문맥과 어긋난다. 그는 가난하다. 나타샤는 그러한 그를 위로해줄 절대적 존재이다. 그러한 나타샤를 대상으로 그 이외의 사람이나, 사랑하지 않음을 전제로 두는 '는'이 사용된다. 화자의 태도가 오만해 보이기까지 한다. 맥락을 참조하면 '나타샤를 사랑하고'나 '나타샤를 사랑을 하고'가 적절해 보인다.

다른 해석이 필요하다. 혹시 그가 전제로 두었던 선택항이 사람이나 상태가 아니라 상황, 즉 '나타샤가 없는 상황'이나 '나타샤를 사랑할 수 없는 상황'은 아닌가. 나타샤가 없기 때문에 사랑할 수 없는 상황은 가난한 '나'가 홀로 있는 현실이다. 즉, '나타샤를 사랑하는 상상'과 '나타샤를 사랑할 수 없는 현실'의 항목 중 앞을 선택한 경우 시에서 쓴 표현은 납득할 수 있게 되는 것이다. '나타샤를 사랑은 하고'는 '나타샤를 사랑은 하지만 나는 지금 홀로 있고'를 줄인 표현으로, 그 뒤에 '눈은 푹푹 날리고'는 '언젠가는 그치고 녹을 터이지만 어쨌건 지금 눈은 내리고'를 줄인 표현으로 읽는다. "나는 혼자 쓸쓸히 앉어 燒酒를 마신다"가 뒤이어 제시된 까닭도 이와 같은 독법

---

17) 김미형, 「조사 '이/가'와 '은/는'의 기본 전제와 기능 분석」, 『담화와 인지』 18(3), 2011, 23-64쪽; 김미형, 「목적어 자리 '을/를,' '은/는,' 무표지 'Ø'의 대립적 특성 분석」, 『담화와 인지』 19(2), 2012. 1-18쪽.

에서는 명확해진다. 상상에서 현실로 급격히 전환하는 것이 이 구절의 역할이 아니다. 상상 속에 잠재되어 있던 위력적인 현실이 여기에서 부상한다. 가난은 눈으로도 나타샤로도 지워지지 않는다. 상상을 펼쳐도 그것은 사라지지 않는다. 그의 선택으로 현실은 가려졌으나, 현실은 그 선택에 보조사 '은'의 흔적을 남겼다.

「나와 나타샤와 힌당나귀」의 시적 의미들은 주요 전언뿐만 아니라 형식적 장치에서 생성된다. 비문법적인 표현에는 그렇게 표현될 수밖에 없는 이유가 담겨 있다. 맥락을 벗어난 의성어·의태어의 활용, 별개의 진술에 인과성을 부여하는 어미, 청유하는 대상에 이인칭 대신 들어선 삼인칭, 절대적인 존재에 상대성을 부여한 보조사 등은 문맥과 어법에 어긋나는 장치이다. 하지만 이 어긋나 있는 곳에서 남루한 현실의 흔적이 그 모습을 드러낸다. 즉 이 현실의 개입이 화자를 상상의 공간에 완전히 몰입하지 못하도록 막는다.

4. 나가며

이상으로 백석의 「나와 나타샤와 힌당나귀」의 개성을 탐색해 보았다. 백석의 대표시 「나와 나타샤와 힌당나귀」에서는 백색 이미지가 가난한 현실과 행복한 상상을 구분하였다. 상상은 현실과 달리 사랑이 이뤄지는 시공간으로 연출되었다. 그러나 상상은 곧 녹을 '흰 눈' 위에 펼쳐졌다. 현실은 사랑의 공간에 개입하여 흔적을 남긴 것이다. 현실의 위력은 내용에만 그치지 않았다.

화자는 눈을 밟을 때 쓰는 수식어 '푹푹'을, 빨리 쌓이라고 재촉하듯이 눈이 '내릴' 때 활용한다. 또한 1연에서는 눈이 내리는 자연현상의 원인을 나타샤를 사랑하는 화자의 심정에 두었다. 2연에서는 삼인칭을 대상으로 이인칭과 호응하는 청유형 어미를 사용했다. 생각 속의 나타샤는 움직이지 못하는데, 그에게 산골로 가자고 청한 것이다. 무엇보다 화자에게 절대적 존재인 나타샤를 대상으로 상대적 존재로 여길 때 쓰는 조사를 붙여 하찮게 보이게 했다. 즉 사랑을 베푸는 것처럼 나타샤를 대한 것이다. 이처럼 납득하기 힘든 진술은 그러나 틀린 진술로 귀결되지 않는다. 그렇게 표현될 수밖에 없는 필연적인 이유가 그 안에 내포되어 있었다. 문맥과 어법에 어긋나는 곳에는 어김없이 남루한 현실의 흔적이 모습을 드러냈다. '더럽고 가난한' 현실이, 행복한 상상에 불안을 제시하고 문맥과 어법에 위반되는 말을 등재시킨 것이다. '위태로운 행복'을 연출하는 「나와 나타샤와 힌당나귀」에는 지속적으로 현실과 상상의 분할선이 교란되어 있다. '상상 속 현실'과 '현실 속 상상'이 그 안에 노정되어 있는 것이다.

애매성의 경계 : 서정주의 「멈둘레꽃」

1. 「멈둘레꽃」의 불투명성

미당 서정주(1915-2000년)의 초기 시 「멈둘레꽃」은 주목할 만한 시이다.[1]

---

[1] 서정주는 (1) 『화사집(花蛇集)』(남만서고, 1941), (2) 『귀촉도(歸蜀道)』(선문사, 1948), (3) 『서정주(徐廷柱) 시선(詩選)』(정음사, 1956), (4) 『신라초(新羅抄)』(정음사, 1961), (5) 『동천(冬天)』(민중서관, 1968), (6) 『질마재 신화(神話)』(일지사, 1975), (7) 『떠돌이의 詩』(민음사, 1976), (8) 『서(西)으로 가는 달처럼……』(문학사상사, 1980), (9) 『학(鶴)이 울고 간 날들의 시』(소설문학사, 1982), (10) 『안 잊히는 일들』(현대문학사, 1983), (11) 『노래』(정음사, 1984), (12) 『팔할이 바람』(혜원출판사, 1988』, (13) 『산시(山詩)』(민음사, 1991), (14) 『늙은 떠돌이의 시』(민음사, 1993), (15) 『80소년 떠돌이의 시』(시와 시학사, 1997) 등 15권의 시집을 출간했다. 『미당시전집1』(민음사, 1994)의 연보에는 13시집까지 소개되었으나 여기에서는 그 후에 나온 시집 2권을 보탰다. 그러나 1994년 서정주는 자선 시선집에서 "내 나이 80에, 다시 한 번, 내가 일생 동안에 써 온 15권의 시집 가운데서"(『민들레꽃』, 정우사, 1994)라는 언급을 한 적이 있다. 이 글은 1994년까지 발간된 그의 시집을 14권으로 보고 있으나, 그는 15권으로 보고 있는 것이다. 그의 의견을 따르면 그 이후에 나온 시집까지를 포함하여 16권의 시집이 발간된 셈이다. 이 글은 그의 육성에도 불구하고 서정주 연구의 정전으로 인식되는 『미당시전집1』과 미당시문학관 홈페이지의 발간 시집 목록(http://www.seojungju.com/pds/start.asp)에 소개된 시집 발간 횟수와 연도가 일치한다는 점에 주목하여 그 의견을 따랐다.

「자화상自畵像」, 「화사花蛇」, 「동천冬天」, 「국화 옆에서」 등 그동안 서정주의 대표시로 언급되었던 시편들을 두고 상대적으로 덜 조명 받았던 「멈둘레꽃」을 선택한 까닭은 크게 두 가지이다.

첫째, 이 시에 대한 직·간접적인 언급 때문이다. 서정주는 노년에 자선自選 시집을 발간하면서 '머리말'에 "내 나이 80에, 다시 한 번, 내가 일생 동안에 써 온 15권의 시집 가운데서 200여 편을 골라 '민들레꽃'이란 이름으로 이 한권의 시선집을 내기로 했다"고 적었다.2) 여기에서 '민들레꽃'은 발표 당시의 「멈둘레꽃」을 가리키는데, 그가 시단의 평가보다는 이 시편에 조금 더 애정을 가졌다는 것을 자선 시집 제목의 호명으로 미루어 짐작할 수 있다. 이 애정의 근거 중 한 단면은 유종호의 언급에서 확인된다. 그는 「멈둘레꽃」을 "「문둥이」와 「맥하麥夏」를 아우른 듯한" 시편이라 평하며 그 가치를 높게 보았다.3) 「문둥이」가 첫 시집에서 수록되었고 「맥하」가 둘째 시집에 수록되었다는 사실을 상기하면, 초기 시편들을 관류하는 특징을 「멈둘레꽃」이 지니고 있다고 파악한 것이다.

유종호는 이어서 「멈둘레꽃」이 텍스트 분석 대상으로서 적절하다고 판단하는 근거를 제시한다. "의미론적 연관에서 어떤 불투명성이 따르고 있으며" 이것이 "이 작품에 <시적인 것>을 첨가"하고 있으나, 또 "이 불투명성이 불확정성의 매력으로 남아 있지만 그것이 지나치면 작품의 취약성으로 마무리될 것"이 대략적인 그의 평이다.4) 이처럼 유종호는 가정형으로 말을 마무리하며 이 시의 가치에 대한 판단을 유보한다. 그의 논지를 따르면 작품의 가치를 높이는 것이 '적절한 불확정성'이라면, 낮추는 것은 '과도한 불투명성'이다. 좋은 의미에서의 '불확정성'은 일반 언어의 명확한 의사소통의 특

---

2) 서정주, 『민들레꽃』, 정우사, 1994, 5쪽.
3) 유종호, 「시적이라는 것」, 유종호, 최동호 편저, 『시를 어떻게 볼 것인가』, 현대문학, 1995, 26-28쪽 참조.
4) 유종호, 앞의 글, 28쪽.

성을 기반으로 하여 의미를 다층적으로 생성하는 문학 언어의 '애매성'을 염두에 둔 발언이다. 이때의 '애매성'은 두루 통용되는 보편성을 기반으로 할 때 생겨난다. 반면 나쁜 의미에서의 '불투명성'은 명확한 의사소통이나 보편성을 기반으로 하지 않기 때문에 배타적인 특수성의 영역 안에 놓인다. 시들은 텍스트가 계속해서 의미를 생성하기 때문이 아니라 명확함, 보편성의 영역에서 이탈했기 때문에 이해하기 힘들어진다. 유종호의 시각에서는 불확정성과 불투명성의 경계에 놓인 시가 「멈둘레꽃」이다. 연구자의 시각에 따라 평가가 갈라질 수 있는 시가 「멈둘레꽃」인 것이다.

둘째, 「멈둘레꽃」의 분석이 서정주 시가 지닌 의미를 풍부하게 할 수 있다고 보기 때문이다. 최현식이 제기했던 서정주 시 텍스트 판본과 관련된 혼란과 그에 따른 '판본 연구의 필요성' 논의, 황현산이 제기했던 '시와 삶의 연관성'에 대한 논의가 이러한 판단을 내리는 데 도움을 줬다. 최현식은 그의 글에서 서정주가 한국의 대표 시인이고 그에 걸맞게 420편이 넘는 미당론이 제출되었으나, 수많은 오류가 시집, 시선집, 전집 등에 나타나고, 그로 인해 시의 정본뿐만 아니라 연구의 정확성을 의심하지 않을 수 없다는 문제점을 제기했다.5) 그의 지적은 '원전비평'과 '판본비교'로 요약할 수 있는데, 그 예로 그는 시집 발간 연도마저 제대로 기입하지 못하는 서정주의 여러 시전집과 시선집의 현황을 제시한다. 그에 따르면 지금까지 미당 시들의 정본으로 인식되어 오는 『미당시전집』(민음사, 1994)의 모태 역할을 하며, 1983년부터 1991년에 걸쳐 발간된 『미당서정주시전집』도 여러 부정확한 사실들을 내포하고 있다. 이어서 그는 「자화상」과 「부활」의 구체적인 혼란상을 예로 들고 있다. 이들 시는 판본에 따라 연과 행, 특정 시어와 관련하여 커다란 편차를 드러내는데, 그는 각각의 문제점을 짚어본 뒤 여러 논거로 진본의 형

---

5) 최현식, 「서정주 시 텍스트의 몇 가지 문제」, 『서정주 시의 근대와 반근대』, 소명출판, 2003, 313-315쪽.

태를 상상하며 글을 마친다.

　최현식의 판본과 관련한 문제 제기는 유종호가 유보한 「멈둘레꽃」에 대한 가치 평가를 재개하도록 돕는다. 특정 시집 판본을 대상으로 한 분석에서 헤아리기 힘들었던 의미들은 판본 비교를 통한 분석에서 선명해질 수 있다. 이 글이 「멈둘레꽃」을 대상으로 판본 비교를 하려는 까닭도 중단된 해석을 조금 더 개진하려는 데에 있다. 이처럼 최현식이 전개한 논의는 이 글의 논의를 추동한다. 하지만 그의 논의 전개 방식이 이 글과 일치한다고 보기는 힘들다. 그는 대상 텍스트의 정본을 확정하기 위해 옳은 것과 그른 것을 가르며 논의를 전개하였다. 이 글은 각 판본이 지닌 차이의 원인을 추정하는 데에 초점을 맞춘다. 최현식과 이 글이 취하고 있는 시각의 차이는 텍스트의 선택과 무관하지 않다. 우연보다는 필연이 더 개입되어 있는 듯한 「멈둘레꽃」의 판본 차이는 수정한 시인의 의도가 개입되어 있다는 것을 환기하며 연구자가 그 차이의 근거를 추적하도록 유도하고 있기 때문이다. 판본의 차이에 서정주의 의도가 개입되어 있고 그 의도가 서정주의 시작 전개 방법의 한 단면을 드러낸다는 가설을 세웠을 때, 서정주의 시적 이력의 방향성을 탐지하는 데에는 서정주의 시와 삶을 연관시켰던 황현산의 언급이 도움을 준다.

　서정주 연구는 시와 삶의 이력이 갈등을 일으키고 있다는 점에서 여느 시인의 시 연구와 방향을 달리한다. 문학 연구에서 전기적인 연구는 대개 작품 이해의 폭을 넓고 깊게 하는 데 보족적인 역할을 담당한다. 하지만 서정주의 경우 체제 편향적인 삶의 이력 때문에 전기적인 생애는 작품의 가치 평가와 충돌을 빚어왔다. 정치적 삶을 배제하고 시를 평가해야 한다는 옹호의 말도, 실제 삶뿐만 아니라 시도 발군이라고 하기 어렵다는 비판의 말도, 시와 삶이 별개라는 인식에서 비롯한 것들이다.6) 황현산은 이 시 연구의 예외적인 상

---

6) 구모룡, 「초월 미학과 무책임의 사상」, 『포에지』, 2000년 겨울호, 20-32쪽.

태를 정상적인 상태로 돌려놓으려 했다. 그는 『화사집花蛇集』에서 보이는 서정주의 초기시에 사투리라고 볼 만한 것이 없었다고 우선 지적한다. 그에 따르면 초기시 『화사집』의 「바다」는 "현대의 철자법에 들어맞지 않는 철자들은 적지 않지만 사투리라고 딱히 꼬집어서 말할 수 있는 낱말은 없다" 하지만 "『동천冬天』을 뒤이은 『질마재 신화神話』에 이르러 서정주의 시는 가위 방언의 시대를 열며, 이후의 시집들, 특히 『안 잊히는 일들』이나 『팔할이 바람』 같은 자전시집과 여러 산문시에 방언적 정서는 시적 서정을 대신한다."7) 또한 그는 「국화 옆에서」에 대해서는 임우기의 분석을 토대로 시에 표준어 '이제는'이 아니라 사투리 '인제는'이 쓰인 결과 "인습적 감정의지 아래 논리와 시비를 건너 뛸 수 있는 힘까지 거기에 덧붙여" 주는 효과를 발휘한다고 말하기도 하였다.8) 그는 다른 지면에서 간명한 결론을 내린다. "미당의 시 세계는 책임없이 아름답다."9)

'무책임한 아름다움'은 정서적인 친연성의 영역 내에서는 옳고 그름을 따지는 일이 중요하지 않으며 그 안에 서정주의 시가 있다는 견해에서 비롯된 것이다. 여기에서 사투리와 표준어가 지닌 특성은 각각 감정과 이성, 무책임과 책임, 특수성과 보편성에 대응된다. 두루 쓰이는 표준어가 보편성을 대변하는 것이라면, 사투리는 한 지역에서만 통용되는 친연성과 그 이외의 지역에 대한 배타성을 동시에 지녀 특수성에 대응한다. 황현산에 의하면 서정주의 시는 시간이 지날수록 '무책임함'이 더해지며 보편성에서 특수성으로 나아간다. 방언의 확장에서 제기되었던 그 특수성, 무책임성을 이 글은 「멈둘레꽃」의 판본 변화에서도 확인할 수 있다고 보고 있다. 서정주 자신이 암시했던 「멈둘레꽃」의 가치, 유종호가 환기했던 '적절한 불확정성'과 '과도한 불투명성,' 최현식이 제기했던 판본 문제의 중요성, 황현산이 언급했던 '책임

---

7) 황현산, 「시적 허용과 정치적 허용」, 『포에지』, 2000년 겨울호, 7-19쪽.
8) ──, 위의 글, 11쪽. 임우기의 언급도 황현산의 이 글에서 재인용했다.
9) ──, 「서정주의 시세계」, 『말과 시간의 깊이』, 문학과지성사, 2002, 476쪽.

없는 아름다움' 등을 종합적으로 고려하며 이 글은 「멈둘레꽃」을 분석하려고 한다.

2. 판본 비교

　서정주의 시집은 성향에 따라, 초기는 1시집 『화사집花蛇集』부터 2시집 『귀촉도歸蜀道』, 중기는 3시집 『서정주徐廷柱 시선詩選』부터 5시집 『동천冬天』, 후기는 6시집 『질마재 신화神話』 이후부터로 나뉜다. 영원성과 현실성이 길항하는 그의 시편에는 각각의 특성들이 함께 들어 있으나, 주로 나타나는 성향을 기준으로 요약하자면 「자화상自畵像」(『화사집』)의 현실성에서 「동천」의 영원성을 거쳐 『질마재 신화』의 부족 설화로 그의 시 세계가 전개되었다고 할 수 있을 것이다.10)

　「멈둘레꽃」은 1948년에 발간한 2시집 『귀촉도』에 실려 있다. 이 시집의 출간 시기는 1시집 『화사집』(1941년)보다 7년 늦다. 하지만 「멈둘레꽃」은 시집에 실리기 전 잡지 『삼천리三千里』에 「문둘레꽃」이란 제목으로 발표된 적이 있다. 이때가 첫 시집 발간 시점에서 두 달이 지난 1941년 4월이다. 이 시가 1시집 발간 시기와 비슷한 때에 창작되었다는 점과 2시집에 수록되었다는 점은, 비록 그 사이에 광복과 같은 격변의 시기가 놓여 있음에도 불구하고 이 시를 초기 시편을 '아우르'면서 동시에 가교 역할을 하고 있다고 보이게 한다. 이후 「멈둘레꽃」은 시선집과 시전집에 두루 실리는데, 형태와 내용

---

10) 이성우, 「서정주 시의 영원성과 현실성 연구」, 고려대대학원 석사논문, 2000, 8-13쪽 참조.

의 차이를 드러내는 판본을 대상으로 출전과 시제목을 제시하면 다음과 같다.

1. 「문둘레꽃」, 『삼천리』 13권 4호, 1941년 4월 1일.
2. 「멈둘레꽃」, 『歸蜀途』, 선문사, 1948년.
3. 「밈드레꽃」, 『서정주시선』, 정음사, 1956년.
4. 「민들레꽃」, 『서정주전집』, 일지사, 1972년.
5. 「멈둘레꽃」, 『미당서정주시전집』, 민음사, 1983년(『미당시전집 1』, 1994년)

「멈둘레꽃」은 네 번 정도 이전의 판본과 형태상 큰 차이를 보인다. 이 밖에도 「멈둘레꽃」이 수록된 많은 시선집이 있으나, 독자들에게 널리 읽히게 하기 위해 표준어로 제시한 판본을 제외하면 이들은 대개 『미당서정주시전집』의 표기를 따른 것이다.

「멈둘레꽃」의 세부적인 형태상의 차이를 짚어보기 전에 먼저 확인해야 할 것은 각 판본별 특징이다. 이 특징은 「멈둘레꽃」 한 편에만 한정되는 것이 아니라 각 시집에 수록된 모든 시편에 통용된다. 먼저 비록 시집이 아니지만 1판본의 경우, 1933년 제정된 맞춤법 통일안이 적용되지 않았기 때문인지 띄어쓰기나 표기가 자의적으로 쓰였다. 1판본의 시에 띄어쓰기 규정을 따르지 않은 형태가 제시되어 있더라도, 이 점을 염두에 두면 실험적이거나 다른 의도가 개입했다고 판단해서는 안 될 것이다.

4판본은 창작 시기의 역순으로 시를 묶은 편집 방침 외에도 시집의 표기가 모두 표준어에 맞춰 수록되었다는 특징이 있다.11) 유종호가 서정주를 '부족 방언의 마술사'라고 호명한 까닭을 이 전집에서는 감지할 수 없다. 편집 방침에 따라 바뀐 표기를 염두에 두지 않고, 황현산이 지적했던 서정주 후기

---
11) 최현식, 앞의 글, 314-315쪽.

시의 특징인 방언 사용과 배타적인 특수성이 이 시집에는 사라지고 보편성이 확보되었다고 판단해서도 안 될 것이다.

정본으로 인식되고 있는 5판본은 최초 발간 시집의 표기를 따르고 있다는 특징이 있다. 최초 발간 시집이 방언을 쓰고 있으면 이 전집에도 방언이 쓰이고 있는 것이다. 이와 같은 결정을 서정주가 했는지 편집자가 했는지는 확인하기 어렵다. 어쨌든 이상 언급했던 판본별 특성은 개별 시편의 차이에서 생겨나는 의미를 파악할 때 고려해야 할 전제들이다.

> 바보야 하이얀 문둘레가 피였다
> 네눈섭을 적시우는 룡천의 하눌밑에
> 히히 바보야 히히 우숩다
> 사람들은 모두다 남사당派와같이
> 허리띠에 피가묻은 고이안에서
> 들키면 큰일나는 숨들을 쉬고
> 그어디 보리밭에 자빠졌다가
> 눈도 코도 相思夢도 다없어진후
> 燒酒와같이, 燒酒와같이
> 나도 또한 나라나서 공중에 푸를리라.12)

위의 인용시는 최초 발표 지면 1판본에 수록된 형태이다. 시 제목은 「문둘레꽃」이다. 1판본의 특징은 무엇보다도 한 연으로 전체시가 이뤄졌다는 점이다. 연 구분 없이 단연으로 된 이 시의 연 형태는 이후 드러나는 연의 구분에 서정주의 의식이 개입되어 있다는 것을 일러준다. 비중은 앞의 특징보다는 적지만 더불어 주목할 점은 마침표가 제일 마지막 10행 끝에만 찍혀

---
12) 서정주, 「문둘레꽃」, 『삼천리(三千里)』 13권 4호, 1941년 4월.

있다는 것이다. 뒤의 판본에서 "공중"으로 제시되는 10행의 "공충" 표기는 특별한 뜻을 지니고 있지 않아 오식으로 보인다. 이를 기준으로 2. 3. 4. 5. 판본의 차이를 표로 제시하면 다음과 같다. 1판본 항목에 제시된 행 표시가 이후 판본의 기준이 된다.

	1. 『삼천리』 13권 4호, 1941년 4월.	2. 『歸蜀途』, 선문사, 1948년. 5. 『미당서정주시전집』, 민음사, 1983년(『미당시전집1』, 1994년)	3. 『서정주시선』, 정음사, 1956년.	4. 『서정주전집』, 일지사, 1972년.
제목	「문둘레꽃」	「멈둘레꽃」	「밈드레꽃」	「민들레꽃」
표기	1행 : '하이얀' '문둘레' '피였다' 2행 : '눈섭' '룡천' 3행 : '우숩다' 4행 : '남사당派와같이' 5행 : '허리띄' '고이' 10행 : '나라나서' '공충'	'하이얀' '멈둘레' '피였다' '눈섭' '용천' '우숩다' '남사당派와같이' '허리띠' '고이' '나라나서' '공중'	'하이연' '밈드레' '피였다' '눈섭' '용천' '웃읍다' '남사당派와같이' '허리띠' '고이' '날아나서' '공중'	'하이얀' '민들레,' '피였다' '눈썹' '문둥病' '우습다' '남사당패같이' '허리띠' '고의' '날아나서' '공중'
띄어쓰기	2행 : '네눈섭,' '하늘밑에' 4행 : '모두다' 5행 : '고이안에서' 8행 : '다없어진후'	'네 눈섭' '하늘밑에' '모두다' '고이안에서' '다 없어진후'	'네 눈섭' '하늘밑에' '모두다' '고이안에서' '다 없어진후'	'네 눈썹' '하늘 밑에' '모두 다' '고의 안에서' '다 없어진 후'
연구분	전체 1연	총 4연 3행과 4행 사이 6행과 7행 사이 8행과 9행 사이	총 3연 3행과 4행 사이 6행과 7행 사이	3판본과 동일
구두점	9행 : '燒酒와같이, 燒酒와같이' 10행에만 마침표	1행 마침표 3행 마침표 9행 쉼표 없음 10행 마침표	1행 마침표 3행 마침표 9행 쉼표 없음 10행 마침표 없음	1행 마침표 3행 : '히히 바보야, 히히 우습다.' 6행 마지막 쉼표 9행 쉼표 없음 10행 마침표

2판본의 특징은 시 제목이 「멈둘레꽃」으로 바뀌었고 연이 구분되었다는 점이다. 총 10행으로 이뤄진 시는 4연으로 나뉘었다. 연이 갈리면서 마침표도 1판본보다 많이 등장하는데, 1연에 두 개가 첨가되어 있다. 그러나 마지막 3연과 4연이 나뉘어 있는지 결합되어 있는지는 판단하기 어려운 면이 있다. 2판본은 공교롭게도 "눈도 코도 相思夢도 다 없어진후"와 "燒酒와같이 燒酒와같이" 사이에서 43쪽과 44쪽이 나뉘기 때문이다. 다만 한 연이면서 쪽이 분리된 다른 작품과 견줘 연이 구분되었다고 추측할 수는 있다. 한 연이면서 쪽이 분리된 작품을 보자면 둘째 쪽 첫 행이 1.8cm의 여백 뒤에 시작하는 반면, 「멈둘레꽃」의 경우 2.3cm의 여백 뒤에 시작하기 때문이다.

　3판본의 시 제목은 '밈드레꽃'이다. 이는 방언이 이때부터 본격적으로 활용되기 시작했다는 것을 증명하는 예이기도 한데, 1과 2판본에는 "하이얀"였던 구절이 "하이연"으로 바뀐 것도 같은 맥락에서 이해할 수 있다. 또한 3판본에는 2판본의 마지막에 있던 마침표가 사라졌다는 특징이 있다. 그러나 무엇보다 두드러지는 것은 이전 판본에 나뉜 것으로 추정되는 3연과 4연이 여기에서는 한 연으로 처리되었다는 점이다. 1판본에서 한 연으로 이뤄진 행들이 2판본에서는 네 부분으로 나뉘었다가, 3판본에 이르러 8행과 9행이 합쳐지며 세 부분으로 변형되는데, 이곳은 단순히 형태상으로 분리/비분리의 차이를 보이는 것이 아니라 의미상으로 고려해야 할 여러 문제들을 제기한다.

　4판본은 앞에서도 말했듯이 표준어 규정을 참조했다는 특징이 있다. 3판본 1연 1행의 "하이연"이 다시 "하이얀"으로, "눈섭"이 "눈썹"으로, "고이"가 "고의"로, 제목도 '문들레꽃,' '멈둘레꽃,' '밈드레꽃'을 거쳐 '민들레꽃'으로 바뀌었다. 의미상 휴지부인 곳에는 어김없이 쉼표가 찍혀 있고, 종결 어미 뒤에 어김없이 마침표가 찍혀 있는 것도 같은 맥락에서 이해할 수 있다.13) 다양한 변화가 보이지만 4판본의 가장 큰 특징은 "용천"이 "문둥病"으로 바뀌었다는 점이다. 이것이 표준어를 고른 것인지, 아니면 시인의 주관적인 판단으로 고친 것인지는 분명하지 않다. 어쨌든 4판본에만 일시적으로 드러나는 "문둥病" 표기에는 여러 가지 해석의 다양성을 내장한다고 할 수 있다. 이와 더불어 주목할 점은 2판본을 기준으로 했을 때, 3연과 4연이 아직 같은 연으로 처리되고 있다는 것이다.

5판본의 특징은 표준어로 제시된 4판본과는 상이하게, 최초 발간 시집의 표기를 따른다는 점이다. 이에 따라 시의 제목도 '멈둘레꽃'으로 회귀하였고, 시의 표기도 2와 같아졌다. 그런데 만약 시인이 5판본을 발간하면서 부분적인 수정 과정 없이 편집자에게 전집 발간의 임무를 위임했다면, 2판본의 3연과 4연이 논란의 여지없이 분리된 것으로 판명난다. 2판본에서는 쪽이 바뀌면서 총 3연인지 4연인지 정확하게 판단하기 어려웠으나, 5판본에서는 명확하게 연이 구분되었기 때문이다. 하지만 전집을 발간하는 데 생존 중인 시인이 작업에 참여하지 않는다는 점은 그것이 비록 사실이라 하더라도 이를 정상적인 발간 과정이라고 여기기는 어렵다. 이 글은 이런 관점에서 5판본의 4연 구성을 근거로 2판본이 4연으로 구성되었다고 하지 않을 것이다. 또한 같은 관점에서 2행 "용천"의 표기도 4판본의 "문둥病"에서 변한 것으로 간주한다.

이외에도 주목할 만한 판본의 시는 1994년 발간한 시선집『민들레꽃』(정우사, 1994년)에 수록된 시와, 같은 해 발간된『미당자서전 2』(민음사, 1994년)에 인용된 시이다. 1994년에는 5판본을 기초로 한『미당시전집 1』도 발간

---

13) 4판본의 형태는 다른 판본과 많이 다르기 때문에 시의 전문을 제시한다. "바보야 하이얀 민들레가 피었다./네 눈썹을 적시우는 문둥病의 하늘 밑에/히히 바보야, 히히 우습다.//사람들은 모두 다 남사당패같이/허리띠에 피가 묻은 고의 안에서/들키면 큰 일나는 숨들을 쉬고,//그어디 보리밭에 자빠졌다가/눈도 코도 相思夢도 다 없어진/燒酒와같이 燒酒와같이/나도 또한 날아나서 공중에 푸르리라."

되었다. 정우사 판은 제목이 '민들레꽃'이다. 서론에서 언급했듯이 시집 제목을 최종적으로 선택한 주체는 시인 자신이다. 시의 형태는 표준어가 기준이 된 4판본을 기본으로 하되, "하눌" "우슴다" 등에서 5판본을 따른다는 특징이 있다. 민음사판 『미당자서전 2』에는 그가 「멈둘레꽃」을 인용하며 쓰인 동기를 밝히고 있다는 점에서 주목을 요한다. 인용시는 연 구분은 3, 4판본을, 표기는 3연 "없어진 후"가 띄어쓰기된 것을 제외하고는 2, 5판본을 따랐다. 같은 해 발간된 시에도 이렇게 연 구분에 혼선이 나타나고 있다.

이상으로 각 판본의 특징을 살펴보았다. 눈에 띄는 점은 다음과 같다. 제목의 표기가 다양하게 변하고, '용천'이 '문둥病'으로 한때 쓰였고, 2판본을 기준으로 3연과 4연이 분리되거나 합쳐졌다. 이 모든 변화 현상을 서정주 자신이 야기했다고 말하기는 어렵다. 우선 4판본은 표준어 규정을, 5판본은 최초 발간 시집의 표기를 따른다는 대전제를 무시할 수 없으며, 이와 더불어 형태 제시의 모든 권한을 편집자가 지녔을 가능성도 간과할 수 없다. 하지만 전집을 발간하면서 표기와 관련된 모든 점을 편집자에게 위임한다는 것은 그 자체로 무책임한 일이며, 그와 같은 추정이 아무리 설득력이 있다고 하더라도 이를 당연한 사실로 받아들이기에는 한계가 있다. 이 글은 전집 편집자의 개입 가능성을 참조 사항으로 상정하고, 대전제를 제외한 판본 차이의 책임이 서정주에게 있다고 판단한다.

3. 「멈둘레꽃」의 구조와 화자

「멈둘레꽃」, 정확하게 말해 「문들레꽃」을 발표한 1941년에 서정주는 만주에 있었다. 그는 자서전에서 만주 유랑길의 조선인 곡마단을 보았을 때, 그 중 못난 짓을 하는 이가 자신과 닮아 오싹한 느낌이 들었다고 회상하며 이 시를 썼다고 말한 바 있다.14) 더 나은 삶을 살고자 갔던 만주에서의 체험은 결국 실패로 끝난다. "일본인의 한 용역인 셈"이라는 자각과 추위 등은 그에게 귀향을 선택하게 한다. 그는 "다시 만주에서도 밀려난 자가 되어 낙향해 올" 수밖에 없었던 것이다.15) 한때는 희망의 상징이었으나 이제는 불안과 공포를 상징하는 만주는 그의 시에서 생활과 생명을 유지하고자 떠도는 곳으로 표상화되고 있다. '조선인 곡마단'도, '민들레'의 의미도 이와 같은 맥락과 함께 한다. 그의 창작 동기를 따르면 '멈둘레꽃'은 유랑하는 조선인을 표상하고, 시에 등장하는 '남사당派'도 곧이곧대로 당대에 타지를 떠돌던 곡마단을 뜻한다. 그리고 못난 짓 하는 이와 자신과의 동일시는 남사당패와 자신을 포함한 유랑하는 조선인 모두를 같은 범주로 묶게 한다.

'멈둘레꽃'에 유랑의 의미가 첨가되어 있다는 점은 이 시 제목의 표기가 계속 변화하는 것과 간접적으로 관련이 있어 보인다. '문둘레꽃'에서 '멈둘레꽃'으로, '멈둘레꽃'에서 '밈드레꽃'으로, '밈드레꽃'에서 '민들레꽃'으로, 다시 '멈둘레꽃'으로 바뀌는 다양한 표기 중 '민들레꽃'을 제외하고는 모두 방언에 속한다.16) 그러나 이 방언이 지역의 특색을 강조하는 배타적 특수성을 지니기 위해 쓰였다고 보기는 힘들다. 서정주는 「멈둘레꽃」이 수록된 『귀촉도歸蜀途』에 민들레를 소재로 삼은 두 편의 시 「고향에 살자」와 「무슨꽃으로 문지르는 가슴이기에 나는 이리도 살고 싶은가」를 실었는데, 앞의 시에서는 민들레를 '멈둘레꽃'으로 두 번째 시에서는 '머슴 둘레'로 표현하였다. 한 시집에 동일한 대상을 두고 다른 표현이 나타날 때, 이를 지역적 특색의 강조로 판단하기는 어려운 것이다. 이와 같은 경우, 개별 시에 꼭 그 표현이 쓰

---

14) 서정주, 『미당자서전 2』, 민음사, 1994, 75쪽.
15) 서정주, 앞의 책, 88-89쪽.
16) 김태정, 『우리 꽃 백가지』, 현암사, 1990, 2쪽.

여야만 하는 까닭을 살피거나 아니면 표현의 다양성 자체가 의미를 지니고 있지는 않은지 고려하는 등 여러 다른 가정들이 요구된다. 민들레는 실제로 한반도 전역에 대단히 척박한 땅이라도 핀다. 고향뿐 아니라 어디를 가더라도 목격할 수 있는 민들레의 모습은, 어떠한 방언 표현이라도 그것이 지닌 배타성을 앗아가는 데 기여한다. 오히려 그 다양한 표현들은 다양한 지역에서 기어이 자라는 민들레의 강인함을 환기한다. 어디에서 살 수 있는 민들레의 속성은 어디에서도 사는 유랑의 의미와 겹치고, 그 다양한 표기는 어디에서든 생존을 유지하려는 의지, 즉 강인한 생명력과 겹친다.

같은 시집에 수록된 두 편을 각각 분석하면 '민들레'가 특정한 고향을 환기하는 것처럼 보인다. 「고향에 살자」의 "멈둘레 꽃 픠는/고향에 살지."는 단적인 예이다.17) 질경이처럼 고향에 붙어 있는 화자가 고향을 떠난 "게집애"의 부재를 인식하며 드러내는 저 아쉬움은, '고향'과 '화자 자신'과 '민들레'가 같은 범주에 속했다고 판단하는 데 기여한다. 같은 시집에 수록된 「무슨꽃으로 문지르는 가슴이기에 나는 이리도 살고 싶은가」의 에피세트는 "빈 가지에 바구니만 매여두고 내 *少女*, 어디 갔느뇨"이다. 자살을 했건 고향을 등졌건 "소녀"는 떠났다. 시의 첫 행 "아조 할 수 없이 되면 고향을 생각한다"라는 구절을 염두에 두면 '나'도 역시 고향을 떠나 있다. 여기에서도 고향은 화자와 소녀가 함께 있던 예전의 장소와 시절을 뜻하고 "머슴둘레"는 함께 있던 그 고향을 대변하고 있는 것이다.18)

---

17) 민음사 판 『미당서정주시전집』에 수록된 「고향에 살자」 전문은 다음과 같다. "게집애야 게집애야/고향에 살지.//멈둘레 꽃 픠는/고향에 살지.//질경이 풀 뜯어/신 삼어 신 스고//시누 대밭 머리에서/먼 山 바래고,//서러워도 서러워도/ 고향에 살지."
18) 민음사 판 『미당서정주시전집』에 수록된 「무슨꽃으로 문지르는 가슴이기에 나는 이리도 살고 싶은가」 중 민들레와 관련 있는 부분은 다음과 같다. "그러나 나에게는 잡히지아니하는것이었다. 발자취소리를 아조 숨기고 가도, 나에게는 붓잡히지아니하는것이었다./*淡淡*히도 오래가는 내음새를 풍기우며, 머슴둘레 꽃포기가 발길에 채일 뿐, 씅극한 찔레 덤풀이 앞을 가리울뿐 나보단은 더빨리 다라나는것이었다. 나의 부르는 소리가 크면 클스록 더멀 더멀리 다라나는 것이었다./〈중략〉/몇포기의 씨카운 멈둘레꽃이 피어있는 낭떠러지 아래 풀밭에 서서, 나는 단하나의 *精靈*이되야 내*少女*

하지만 민들레의 뜻이 지닌 '강인한 생명력'은 '특정한 고향'과 연결되는 것을 막는다. 시에는 "몇포기의 씨거운 멈둘레꽃이 피여있는 낭떠러지 아래 풀밭에 서서"라는 구절이 나오는데, 여기에서 확인할 수 있듯이, '고향'은 실향민에게 자신과 분리된 이상향으로 머물러 있는 것이 아니라, "낭떠러지 아래 풀밭에" 선 민들레와 같이 자신과 유사한 처지가 매개가 되어 나타난다. 그에게 고향의 의미는 민들레의 강인한 생명력을 거쳐 형상화되었다. 생존을 위협 받는 실향민의 처지에 고향의 민들레는, 아니 민들레의 고향은 살아갈 수 있도록 추동하는 동일시의 대상으로 인식된다. 그의 시에 나타난 민들레가 '고향'을 대변한다고 하더라도 배타적 특수성이 아닌 보편성을 띠는 까닭이 여기에 있다. 나라 잃고 유랑하는 자에게 고향은 정착의 욕망을 대변하는 대상이자 생존을 유지시키는 매개이다. 따라서 '민들레'는 첫 시집 『화사집花蛇集』부터 견지해 온 '생명' 의식을 고스란히 담고 있는 상징이라고 할 수 있다.

「멈둘레꽃」을 발화하는 화자가 누구인가라는 문제가 이와 관련하여 제기된다. '민들레'와의 동일시를 염두에 두면 화자는 당대 고향 잃은 떠돌이의 대변자라고 할 수 있다. 하지만 그가 자서전에 밝힌 창작 동기와 시의 본문을 고려하면 "남사당패"나 '곡마단의 일원'이 화자라 할 수 있을 것이다. 이 밖에 참조할 사항은 「멈둘레꽃」과 그의 다른 시와의 관계에서 유추되는 것이다. 이때에 화자는 '문둥이'가 적절해 보인다.

> 해와 하늘 빛이
> 문둥이는 서러워
>
> 보리밭에 달 뜨면
> 들을 불러 이르킨다."

애기 하나 먹고

　　꽃처럼 붉은 우름을 밤새 우렀다

　　　　　　　　　　　　　　　　　－「문둥이」19)

　　黃土 담 넘어 돌개울이 타
　　罪 있을듯 보리 누른 더위—
　　날카론 왜낫[鎌] 시렁우에 거러노코
　　오매는 몰래 어듸로 갔나

　　바윗속 山되야지 식 식 어리며
　　피 흘리고 간 두럭길 두럭길에
　　붉은옷 닙은 문둥이가 우러

　　땅에 누어서 배암같은 계집은
　　땀흘려 땀흘려
　　어지러운 나—ㄹ 업드리었다.

　　　　　　　　　　　　　　　　　－「맥하麥夏」

　앞서 언급했듯 유종호는 2시집 「귀촉도歸蜀道」에 실린 「멈둘레꽃」을 분석하면서 1시집 『화사집花蛇集』에 실린 「문둥이」와 「맥하麥夏」를 아우른 듯한 시편이라고 평했다. 정확한 그의 표현은 "해와 하늘빛이 서럽다는 「문둥이」와 <땅에 누어서 배암같은 계집>을 노래한 「맥하」를 아우른 듯한 시편이

---

19) 「멈둘레꽃」 등 본문에 인용되는 시는 2장 판본과 관련하여 인용한 시 외에는 모두 『미당서정주시전집』(민음사, 1983)을 참조한 것이다.

다"이다.[20] 이 밖에 '아우른'의 논거는 그의 글에 제시되지 않았다. 따라서 참조할 사항은 앞의 두 수식어이다. 「麥夏」의 경우, '땅에 누워서'가 단서가 된다. 「멈둘레꽃」에도 "보리밭에 자빠졌다가"라는 구절이 있기 때문이다. 하지만 「문둥이」의 경우는 애매하다. 문면에 제시한 '해와 하늘빛이 서럽다'와 유사한 구절이 「멈둘레꽃」에 없기 때문이다.

「문둥이」에서 '해와 하늘빛이 서러운 사람'은 문둥이이다. 그는 병에서 회복되기 위해 마치 설화의 문둥이처럼 보리밭에서 아기를 살해한 뒤 잡아먹고 있다. 문둥이도 사람이다. 아기를 잡아먹는 장면에서 흘리는 '붉은 울음'에는 그의 처참한 생의 의지가 담겨 있다고 할 수 있다. 한편 「맥하麥夏」에서 '배암 같은 계집'은 '나'를 엎드리게 하며 비밀스러운 성애 장면을 연출한다. 더운 여름에 "오매"의 외출과 피를 머금은("붉은옷 닙은") 문둥이의 울음이 배경이 되는 동안 땅에 누운 계집이 '나'를 엎드리게 한 것이다. 하지만 「멈둘레꽃」에는 문둥이도 계집도 아이도 없다. 세 편의 시에 모두 있는 시어는 "보리"이다. 「문둥이」에서는 "보리밭에 달 뜨면"으로, 「맥하」에서는 "罪 있을듯 보리 누른 더위-"로, 「멈둘레꽃」에서는 "그어디 보리밭에 자빠졌다가"로, '보리'는 시에 나타난다. 따라서 세 편을 '아우른 듯한' 느낌에 대한 추측을 "보리"에서 시작하는 것이 적절해 보인다. 이 '보리'는 「멈둘레꽃」의 화자를 '문둥이'로 설정하게 하는 단서이기도 하다.

다른 두 시에서 등장하는 보리밭은 문둥이가 "애기 하나 먹는"(「문둥이」) 장소이며, 따라서 "피흘리고 붉은옷 닙은"(「맥하」) 장소이다. 나병이라는 원죄를 갖고 태어난 문둥이에게 보리밭은 원죄를 갚기 위한 기원祈願의 장소이다. 그러나 그 기원은 어린아이의 목숨을 앗아가는 살인을 통해서 이루어진다. 기원의 수단은 정상인의 경우에는 기도나 절이다. 그러나 문둥이에게 그것은 살인이다. 살인을 통한 목표 달성은 추구하는 내용도 정상인과 다르

---

20) 유종호, 앞의 글, 28쪽.

다는 것을 의미한다. 정상인에게 기원의 내용은 정상 상태'에서의' 도약이겠으나, 문둥이에게 그것은 정상 상태'로의' 도약이다. 정상인에게 보리밭은 생산을 위해서인지, 쾌락을 위해서인지는 불분명하지만 '살아있음'을 몸으로 확인하는 장소이다. 그 장소는 그들에게 선택적이다. 그러나 문둥이의 '보리밭'은 설움과 절망의 장소이며 정상적으로 '살고 싶다'는 욕망을 극명하게 표출하는 운명적인 장소이다.

> 사람들은 모두다 남사당派와같이
> 허리띠에 피가묻은 고이안에서
> 들키면 큰일나는 숨들을 쉬고
>
> 그어디 보리밭에 자빠졌다가
> 눈도 코도 相思夢도 다 없어진후
>
> ―「멈둘레꽃」 2, 3연

아직 문둥이가 「멈둘레꽃」의 화자라고 확정하기는 어려운 면이 있다. 앞의 두 시에는 문둥이가 아기의 피를 몸에 묻히고 보리밭에 있는데, 「멈둘레꽃」에서 피가 묻은 "고이"를 입고 보리밭에 자빠지는 주체는 "사람들"이기 때문이다. 보리밭에서 살인할 필요가 없는 정상인이 피가 묻은 "고이"를 입고 있을 이유는 없다. 정상인이 엎드리거나 자빠지며 피를 묻히기 위해서는 처녀와의 성애 행위를 상정해야 한다. 하지만 보리밭에서 성행위를 하는 '사람들' 모두의 한 쪽 대상을 처녀로 상정하는 것은 무리가 따른다.

지금까지의 논의를 참조하자면 피 묻은 옷을 입을 사람은 '문둥이'가 적절하지만 문장 구조상 옷을 입고 있는 주체는 "사람들"로 상정되어 있다. 여기에서 상상을 토대로 한 비약이 이뤄지고 있는 것으로 보인다. 5판본 「멈둘레꽃」의 2연에서 화자는, 사람들의 성행위를 몰래 엿보고 있거나 그 낌새를 멀찍이서 알아차리는 위치에 있다. 그 구체적인 모습은 상상을 통해서 그려질 수밖에 없는 것이다. "사람들은" 6행의 서술어 "숨을 쉬고"의 주체이다. 하지만 서술어 앞에 있는 수식어 "들키면 큰일나는"에는 화자의 추측과 판단이 들어 있다. 그와 마찬가지로 5행의 "허리띠에 피가묻은 고이안에서"의 구절도 추측의 주체는 화자이다. 그런데 "사람들"의 은밀한 행위를 자세히 볼 기회가 없었기 때문에, 이 추측은 화자인 문둥이의 보리밭 체험에서 비롯되었다고 판단하는 것이 적절할 듯하다.

따라서 이 구절의 문법적 주어는 남사당패와 같은 "사람들"이지만, 성행위를 하고픈 욕망의 주체를 염두에 둘 때 의미상 주어는 '문둥이'라 할 수 있다. 빨간 피가 묻은 고이를 입고 있는 주체는 사람들이면서 문둥이인 것이다. 즉 화자는 자신의 피 묻은 옷을, 상상을 통하여 성행위를 하고 있는 정상인에게 입히고 있다. 그것은 절망과 설움을 삶이라는 희망에 쏟아 붓는 기원의 형상이며, 정상인이 되고 싶다는 욕망의 발현인 것이다. 이상의 논의를 간단히 요약하면 다음과 같다. 「멈둘레꽃」의 여러 표기는 특정한 고향이 아니라 강인한 생명력을 바탕으로 한 보편적인 고향을 뜻하는 한편, 시의 화자는 여러 판본의 가능성을 타진한 결과 문둥이일 가능성이 높다.

1) 바보야 하이얀 멈둘레가 피었다.
2) 네 눈섭을 적시우는 용천의 하눌밑에
3) 히히 바보야 히히 우습다.

4) 사람들은 모두다 남사당派와같이
5) 허리띠에 피가묻은 고이안에서
6) 들키면 큰일나는 숨들을 쉬고

7) 그어디 보리밭에 자빠졌다가

8) 눈도 코도 相思夢도 다 없어진후

9) 燒酒와같이 燒酒와같이

10) 나도 또한 나라나서 공중에 푸를리라. (번호:인용자)

－「멈둘레꽃」

이제 위의 분석을 토대로 5판본 「멈둘레꽃」의 전체적인 구조를 파악하고자 한다. 민음사판 전집에 따르면 「멈둘레꽃」은 4연 10행, 3문장으로 구성되어 있으며 그 중 두 문장은 1연에 속해 있다. 낭독 내지는 묵독한다면 의도적으로 끊어 읽어야 할 부분은 마침표(또는 쉼표)가 있는 곳과 행과 연이 바뀔 때이다. 위의 시에서 마침표는 1), 3), 10) 다음에 있고, 연의 구분은 3), 6), 8) 다음에 있다. 두 부분이 겹친다면 휴지부를 더욱 오래 두어야 할 것이다. 시에서 두 가지 조건을 만족하는 곳은 3)과 4) 사이이다. 따라서 인위적으로라도 이곳을 가장 길게 끊어 읽어야 한다. 이 부분은 연의 구분 없이 발표한 『삼천리』본 이후 처음으로 연 구분할 당시에도 나뉜 곳이다. 그 긴 휴지부에는 어떤 중요한 의미가 담겨 있을까.

1연에는 두 문장이 들어있다. 이를 합치면 1연은 자기 비하의 뜻이 강한 "바보야"로 시작되어 자신이 "우습다"로 마무리된다. 즉 자조적인 태도가 두드러지는 것이다. 후회할 짓을 했는지 원래 자신에게 어떤 하자가 있기 때문에 그런지는 불분명하다. 어쨌든 화자는 지금 "눈섭을 적시우는 용천의 하눌밑에"서 "멈둘레"를 보고 있다.

"용천"은 대략 세 가지의 뜻으로 파악할 수 있다. 고유어로 '용천'은 "문둥병·지랄병 따위의 몹쓸 병"을 뜻하고, 한자어로 '용천'湧泉은 '물이 솟아

나오는 샘'을 뜻한다.21) 그 밖에도 만주 유랑 시절에 이 시가 쓰였다는 점을 감안하면, 중국 지명 '용천'을 지칭하는 뜻으로 쓰일 수도 있다. 이 세 가지 가능성은 각각 다른 논거의 지지를 받는다. "용천"을 수식하는 어휘의 기본형 '적시우다'는 '물이 솟아나오는 샘'을 직접 지지한다. 이는 시의 구조 분석에 따른 결과이다. '용천'이 '문둥病'으로 바뀐 적이 있다는 사실은 '문둥병 등의 몹쓸 병'의 해석을 지지한다. 이는 시와 시 사이의 컨텍스트 분석에 따른 결과이다. 세 번째 지명 '용천'이라는 가능성은 창작 동기를 고려한 외재 분석에 따른 결과이다. 세 번째는 직접 명시된 흔적을 찾을 수 없기 때문에 가능성이 가장 희박하다고 할 수 있다. 이 글은 첫 번째와 두 번째 가능성이 모두 고려되었다고 보고 있는데, 우선 첫째 가능성에 초점을 맞춰 시를 읽고자 한다.

'물이 솟아나는 샘'이라는 뜻의 "용천"은 눈썹 근처에서 솟아나기 때문에 눈가를 "적시울" 수 있을 것이다. 그렇다면 "용천"을 눈물이 흐르고 있는 '눈'이라는 것으로 추측할 수 있다. 하지만 왜 하필이면 '솟아나는'이란 뜻의 "용천"을 썼으며 "하눌밑"이라 표현했는가라는 문제가 남는다. 여기에서 그의 눈과 하늘이 정면으로 대면하고 있다는 구도가 설정된다. 고개를 젖혀서 하늘을 바라보면 '눈물이 솟는다'는 의미와 어울리겠지만 그 대신 그는 키작은 "멈둘레"는 볼 수 없게 된다. 키 작은 "멈둘레"와 하늘을 동시에 바라볼 수 있기 위해서는 누운 자세가 가장 적절하다. 눈물을 흘리며 화자는 누워 있다. 마지막 부분에 논의되겠지만 날고 싶은 욕망을 불러일으키기에도 하늘을 바로 쳐다볼 수 있는 누운 자세가 시적 화자가 취한 자세로 어울린다. 그는 누운 자세에서 민들레를 본다. 그리고 울고 있는 자신을 우습다고 여긴다.

---

21) 이희승, 『국어대사전』, 민중서림, 1988. '용천'과 인접하면서 본문과 관련하여 몇 가지 주목을 요하는 단어들이 등장한다. '용천뱅이'는 '나병환자'를, '용천하다'는 '매우 꺼림직하다'를 의미한다.

1)은 서술어 "피었다"로 판단하건대 자신 밖에 현존하는 대상을 인식하는 단계에 해당하며, 3)은 서술어 "우습다"로 판단하건대 화자가 자신의 처지를 자조自嘲하는 단계에 해당한다. 4) 이후의 부분은 화자의 회상과 상상이 일궈낸 세계일 것이다. 마침표를 기준으로 정리하면 진술은 '1) 현존대상의 관찰→2)-3) 현재 자신의 처지 비관→4)-10) 회상이나 소망의 상상'으로 전개되고 있다. 따라서 끊어 읽기의 기준이 두 번 겹쳐서 가장 길게 쉬어야 할 3)과 4) 사이, 즉 1연과 2연 사이는 현재에서 회상/상상으로, 자조自嘲에서 소망으로 이어지는 과정에서 파생된 휴지부인 것이다.

한편 1연을 제외한 나머지 부분 2-4연은 표면적으로, 즉 마침표를 기준으로 보면 문장 하나로 이뤄져 있다. 그러나 이를 한 문장으로 보았을 때 문장은 비문이 된다. 이때 4)-10)까지의 전체주어는 "사람들은"이며 서술어는 "푸를리라"이다. 1인칭의 소망과 의지가 깃든 어말어미와 3인칭 주어와의 호응은 자연스럽지 못하다. 문맥상으로 보아도 "푸를리라"의 주어는 10)의 "나도"이다. 직유를 사용한 9)의 燒酒가 다름 아닌 '나'의 욕망의 발현물이기 때문에 10)과 연결된다고 한다면, 4)의 "사람들은"이 영향을 미치는 행은 8)까지이다. 즉 "사람들은"은 2연과 3연에 한정하여 주어로 볼 수 있다.

그러나 3연, 즉 7), 8)과 같은 경우는 4연의 "나도"가 의미상 주어라고 해도 무리가 없다. 만약 3연의 주어가 "사람들은"이라면 2연과 3연의 연 구분의 의미가 모호해지면서 많은 행을 숨 가쁘게 읽어 내려가야 한다. 이때 성행위를 하는 공간이 보리밭이 되고, 8)은 성행위시 황홀경을 느끼는 사람들의 감정을 표현한 행이 된다. 그러나 3연의 주어가 "나도"라면 보리밭에 "자빠졌다가"의 주체는 화자 자신이 된다. 이때 2연의 "사람들"은 먼저 보리밭에 누웠던 이들이 된다. 즉 '나'는 보리밭에서 성행위를 하는 "사람들"을 은밀히 본 뒤, 그러지 못한 자신의 처지를 비관하고 또한 그들을 부러워하며 그들이 떠난 보리밭에 혼자 누워 보고 있다. 짝이 없으므로 '나'는 남사당패와 같은 "사람들"보다도 열등하다. 그가 정상인이 아니라는 점을 여기에서 또한 유추할 수 있다. 혼자 누워 보는 행위는 그들을 일순간이나 닮고자 하는 부러움의 표현이다. 이때 8) "눈도 코도 相思夢도 없어진후"는 다음에 이어지는 9)와 10)의 소주를 마신 심적 상태, 괴로운 현실에서 벗어나고픈 욕망 등을 염두에 두자면, 보리밭에서 그들이 느꼈던 황홀경에 홀로라도 닿고자 하는 욕망 등을 나타낸다.

4연에서 화자는 날고 싶어 한다. 여기에서 날고 싶어 하는 욕망이 "또한"이라는 시어 때문에 3중의 의미를 가진다. "또한"이 "소주와 같이"와 호응을 이룬다고 생각한다면 '소주의 나는 성질을 닮고 싶다는 뜻'이 되어 소주 자체의 증발성이나 소주를 마시면 붕 떠있는 것과 같은 사람의 심적 상태를 나타내는 것이 된다. 그리고 "또한"이 4)의 자신을 제외한 "사람들"과 호응을 이룬다면 '바보'(심적이든 육체적이든)가 아닌 정상인의 세계에 편입하고픈 욕망을 나타내며, "나라나서"는 정상인이 성행위 때 느끼는 "눈도 코도 相思夢"도 없어지는 황홀경을 느끼고 싶다는 의미가 될 것이다. 마지막으로 "또한"이 제목인 '멈둘레꽃'과 호응을 이룬다면, 1)의 "피였다"가 환기하는 초여름, 이때에 많이 보이는 민들레 홀씨처럼 자유롭게 떠다니고 싶다는 의미가 된다. 이 세 가지 의미 중 어느 것을 부정하기는 어렵다. "또한"이라는 단어가 지닌 세 가지 의미는 감상의 폭을 넓혀주고 있다. 따라서 명확한 구문 구조와 지시성을 기반으로 의미 생성의 폭을 넓혀 주는 이 구절의 의미 생성 구조를 좋은 뜻에서의 '불확정성'의 효과로 이해할 수 있을 것이다.

위 세 가지 감상의 방법에서 어떠한 길을 택하더라도 이 시의 구조는 '현재→상상→현재에서 소망'으로 이루어진다. 위와 같은 세 단계의 구조는 우리 시에서 그리 특이한 모습이라고 할 수 없다. 그러나 이와 같은 구조를 띤 시들이 대개 현실의 처지에 대한 도덕적인 반성이나 자신을 둘러싼 세계에 대해 비판의 색채를 보여주는 반면, 「멈둘레꽃」은 자아의 흥분 상태로 귀결되며 또한 강렬한 생의 의지를 펼쳐낸다는 차이는 있을 것이다.

「멈둘레꽃」의 구조 분석에서 되짚은 의미는 판본 변화에 따라 변화하는 의미를 파악하는 데 토대가 된다. 판본 변화에서 발생하는 의미의 차이는 주로 이 글에서 주목하는 "용천"의 표기와 3연과 2, 4연의 호응관계를 중심으로 나타난다. 먼저, "용천"에 주목하자면 두 가지가 논의될 수 있을 것이다. 판본 변화 과정에서 "용천"의 표기가 변화된 곳은 4.『서정주전집』(일지사, 1972)이다. 여기에서 "용천"의 표기는 탈락되었고 그 대신 그 자리에 "문둥病"이 들어섰다. 그러나 다시 5.『미당서정주시전집』(민음사, 1983)과『민들레꽃』(정우사, 1994)에서 "문둥病"은 다시 "용천"으로 바뀐다. 첫 번째 "용천"에서 "문둥病"으로의 변화는, 시의 화자와 관련된 문제에서 화자가 '문둥이'라는 논지를 강화시키는 역할을 한다. '보리'가 등장하는 다른 작품들을 참조할 필요도 없이, 시적 화자는 문둥이가 되는 것이다. 한편 "문둥病"을 '문둥이의 비유'가 아니라 지시적 의미 그대로 '일반적인 질병'을 뜻하는 것으로 수용하면, 2연의 "사람들"은 몹쓸 병의 감염 가능성에 노출된 채 살아가는 정상인을 가리킨다. 이때 그들은 화자가 부러워하는 대상이 아니라 화자와 함께 위험을 안고 사는 이들이 된다.

이와 더불어 4로의 변화는 화자의 자세와 관련된 문제, 즉 "용천"을 '물이 솟는 샘'으로 상정하여 화자가 누워있다는 가설을 약화시키는 역할을 하기도 한다. 세 가지 가능성을 내포했던 "용천"이 "문둥病"으로 변화함에 따라 지명이나 '물이 솟는 샘'의 해석은 배제의 대상이 되고 '문둥이' 또는 '나병'만이 남게 되는 것이다. '물이 솟는 샘'의 해석은 시의 구체적인 정황을 마련한다는 장점이 있었다. 그것은 '나병환자' 또는 '나병'이라는 견해만으로는 설명이 불가능했던 누워 있는 자세까지도 풀이할 수 있게 했다. 서정주도 이 점을 고려했는지 5 이후에서는 다시 "용천"으로 표기를 바꾼다.

'용천'으로의 회귀로 인해 '물이 솟는 샘'의 의미가 복구되었다. 그리고

'문둥이' 또는 '나병'의 뜻도 여전히 고수되고 있는데, 한자/한글 표기의 선택이 이를 증명한다. "문둥病"을 쓴 4를 제외한, 1에서 5 이후까지 "용천"은 줄곧 한글로 표기되어 있다. "燒酒"라든가, "相思夢"이 한자어로 표기한 것에 견준다면 이 점은 주목할 만하다. 만약, "용천"이 '湧泉'이라는 한자로 표기되었다면 화자가 누구인가라는 문제가 앞의 경우와는 반대쪽으로 귀결되고 만다. 이때에는 오직 '물이 솟는 샘'의 뜻만이 남게 되는데, 의미의 확장 가능성이 막히게 되는 것은 앞의 경우와 마찬가지이다. '문둥'이나 '湧泉' 대신 '용천'을 선택한 것으로 서정주는 이중 해석의 가능성을 마련한 것이다. 하지만 이 과정을 '적절한 불확정성'의 확보라고 말하기는 어렵다. 이미 시인에 의해 답이 마련된 문제는 이미 답을 알고 있는 시인과, 판본 하나를 대상으로는 모든 의미를 해석하지 못하는 독자와의 위계를 설정한다. '용천'의 문제는 '문둥이' 또는 '나병'과 '물이 솟는 샘'이라는 답을 제시하는 것으로 풀이의 임무를 다하게 되며, 이는 배타적인 특수성의 강화로 이어진다.

판본 문제와 관련하여 두 번째 주목할 것은 3연과 4연의 결합 여부이다. 3연과 4연의 진술과 행위 주체가 "나도"인 것은 당연하지만, 2연과 3연의 의미상 연결은 불확실하다는 것으로 이 문제를 요약할 수 있다. 3, 4연의 결합이 당연하다고 한 이유는 3.『서정주시선』(정음사, 1956) 판본에서 3, 4연이 붙어서 함께 3연으로 처리되고 있고, 그 외에 주목할 판본인『미당자서전』의 인용에도 그러한 형태가 유지되기 때문이다. 이때 2연과 3연의 호응은 불가능하게 된다. 그러나 "용천"의 문제에서처럼, 서정주가 스스로 나중에 다시 분리시켰음을 주지해야 할 필요가 있을 것이다. 그것은 3연이 2연과 호응할 수 있도록 길을 열어 놓은 것과 같다. 이 역시 호응 관계를 명확하게 확정짓는 것을 포기하고 애매한 지점으로 개작했다는 점에서 '배타적 특수성의 강화'라고 할 수 있다. 적절한 불확정성이나 시의 애매성은 명확한 의미를 토대로 발생하는 다의적 성격이기 때문이다.

판본 변화와 관련한 사항을 요약하자면, 서정주는 '湧泉'이나 '문둥病'이 아니라 '용천'을 최종적으로 선택하였고, 또한 3, 4연의 결합이 아니라 3, 4연의 분리를 선택했다. 명확한 표현을 토대로 의미가 생성하고 확장하는 '불확정성' 대신 전제된 여러 가능성 안에서 의미를 헤아릴 수 있으나 더 이상 의미를 생성하지는 않는 '불투명성'을 그는 선택한 것이다. 즉 구조 해석과 개작 과정을 모두 고려했을 때, 이 글의 「멈둘레꽃」 해석은 보편성에서 특수성으로, 이성적 공감이 아니라 심리적 친연성으로 전개되었다는 그의 시에 관한 연구 경향과 궤를 같이한다.

4. 나가며

이상의 논의에서 서정주의 초기 시 중 한 편인 「멈둘레꽃」의 의미를 살펴보았다. 「멈둘레꽃」은 모티프와 주제 면에서 제 1시집 『화사집花蛇集』과 2시집 『귀촉도歸蜀道』를 잇는 가교 역할을 하고 있는 시이다. 또한 「멈둘레꽃」은 '문둥이'를 소재로 한 서정주의 초기 시편들의 '강인한 생명력'을 노출하는 시편이다. 그의 초기 시에 나타난 '생명' 의식은 여기에 고스란히 담겨 있다고 할 수 있다.

시가 지닌 '불확정성'의 영역을 개척하고자 구조적인 분석과 아울러 전기적인 사실의 참조, 그리고 판본의 문제를 고려하였다. 구조적인 분석에서 문제가 되는 것은 '용천'의 뜻과 표기, 그리고 1연과 2연 사이의 의미 분석이었다. '용천' 표기에는 판본 문제를 고려했을 때 '문둥이' 또는 '나병'과 '물이 솟는 샘' '지명' 등의 뜻이 모두 담겨 있다. 그리고 가장 길게 끊어 읽어야 할

1연과 2연 사이에는 자조에서 소망으로, 회상에서 상상으로 이어지는 문둥이의 욕망이 내재했다.

2연부터 4연까지는 앞에 등장한 "사람들"과 뒤에 등장한 "나"가 의미상 서술어와 호응 관계를 이루고 있다. 이러한 과정에서 "나"가 정상인인 "사람들"이 되고 싶은 강렬한 생의 의지와 욕망이 드러났다. 이 '나'는, 다른 시집에 수록되었으나 거의 같은 시기에 창작된 「문둥이」나 「맥하麥夏」를 참조했을 때 나병환자가 유력하다. '나'를 '문둥이'로 확정하는 데 근거가 된 '보리밭'은 시에서는 생존의 욕망을 극명하게 표출하는 장소이다. 「멈둘레꽃」의 여러 판본은 '용천'에 두 가지 뜻을 다 담으려 했고, 또한 3연의 행위 주체를 2연의 "사람들"과 4연의 "나도" 모두로 상정하려 했던 서정주의 의도를 드러낸다.

구조 해석과 개작 과정을 모두 고려했을 때, 이 글의 「멈둘레꽃」 해석은 보편성에서 특수성으로, 이성적 공감이 아니라 심리적 친연성으로 전개되었다는 그의 시에 관한 연구 경향의 논거 중 하나가 된다. 기존의 이와 같은 방향의 연구가 주로 표준어와 사투리의 연관 관계에 주목한 것이라면, 이 글은 시어의 표기와 연 구분 등의 변화 과정에 주목한 것이다.

감정의 절제와 여운 : 조지훈의 「승무」

1. 「승무僧舞」의 위상과 조지훈의 고심

조지훈(1920-1968년)은 주지하듯 시인뿐만 아니라 학자로서 일가를 이룬 문사이다. 그의 관심사는 한 분야 내에서도 어느 하나로 모여 있기 보다는 넓게 포진되어 있어 그의 면모를 갈피 짓기 어렵게 한다. 가령 학자로서의 면모를 살펴보자면 그는 동서양의 시 이론을 종합하여 자신의 이론을 정립한『시의 원리』를 집필하는 한편, 민속학, 민족운동사, 한국학, 국어학 등에 심혈을 기울인 바 있다. 시도 그러하다. 그의 시에 대해 언급한 여러 연구들은 하나의 시풍으로 범주화하기 어렵다는 것을 토로하듯 몇 가지 성향을 제시하곤 했다. 자연과 참여, 불교와 유교, 전통과 실험 등으로 분류되는 그의 시들은 조화를 이루기보다는 각각의 독립성을 유지한다.

조지훈이 다양한 관심 분야에서 일정한 성과를 이룬 까닭으로는 개척자로서의 사명감을 꼽을 수 있을 것이다. 그러나 시로 범위를 좁히자면 시적 방황을 배제하기는 어렵다. "20년 세월을 시를 써 오는 동안에 나의 작품 세계는 그 변이가 매우 심해서 도저히 한 권의 시집 속에는 같이 앉힐 수 없는 것이" 많았다는 그의 회고뿐만 아니라, 정지용이 그를 추천하는 과정에서 했던 말, "조지훈군. 당신의 시적 방황은 매우 참담하시외다. 당분간 명경지수 明鏡止水에 일말백운 一抹白雲이 거닐 듯이 한아閒雅한 휴양이 필요할가 합니다"를 상기해도 그렇다.1) 또한 동향의 후배 문인이자 후에 같은 학교에 재직하게 되는 김종길도 조지훈의 시적 특성으로 다양성을 지목한 바 있다. 그는 조지훈의 초기시 경향을 다섯 가지로 나누었다. "하여튼 해방 전의 지훈시에 있어서의 이 두 경향(사변적 특성과 감각적 특성 : 인용자)은 확연히 두 갈래로 나뉘어져 있어 본격적으로 융합된다든가 하는 일은 없었던 것 같다"고 전제한 뒤 "다시 말하면 평생 동안 남달리 모색과 방황을 거듭한 시인이었던 것이다"고 평가하기도 했다.2)

조지훈이 지닌 여러 면모 중 최근 부각을 받는 분야는 학문 영역이다. 특히 『시의 원리』에 내재되어 있는 여러 시 담론이 2000년대 들어 집중적으로 재조명되고 있는데, 이와 같은 현상은 그가 지닌 다양한 면모의 반대편에 있는 것이라서 주목을 끈다.3) 『시의 원리』에서는 항구성과 보편성 등의 미적 가치가 강조되었다.4) 2000년대 시가 지닌 다양한 실험들에 내적 준거를 마련하거나 거리를 두고 성찰하려는 욕망을 자극했기 때문에 지속적으로 그의 시론이 호출되고 있을 것이다. 주의해야 할 것은 시 이론가로서의 면모가 강

---

1) 조지훈, 「조지훈 시선 후기」, 『조지훈 전집 1 시』, 나남출판사, 1996. 120쪽.; 정지용, 「시선후」, 『문장』 1권 8호, 1939년 9월호. 128쪽.
2) 김종길, 「지훈시의 계보」, 『교양』, 1968; 『시에 대하여』, 민음사, 1986. 250-253쪽.
3) 오형엽, 「조지훈 시론의 보편성 연구」, 『한국언어문화』 42, 2010. 275-303쪽; 이찬, 「20세기 후반 한국현대시론 연구」, 고려대 박사학위논문, 2004; 최승호, 「조지훈의 시학에 있어서 형이상학적 관점」, 『관악어문연구』 16, 1991. 233-251쪽; 이미순, 「조지훈의 유기체론」, 『조지훈』, 최승호 편, 새미, 2003; 임곤택, 『전후 한국현대시와 전통』, 서정시학, 2012; 주영중, 「조지훈과 김춘수 시론 비교 연구」, 『어문논집』 59, 2009. 489-516쪽.
4) 졸고, 『한국 근대 서정시의 기원과 형성』, 서정시학, 2010. 232-255쪽 참조.

조된다고 해서 시의 시효가 다 하지는 않았다는 점이다. 그의 시편은 여전히 곱씹을 만한 의미를 생성하고 있다는 판단 아래, 이 글에서는 조지훈의 대표작「승무僧舞」를 대상으로 그 의미에 다각적으로 접근하려고 한다.5)

「승무」는 3회로 추천이 완료되는『문장文章』의 2회 추천작이자 뒤 이어『청록집』에 실린 시이다. 이와 같은 사실은 이 시가 조지훈의 초기작에 속해 있다는 것을 알려주는 동시에 그 안에 정지용의 영향력이 스며 있음을 방증한다. 선자가 정지용이라는 것이 널리 알려져 있기 때문에 응모자가 추천을 통과하기 위해서는 그의 취향을 고려하고 그의 조언을 되새겨야 한다. 조지훈의 경우 그것이 전통적인 제재를 간결하게 표현한 시로 나타났다. 실제로『청록집』에 실린「산방」과 같은 시는 2행 1연의 반복형식이나 명징하고 감각적인 시어들에서 정지용의 시를 환기한다.6)

『청록집』에는 총 세 번에 걸쳐 추천된 시 네 편에 또 다른 네 편을 보태 총 여덟 편이 실려 있다. 이 중「승무」가 지닌 위상은 특별해 보인다. 정지용이라는 선자의 영향력은 시집에 실려 있는 조지훈의 시에 2행 1연이 반복된 형태나 줄글 형태의 질서를 부여했다. 그런데「승무」에는 이 보이지 않는 질서를 따를지 어길지에 대한 고민의 흔적이 담겨 있다.『문장』에 수록된 시의 형태와『청록집』에 수록된 시의 형태, 그리고 이후에 발행한 시집에 수록된 형태에서 미세한 차이를 보임으로써, 시인은 이를 수용하고자 하는 태도와 거부하고자 하는 태도 사이에서의 갈등을 선명히 드러내고 있는 것이다. 조

---

5) 조지훈의「승무」에 대한 연구는 최동호에 의해 최근까지 지속적으로 제출되고 있다. 최동호,「조지훈의「승무」와「범종」」,『민족문화연구』24, 1991; 최동호,「조지훈 시의 초기 판본에 대하여-「승무」의 판본과 출생 기록 등을 중심으로」,『한국문예비평연구』30, 2009; 최동호,「조지훈의 등단 추천작과 그 시적 전개」,『한국시학연구』28. 2010.
6) 정지용과 조지훈의 관계를 살펴본 연구는 다음과 같다. 송희복,「한국시의 고전주의 : 정지용과 조지훈」,『오늘의 문예비평』10, 1993.8, 153-168쪽; 김문주,「풍경에 반영된 동・서의 관점-정지용과 조지훈 시의 형상을 중심으로」,『우리어문연구』25, 2005. 12. 95-117쪽; 최동호,「시문학파의 문학사적 의미망과 정지용」,『한국시학연구』34, 2012. 8. 277-307쪽.

지훈이 이 시를 통해 지향하고자 했던 것이 어떻게 변했는지, 거기에 도달하기 위해 어떠한 고뇌를 겪었는지도 이 글이 주목하는 차이에서 입체적으로 드러날 것이다. 「승무」의 판본 변이 과정에 내재된 시인의 의도를 추적하기 위해 선행해야 할 작업은, 시어와 구절의 기본적인 의미를 고찰하여 분석의 난항을 겪는 문제들에 초점을 맞추는 일일 것이다.

2. 판본별 특징과 정본 텍스트

얇은 紗 하이얀 고깔은 고이 접어서 나빌네라

파르라니 깎은 머리 薄紗 고깔에 감추오고
두볼에 흐르는 빛이 정작으로 고와서 서러워라

빈 臺에 黃燭불이 말 없이 녹는 밤에
오동잎 잎새마다 달이 지는데

소매는 길어서 하늘은 넓고
돌아설듯 날아가며 사뿐이 접어올린 외씨보선이여

까만 눈동자 살포시 들어
먼 하늘 한개 별빛에 모도우고

복사꽃 고운 뺨에 아롱질듯 두방울이야

　　　세사에 시달려도 煩惱는 별빛이라

　　　휘여져 감기우고 다시 접어 뻗는 손이

　　　깊은 마음 속 거룩한 合掌인양 하고

　　　이밤사 귀또리도 지새우는 三更인데

　　　얇은 紗 하이얀 고깔은 고이 접어 나빌네라

　　　　　　　　　　　　　　　　　　　—「승무僧舞」7)

　「승무」에는 낯선 시어가 많이 쓰였으나, 이들의 뜻에 대해서는 이견이 많아 보이지는 않는다. 『문장文章』판에 수록된 최초의 표기 형태 중에서 현대 표기 규정과 다르기 때문에 이해하기 어려웠던 시어들은 이후 판본에서 대부분 뜻을 가늠할 수 있는 형태로 정착되었다. 사전에 등재되지 않은 1연의 "나빌네라," 4연의 "외씨보선" 등이 비교적 뜻을 헤아리기 어려운 시어라고 할 수 있다. '외씨보선'은 오이씨처럼 날렵하고 맵시 있는 버선으로 풀이된 '외씨버선'을 시인이 다듬은 말이다. '나빌네라'는 '나비'에 의고적 감탄어 '-ㄹ네라'가 붙은 것으로 이해되어 왔으며 이에 대한 이견은 거의 없는 듯하다.

　이를 토대로 시의 내용을 간추리면 다음과 같다. 얇은 사紗로 만든 고깔을 곱게 접으니 마치 나비 같구나. 파르스름한 빛이 감도는 머리를 얇은 사로 만든 고깔에 감추고 두 볼에 흐르는 빛은 고와서 서러워 보인다. 빈 무대를 밝히는 황촉불, 즉 촛불이 소리 없이 녹고 있는 밤에 경전 밖의 오동나무 잎들에 비친 달빛이 스러지고 있다. 밤늦게까지 승무를 추는 여승의 소매는 길

---

7) 『조지훈 전집 1 시』, 나남, 1996.

게 늘어져 있고, 그 긴 소매를 다 받아내는 하늘은 넓은 배경을 제공한다. 여승이 고개를 들어 까만 눈동자로 하늘의 별빛을 쳐다본다. 복사꽃 색의 홍조를 띤 고운 뺨에 두 방울의 눈물이 흐른다. 세상사에 시달려도 번뇌는 별빛을 닮아 있기 때문이리라. 휘어져 감기고 다시 접었다가 뻗는 손동작이 흡사 깊은 마음속의 거룩한 합장과 같다. 어느새 귀뚜라미가 우는 삼경으로 밤은 깊어가고 얇은 사로 만든 고깔을 곱게 접으니 나비 같구나.

「승무僧舞」의 판본은 크게 두 가지 계열로 나뉜다. 1968년 생존할 때까지 조지훈은 자신의 시집 여러 곳에 「승무」를 실었으며, 사후에 두 차례 발간된 전집에는 이 중 하나를 취해 수록되어 있다. 「승무」가 실려 있는 시집은 크게 『문장文章』(1939)―『풀잎 단장』(창조사, 1952)―『조지훈시선』(정음사, 1956)―『조지훈전집』(나남, 1996) A 계열과 『청록집』(을유문화사, 1946)―『조지훈전집』(일지사, 1973) B 계열로 나뉜다.8) 생전에 시가 수록된 지면이 네 곳이고 사후에 전집 형태로 발간된 지면이 두 곳이다. 생전의 지면 세 곳과 사후 전집 한 곳이 함께 문장판 A 계열을 이루고 있고, 생전의 지면 한 곳과 사후 전집 한 곳이 함께 청록집 B 계열을 이루고 있다. 생존시에 『청록집』을 제외하면 시인은 A 계열을 계속 고수하고 있었으나 사후에 첫 번째 나온 전집은 시인의 마지막 의도와는 다르게 B 계열을 따른 것이다. 따라서 다시 출간된 나남판 전집은 결과적으로 생존시의 의도를 따르고 있다고 할 수 있다. 특히 나남판 전집이 중시한 판본은, 시인 생존 시의 최종본 「승무」가 실린 『조지훈시선』(정음사, 1956)이었다. 두 판본 함께 있는 시편들이 동일한 형태를 띠는 것으로 보아 나남판 전집의 편집자들은 이 시집을 정본으로 인식했던 것 같다. 이를 달리 생각해 보면 시인의 마지막 판단은 나남판 전집에 이르러서야 존중 받게 된 것이라고 할 수 있다. 이 글도 나남판을 분석 텍스트로 삼고 있는데, 참고로 B 계열 중 A 계열과 견주어 차이가 가장 많이 나는 부분

---

8) 최동호, 「조지훈 시의 초기 판본에 대하여」, 101-105쪽 참조.

은 다음과 같다.

> 얇은 紗 하이얀 고깔은
> 고이 접어서 나빌네라.
>
> 파르라니 깎은 머리
> 薄紗 고깔에 감추오고
>
> 두볼에 흐르는 빛이
> 정작으로 고와서 서러워라.9)

A 계열의 시가 총 8연 15행인 반면, B 계열은 9연 18행이다. 연과 행 수에 차이가 있는 까닭은 인용 부분에 있다. A 계열 1연은 한 행으로 되어 있으나 B 계열 1연은 그 행을 나눠 두 행으로 처리했다. A 계열 2연은 두 행으로 되어 있으나, B 계열 그 두 행을 각각 나눠 두 연으로 갈라놓았다. A 계열의 2연이 B 계열의 2, 3연이 된 것이다. 같은 분량의 길이인데 행과 연을 나누면 호흡이 느려진다. 이 느려진 호흡은, 2행 1연 형태의 다른 부분과 같은 모습을 갖추며 안정감을 확보한다.10) 즉 안정감을 어디까지 추구하는가에 따라 A와 B 계열로 나뉜 것이다.

---

9) 조지훈 외, 『청록집』, 을유문화사, 1946, 1-3연
10) 2음보와 4음보의 기본 율격을 띠고 있는 점이나 마지막 연 첫 구절이 주위를 환기하는 "이밤사"로 시작하는 부분은 시조나 가사의 형식을 떠올리게 한다. 홀수 음보보다 안정감을 더 느낄 수 있는 짝수 음보의 활용은 많은 선행 연구에서 이미 지적한 것이다. 그러나 기본 율격이 시조나 가사에 있다는 점 그 자체가 의의의 전부가 아니다. 더욱 주목해야 할 점은 『문장』 계열에서 『청록집』 계열로 바뀌었다가 다시 회귀한 사실이 이 형태상의 리듬 문제와 직결된다는 것이다. 이와 같은 논지와 직접 연관은 없으나 조지훈 시의 리듬을 집중적으로 다룬 대표적인 연구로는 조창환, 「조지훈 초기시의 운율과 구조」(『한국문예비평연구』 25, 2008. 5-28쪽)가 있다.

가장 눈에 띄는 부분은 인용한 형태상의 차이이지만 다른 부분의 차이가 없는 것은 아니다. 같은 계열이라도 마침표가 있고 없고의 차이, 그리고 7연의 "合掌인양"의 표기 차이("合掌이냥"), 8연의 "지새우는"의 표기 차이("지새는"/"울어새는") 등 미세한 차이들이 나타난다.11) 형태가 하나로 정착되지 않고 변화하는 까닭을 생존 시에는 시인의 고민 때문이라 여기면 되지만 사후에는 어떻게 이해해야 하는가. 여기에 대해서는 조지훈을 문학사의 중요한 위치에 올린 처음 계기가 『청록집』이라서 이 영향력이 사후에도 영향을 끼쳤을 것이라는 의견이 이미 제출된 바 있다.12) 이 글이 그럼에도 불구하고 A 계열을 분석 텍스트로 삼은 까닭은 시인의 생존 시 마지막에 시를 선택하고 퇴고하여 발간한 시집이 『조지훈시선』이기 때문이다. 또한 의미 전개와 호흡이 자연스럽게 연결되고 있는 것도 분석 텍스트라 판단했기 때문이기도 하다. 지금까지의 논의를 정리해서 여섯 가지 판본을 다시 표로 정리해 보면 다음과 같다. 이는 다음 장에서 진행할 의미 분석과 연결된다.

	『문장』 (1939)	『청록집』 (1946)	『풀잎 단장』(1952)	『조지훈시선』 (1956)	『조지훈 전집』 (일지사, 1973)	『조지훈 전집』(나남, 1996)
행과 연	8연 15행	9연 18행	8연 15행	8연 15행	9연 18행	8연 15행
마침표	서러워라. (2-2) 나빌네라. (8-2)	나빌네라. (1-2) 서러워라. (3-2) 외씨보선이여. (5-2) 나빌네라. (9-2)	없음	없음	나빌네라. (1-2) 서러워라. (3-2) 외씨보선이여. (5-2) 나빌네라. (9-2)	없음

---

11) 최동호, 같은 글, 105-107쪽. "합장인양", "지새는"의 판본별 차이와 그 의미 분석에 대해서는 이 글의 뒤에서도 다루었으나 본격적인 논의는 여기에 자세히 제시되어 있다.
12) 같은 곳.

느낌표	외씨보선이여! (4-2)	없음	없음	없음	없음	없음
지새는 (8-1)	지새는	지새는	울어새는	지새우는	지새는	지새우는

* 띄어쓰기와 맞춤법 통일과 관련된 부분은 제외, 괄호 속 숫자는 차례로 연과 행 표시.

    판본대조표를 펼친 후에 새삼 환기되는 점은 시인의 사후에 출간된 전집이 어떤 판본을 정본으로 삼았는가이다. 1973년에 발간된 일지사판은 『청록집』을 대상으로 했다. 단지 행과 연의 형태뿐만 아니라 마침표의 위치, "지새는"의 표기 형태를 고려해도 그러하다. 이는 결과적으로 시인이 생존시에 『풀잎 단장』, 『조지훈시선』에서 고려했던 고민이 누락되었음을 뜻한다. 한편 나남판 『조지훈 전집』의 경우 시인이 생존했을 당시 마지막에 발행한 『조지훈시선』을 대상으로 했다. 각 연과 행의 형태는 『문장』이나 『풀잎 단장』과 같지만, 마침표나 느낌표가 없다는 데에서 『문장』과 갈라지고, "울어새는"이라는 표기를 따르지 않았다는 점에서 『풀잎 단장』과 갈라진다. 무엇보다도 "지새우는"이라는 표기가 사용됨으로써, 『조지훈시선』 이외의 것과 변별되는 것이 나남판 『조지훈전집』이다. 이는 결국 조지훈이 생존했을 당시 마지막까지 숙고한 결과를 반영한다는 뜻으로 이해할 수 있다.

3. 판본 비교와 미적 지향점

1) 길이와 문장 부호

앞에서 논의한 어휘 풀이와 판본의 차이는 「승무」의 의미 형성 과정을 추적하는 데 토대가 된다. 「승무」의 선행 연구는 크게 나누어 리듬을 중심으로 한 형태상의 문제를 다루거나 비유를 중심으로 한 의미상의 문제를 다루고 있다. 이 글은 형태상의 문제와 의미상의 문제가 긴밀히 연관되어 있다는 전제 아래 리듬의 문제부터 다루되 그 동안 논의에서 소외되었던 문장 부호의 변이까지 주목하여 각각에 담긴 의미들을 추적하려 한다.

이와 관련하여 주목해야 할 점은 시의 형태가 『문장』 계열에서 『청록집』 계열로 바뀌었다가 다시 회귀한 사실이다. 왜 그는 8연 15행에서 9연 18행으로 수정했다가 다시 8연 15행으로 고쳤는가, 리듬의 문제는 이 질문으로 요약할 수 있다. 여기에 대해서는 『청록집』 발간 당시 여러 정황상 정지용이나 동료 청록파 시인의 영향력을 추정할 수 있고, 또한 그렇게 고려되어 왔다.[13] 4음보의 전통적인 율격을 계승했기 때문이기도 하지만, 이와 더불어 2행 1연의 당대 유력한 시의 형식을 활용했기 때문에 「승무」의 리듬이 안정되었다는 것이다. 안정된 형태를 지향한 것이 『청록집』의 B계열이다. 이와 견주어 『문장』의 A계열은 1행 1연의 형태를 쓰고 있다. 이는 불안정감, 즉 생동감을 지향하고 있다고 말할 수 있을 것이다.

안정감에서 생동감으로의 변이는 행과 연의 형태 변화에서 쉽게 파악된다. 그런데 문장 부호의 쓰임새에 주목했을 때에는 더 미세한 차이를 감지할 수 있다. 앞의 기준은 A와 B계열만 구분할 수 있으나 문장 부호의 쓰임새는

---

13) 최동호, 「조지훈 시의 초기 판본에 대하여」, 104쪽과 각주 6)번 참조.

같은 계열 안에서의 판본까지도 구분한다. 『문장』에서는 2연과 8연의 끝에 마침표가 있으며 춤의 절정 부분인 4연 마지막에 느낌표가 있다. 특히 느낌표가 찍힌 곳("외씨보선이여!")은 그 때문에 명확히 춤의 절정이자 감정의 절정으로 보이게 된다.

시의 구조와 관련해서 문장 부호의 쓰임새를 이해하면 『문장』판 8연의 마침표는 시가 끝났다는 뜻이다. 2연의 마침표는 춤 장면에서 무대 장면으로 장면의 전환을 뜻한다. 도입부가 정리되는 것이다. 4연의 느낌표는 동작의 절정을 뜻하면서 곧바로 정지된 장면이 등장하는 것을 고려하면 국면의 전환을 뜻한다. 이 국면의 전환은 전체 시의 중간에 해당한다. 전반부에는 동적인 장면이 주로 등장하고 후반부에는 주로 정적인 장면이 등장한다. 문장 부호는 장면이나 국면의 전환이 이뤄질 때 쓰이고 있다. 즉, 『문장』판에서는 시인이 문장 부호를 활용하여 구조적인 변곡점에 나타나는 감정의 변화를 가시화했다고 볼 수 있다.

『청록집』의 「승무僧舞」는 그와 반대이다. 우선 도입부가 늘어나면서 절정 부분이 상대적으로 줄어들었고, 그와 동시에 늦게 등장한다. 가령 감정의 절정이자 위치상 가운데를 차지했던 "외씨보선이여" 구절은 총 9연의 5연 마지막에 등장하며 뒤로 밀려났다. 최초 판본과 견주면 균형이 깨어진 것이다.

마침표는 1, 3, 5, 9연 마지막에 있다. 이 중 3과 9연의 마침표는 앞의 반복이며, 5연의 마침표는 앞의 느낌표를 대신한 것이다. 느낌표는 감정의 절정을 북돋운 반면 마침표는 '마침'이라는 말뜻에 표시되어 있듯 감정의 흐름을 갈무리한다. 절정의 감정이 앞에서는 여운을 남긴다면, 여기에서는 곧바로 단절되는 것이다. 1연의 마침표는, 종결어미 다음에 붙는 관례를 따랐거나, 9연 마지막 "나빌레라"에 붙인 것을 참조하여 찍은 것처럼 보인다. 한편, 9연의 마침표의 경우, 똑같은 형태가 1연 마지막에 등장하고, 두 번밖에 쓰이지 않았던 마침표가 네 번 쓰이게 되면서 대단원의 의미가 상대적으로 줄어들고 있다. 『청록집』의 문장 부호는, 장면의 전환이나 감정의 높낮이를 뜻하는 의미상의 기능보다는 문법적인 기능, 즉 문장이 종결되었다는 표시나 2행 1연 형식의 완결성을 지향하고 있는 것이다.

『문장文章』의 「승무僧舞」가 내면의 욕망을 반영하려 했다면 『청록집』판은 주어진 틀에 시형을 맞추고자 했다. 이후 조지훈은 다시 『문장』 계열로 돌아간다. 그러나 그것이 『문장』 형태로의 회귀를 뜻하지는 않았다. 행과 연의 형태는 이전과 같았으나 텍스트 위에 문장 부호가 사라졌다는 면에서 그러하다. 1952년 발행한 『풀잎 단장』부터 출현한 이와 같은 형태는 1956년 발행한 『조지훈시선』에서도 반복된다. 형태적 완결성을 도모했던 문장 뒤의 마침표도 내면의 욕망을 가장 잘 드러내었던 느낌표도 자취를 감추고 제3의 길을 찾는 모색의 시간이 찾아왔다. 그리고 그렇게 얻어낸 결과는 이후에도 변하지 않았다.

문장부호가 사라지며 부각되는 것은 화자와 여승, 감정과 대상의 거리이다. 느낌표가 찍혀 있던 4연 2행의 "돌아설 듯 날아가며 사뿐이 접어올린 외씨보선이여"를 보자. 느낌표가 사라지자 감정이 잦아든다. B 계열에 있던 마침표도 사라지자 여운이 깊어진다. 그 자리에 대신 들어 찬 적막하고 깊은 여운은 화자가 감정과 의지를 거두며 조성된 것이다. 이와 관련하여 주목할 것은 일인칭의 권능이 막강한 시 장르라 할지라도 조지훈은 이 시에서 말하는 주체 이외의 다른 대상에 감정과 의지를 덧씌우지 않고 있다는 점이다. 감정을 표현한 주체도, 감정을 풀어 놓은 대상도 여승이 아니라 자기 자신이다. 여승의 내면은 화자에 의해서 직접 서술되지 않고 추후 외관 묘사를 거쳐 간접적으로 추측된다. 여승과 화자 사이의 거리가 언제나 전제되어 있는 것이다.

이 최소한의 거리는 감정이나 생각을 직접 드러내는 고백의 어조나 내적 독백의 화법을 쓰지 못하게 하는 데 일조한다. 감정이 고조되면 대상과 자기와의 거리를 지워 대상의 내면에 감정을 투사하여 마치 자기 자신이 여승인 것처럼 말할 법도 한데, 이 시에서는 그와 같은 모습이 보이지 않는다. 가령 5연에서 별빛을 쳐다보는 장면만 제시하면 화자와 여승이 함께 보는 것으로 인식될 텐데 "까만 눈동자"를 명시하며 여승의 눈동자를 바라보는 화자를 설정하게 한다. 6연의 "번뇌는 별빛"이라는 말도 화자와 여승의 번뇌로 함께 읽을 수 있는 것인데 "복사꽃 고운 뺨"을 제시하며 그 번뇌를 문법적으로는 여승에 한정시킨다. 이와 같이 경계가 뚜렷해지자 주체와 대상 사이의 간격도 명확해진다. 이 간격은 관찰의 거리이면서 동시에 의미 생성의 자리이기도 하다. 역동적인 모습 뒤의 정적인 국면을 헤아리고, 안정적인 모습 뒤의 비장미를 헤아리게 되는 까닭도 표현 그대로를 믿지 못하는 의심의 거리이자 반성의 거리가 확보되었기 때문이다.

판본별로 「승무僧舞」에 쓰인 문장부호가 지닌 특징에 대해 정리해 보면 다음과 같다. 『문장文章』에는 느낌표와 마침표가 있다. 이들은 장면의 전환이나 감정의 높낮이를 표현하는 데 밀접하게 개입하고 있었다. 화자를 기준으로 본다면 여승의 내면과 춤동작에 자신의 감정을 적극적으로 표현하고 있다는 것이다. 『청록집』에는 대부분의 문장 끝에 마침표가 찍혀 있다. 느낌표까지 대체한 마침표는 2행 1연의 완결성을 추구한 결과라고 할 수 있다. 또한 문장 단위의 마지막에 찍힌 것이므로 이는 문법적인 기능에 충실한 결과라고도 할 수 있다. 그 결과 여승이건 화자이건 내면의 감정과는 멀어지게 되었다. 대신 바깥에서 주어진 형식의 압력이 강하게 감지되는데, 그 압력의 실체는 계승된 전통 시가 형식뿐 아니라 정지용이나 박목월 등 동시대 시인의 시 형식이었다. 『풀잎 단장』 이후부터는 문장 부호가 아예 지워졌다. 문장부호가 의미했던 느낌표의 감정, 마침표의 단절과도 결별한 것이다. 즉 텍스트 내에 있는 화자나 여승의 내면이나 텍스트 바깥에서 주어진 형식과도 멀어진 것이 이후의 판본이었다. 이때의 「승무」를 적막하고 깊은 여운의 세계로 요약할 수 있는데, 이와 같은 독자적인 세계는 한 순간을 제외하고는 화자가 여승과 일정한 거리를 유지했기 때문에 확보할 수 있는 것이었다.

2) '번뇌는 별빛'의 상징과 비유

『청록집』의 「승무僧舞」는 문법적인 기능이나 2행 1연의 완성미를 추구한 결과 대부분의 문장 단위마다 마침표가 찍혀 있다고 했다. 그런데 주목할 점은 『청록집』에도 문장이 종결된 구절 중 한 곳은 마침표가 찍히지 않았다는 것이다. 그곳이 "번뇌는 별빛이라"라는 구절 뒤이다. 여기에 마침표가 찍히지 않았던, 또는 못했던 까닭은 무엇인가. 다른 시인의 영향이나 문법적 기능을 따르지 못하게 한 시 내부의 요인이 있었던 것은 아닐까. 독자는 그곳에서 마침표로 단절할 수 없는 내부의 힘을 감지할 수밖에 없다.

「승무」의 긴장을 이루는 중요한 기제인 빛과 어둠에 주목하면, 천상에는 빛이 있고 고뇌를 대변하는 어둠은 지상에 있다. 이 둘의 간격은 여승의 춤으로도 쉽게 좁혀지지 않는다. 여승은 '종교적 진리'를 추구하는 '인간'이고, 무용은 '인간'의 몸이 곧 '예술'로 승화되기를 기원하는 행위이다. 승무는 지상에 얽매인 자신의 운명을 초극하고자 하는 의지의 표현이라고 할 수 있다. 시에서는 이와 같은 의지가 모두 관철되지는 않는다. 실패를 예감하는 단서가 뺨에 흐르는 "두 방울"의 '눈물'이다. 여기에서 "별빛"은 소망의 대상을 상징하는데, 이것이 없으면 고뇌도 없겠지만 삶의 이유 또한 없을 것이다. "번뇌가 별빛이라"는 그와 같은 운명을 감당하는 표지이자, 지상의 것이 천상의 것과 일치할 수 있다는 가능성의 표현이다.

'별빛'을 무대의 황촉불의 반경으로 제한한 것은 지상의 굴레를 강조한 의

견이고, 시를 관통하는 핵심 구절로 파악한 것은 승화한 예술에 주목한 의견이다.14) 현실의 고뇌와 초극의 이상 사이의 긴장을 확인할 수 있는 곳은 많다. 우선 바로 앞부분 "고와서 서러워라"와 같은 구절이 그러하다. 또한 역동적인 춤사위는 지상에서 연출되고 적요한 별빛은 천상에서 비추고 있는 것도 마찬가지다. 이와 같은 요소를 모두 포함한 "번뇌는 별빛이라"의 여운은 전체 시에서 가장 오래 지속되고 깊다. 어떠한 판본에서도 마침표를 찾을 수 없는 까닭이 여기에 있을 것이다.

이 구절을 핵심 구절로 추정하는 원인 중 다른 하나가 비유이다. 은유의 형태를 띠고 있는 구절은 「승무」에서 여기밖에 없다. 이와 같은 언술 구조에서 두드러지는 것은 일상 지각에서 멀리 떨어진 수레[vehicle]와 취지[tenor]를 묶어 새로운 관계를 형성하는 주체의 힘이다. 대상과 주체의 거리가 전제되어 있고 관찰자의 시선이 줄곧 유지되고 있는 「승무」에서, "번뇌는 별빛이라"는 그 둘 사이의 거리가 사라지고 대상에 투사된 주체의 정념을 읽을 수 있는 유일한 구절이다. 「승무」의 화자는 관찰자의 시선으로 여승과 거리를 유지하고 있는 데에 주력한다. 이와 같은 거리가 지속적으로 유지되다가, 이 구절에서 일회적으로 사라지고 있는 것이다. 이는 도취의 광경이면서 동시에 지상과 천상의 거리가 지워지는 한순간

---

14) 김기중, 「지훈시의 이미지와 상상적 구조」, 『민족문화연구』 22호, 169쪽. "이 작품에서 빛/어둠의 대립은 그러한 내면 지향의 내부 공간과 세계인식의 외부 공간이 형성하는 심층적 의미망을 보여준다. 별빛을 지향하는 승무의 춤은 <황촉불>이 밝히는 만큼의 빛의 공간에서 이루어진다."; 최동호, 「조지훈의 「승무」와 「범종」」, 207쪽. "이 시의 구성을 떠받치고 있는 것은 빛의 이미지이다. 별빛과 달빛은 하늘에 있고 황촉불과 춤추는 여승의 눈빛은 지상에 있다. 별빛이 눈빛을 마주치게 하기 위해 달빛과 황촉불이 매개가 된다. 까만 눈동자가 응시하는 별빛이야말로 지상적 존재인 인간이 자신의 고뇌를 별빛으로 초탈시키고자 하는 의지의 상징적 대상물이다. 그런데, 여기서 간과하지 말아야할 것은 이 시 전체를 지배하는 것이 '내면의 빛'이라는 점이다. 하이얀 고깔을 투시하고 두 볼에 흐르는 빛을 응시하는 내면적인 빛을 간과한다면, 이 시에 구사되는 시행들은 아마도 산만한 수사로 전락해버렸을 것이라는 점을 상기해보라. 이 내면의 빛을 전제로 별빛을 응시하는 눈동자가 번뇌의 초탈이라는 정신적 내면성을 획득하게 된다는 것이다."

이다. 그것이 한순간만 이뤄진다는 면에서 여승의 비극적 인식이 드러나며, 한순간이라도 이뤄진다는 면에서 예술적 승화가 연출된다.

3) 시어와 정황의 차이

「승무僧舞」의 판본 변화 과정을 통해 시인이 겪었던 고뇌를 생생히 읽을 수 있었으며 비유의 쓰임을 통해 여승의 고뇌와 예술적 승화의 일면을 섬세하게 읽을 수 있었다. 그러나 이 시의 시적 의미가 여기에서만 발생하는 것도 아니며 해석상의 난맥상도 여기에만 있는 것은 아니다. 앞에서 다룬 문제들과 견주었을 때 사소해보일 수도 있으나 무시할 수 없는 문제들에 대해 간략하게나마 다루고자 한다.

첫째, "복사꽃 고운 뺨에 아롱질듯 두방울이야"에서 '두 방울'의 정체이다. 이를 속세의 번뇌를 표상하는 '눈물'로 보는 것에 대해 이견은 거의 없다. 하지만 주목해야 할 점은 이를 명시하지 않았다는 것이다. 리듬 등 여러 가지를 감안한 결과이겠지만, 이를 명시했을 경우 얻는 것보다는 잃는 것이 더 많아 보인다. 개인적인 센티멘털을 주로 대변하는 '눈물'이 명시될 경우 시의 전체적인 의미에서 예술적 고뇌보다는 개인적인 감상이 두드러지게 된다. 즉 보편성보다는 특수성이 전면에 등장하는 것이다. 따라서 "두방울"과 어울리지 않는 땀방울로 해석될 수 있는 여지를 감수하고서라도, '눈물'을 문면에서 지운 듯하다.

둘째, 휘어졌다 감기고 다시 접어 뻗는 손에 주목한 다음 등장하는 "깊은 마음 속 거룩한 合掌인양 하고"의 정황이다. 힙장은 손동작을 마친 뒤 한 것인가, 손동작 자체를 뜻하는가. 이 구절 앞에서 시인은, 외씨버선의 역동적 움직임에서 눈동자와 별빛의 고요한 정적으로 이어지는 장면의 전환을 시도

했다. 이 구절을 움직임에서 정지 동작의 재반복으로 받아들이면, 정황은 손동작을 끝낸 다음 합장을 한 것이 된다. 춤사위는 이때 지상에 얽매인 운명과 극복의 시도와 상응하고 합장은 종교적 구원이나 예술적 승화와 상응한다. "깊은 마음 속 거룩한"을 제외하고 이해하면 그렇게 읽을 수도 있다. 하지만 "마음 속 거룩한"은 "합장"을 수식하고 있고, 다시 "합장"은 "인양," 즉 의미상 '처럼'과 결속되어 있다. 앞의 경우처럼 읽으면 '합장인 것처럼'의 원관념을 찾을 수 없게 되는 것이다. 문장 구조상 "합장인양"과 호응하고 있는 부분은 손동작이다. 앞부분의 손동작 자체가 합장이라는 뜻인데, 역동적인 움직임이 끝나고 합장을 하는 것이 아니라 역동적인 움직임 자체가 합장이라는 것을 의미한다. 이와 같은 해석에서는 비록 역동성 끝에 정적인 순간이 찾아온다는 맥락은 희생되더라도 지상의 움직임이 종교적 구원이라는 시의 전체적인 주제는 재확인 할 수 있다.

셋째, 마지막 연 첫 행 "이밤사 귀또리도 지새우는 三更인데"의 "지새우는"이 처음 『문장』판에서는 "지새는"이었다가 『풀잎 단장』에서 "울어새는"으로 바뀌었다가 『조지훈시선』에서 "지새우는"으로 교체된 이유이다. "지새는"이 "지새우는"으로 바뀐 이유는 이미 제출된 바 있다.15) '밤을'이 생략되어 있을 수밖에 없는 문장구조를 고려하면 자동사보다 타동사가 쓰이는 것이 자연스럽다는 견해이다. 한 가지 더 주목을 끄는 부분은 "울어새는"이 일순간 등장했다가 사라진 까닭이다. "울어새는"이 등장했다는 것은 시인이 "지새는"에 아쉬움이 있었다는 것을 방증한다. 결과적으로 "지새우는"으로 그 아쉬움은 해소되었으나, 그 전까지 시인은 "울어새는"을 내세웠던 것이다. "울어새는"은 '울다'와 '새다'가 합쳐진 말로서 "지새는"보다 생동감이 더하다. 둘 다 긴 시간을 필요로 하지만 '지새다'에는 '울어새다'가 담을 수 있는 귀뚜라미의 구체적인 모습이 배제되어 있다. "울어새는"을 선택한 화

---

15) 최동호, 「조지훈 시의 초기 판본에 대하여」, 106-107쪽 참조.

자는 대상을 관찰하는 객관적 시선을 여전히 유지하고 있지만 "지새는"과 견주었을 때 둘 사이의 거리는 한층 좁혀졌다. 화자가 귀뚜라미의 심경을 헤아릴 수 있거나 자신의 마음을 귀뚜라미에 투사할 수 있을 정도로 가까워지게 되는 것이다.

하지만 조지훈은 이 선택을 곧바로 철회하였다. 그 까닭은 여러 가지일 것이다. 우선 '눈물'을 텍스트에 드러내지 않은 까닭과 비슷하게 신파를 배격하고 객관적 거리를 유지하고자 하는 뜻이 작용했을 가능성이 크다. '울어새다' 속에 있는 '울음'이 신파처럼 느껴졌을 수 있는 것이다. 또한 시가 마무리되는 부분에서 생동감을 돌출시키기보다는 정적인 분위로 끝내는 것이 전체적인 시의 흐름에 어울린다는 판단이 작용했을 가능성도 크다. 무엇보다 고뇌의 시간이 장시간 지속되었다는 것을 표시하는 "삼경"이 "울어새다"를 사용할 경우 고립되는 문제가 발생한다. "지새다"는 "삼경"의 의미에 고뇌가 축적되는 시간의 지속성을 더하지만, "울어새다"는 생동감이 부각된 나머지 "삼경"을 단순히 시간적 배경으로 머물게 한다. 이러한 고민들이 시인으로 하여금 "울어새다"를 철회하고 "지새우다"를 선택하게 한 것은 아닐까. 시인의 선택은 정적의 순간을 부각하여 여운이 깊어지는 마무리였다.

이 장에서는 주로 판본 변화 과정에 주목하여 의미 형성 과정과 시인의 의도를 짚어보았다. 판본에 따라 문장 부호도 바뀌고 시인이 감정이 잦아들었다. 대신 두드러진 것은 화자와 여승 사이에 가로놓인 심연이었다. 둘 사이의 간격은 「승무」의 주제이기도 한 현실과 이상의 간극을 환기했다. "번뇌는 별빛이라"는 어느 판본이건 마침표가 찍혀 있지 않은 구절이자 은유를 구사하여 이 간격이 유일하게 무화된 순간이었다. 이 단 한 번의 예외가 현실과 이상의 간극을 지우는 순간을 연출했다. 그 밖에 판본 변화와 함께 의미 변화를 일으킨 구절은 마지막 연 "지새우다"이다. "울어새다"가 쓰였을 때보다 "지새우다"가 쓰일 때 시간의 지속성이 강조되며 "삼경"은 단순히 시간적 배경의 역할에 그치지 않고 번뇌가 축적된 시간의 의미를 담을 수 있었다.

4. 나가며

이 글은 조지훈의 등단 추천작 중 한 편이자 그의 대표작인 「승무」를 집중적으로 읽은 시도이다. 이 시는 그가 생존했을 당시 『문장』, 『청록집』, 『풀잎 단장』, 『조지훈시선』에 네 번 각각 다른 형태로 수록되었고, 사후의 전집 두 곳에도 다른 형태로 실려 있다. 특히 생존했을 당시 발간된 시집의 판본별 차이는 이 글의 분석에 중요한 자료를 제공하였다. 발표와 개고 당시 구체적인 시인의 고뇌를 그곳에서 짐작할 수 있었으며, 그 결과 시가 최종적으로 지향했던 미적 가치를 추적할 수 있었기 때문이다.

판본별 차이는 크게 길이, 표기, 부호에서 발생했다. 길이는 행과 연의 수를, 표기는 시어를, 부호는 마침표나 느낌표의 쓰임새를 뜻한다. 구체적으로 1, 2, 3연의 길이를 어떻게 처리하는가에 따라 8연 15행과 9연 18행의 시로 나뉘었다. 표기는 "지새는→울어새는→지새우는" 순으로 변화했다. 부호의 경우 느낌표가 등장했다가 곧 사라졌으며, 마침표는 확산했다가 사라졌다. 주목할 점은, 마침표가 전 문장 단위에 찍혀 있던 판본에도 찍지 못했던 특별한 구절이 "번뇌는 별빛이라"였다는 것이다.

이와 같은 사실에서 확인할 수 있었던 것은, 『문장』 판본에서는 승무의 장면에 적극적으로 화자의 감정이 개입되었다는 점이다. 『청록집』 판본에서는 전통의 시가 양식과 당대 의식하지 않을 수 없었던 시 형태가 시인의 내적 규율에 깊숙이 개입되었다는 점을 확인할 수 있었다. 이후 그는 시인의 감정을 내세우지도 외부의 영향을 따르지도 않으면서, 「승무」의 독자적인 세계를 형성했다. 그것은 적막하고 깊이 있는 여운의 세계로 요약할 수 있는데, 한 순간을 제외하고는 화자가 여승과 일정한 거리를 토대로 관찰의 시선을 유지하는 것에서 확보될 수 있었다.

꽃잎의 자율성 : 김수영의 「꽃잎 1」

1. 「꽃잎」 연작 창작의 맥락

　김수영(1921-1968년)은 1966년 12월과 1967년 1월 시 월평에서 최원의 「꽃의 小考」라는 작품을 불만스럽게 언급했다.[1] 시 월평란이라는 것이 한 달 간격으로 발표된 시를 평하는 자리이기 때문에 대상 시편이 달라야만 했으나, 이상하게도 그가 보았다고 밝힌 잡지와 작품은 비슷하다. 유치환의 시가 뒤에 추가되었을 뿐 좋은 작품으로 꼽은 황동규의 시들도 동일한 것이며, 최원의 시에 대한 불만 또한 내용이 비슷하다. "작품으로는 무난하게 잘 다스려 나간 폭인데, '꽃'이라는 주제와 그의 상징이 너무 흔해빠진 것이어서 불만이다"(1966.12), "작품의 됨됨이는 무난한데 소재가 흔해빠진 것이다"(1967.1). 흔해빠졌다는 것이 주제와 상징에서 소재로 수정되었다. 작품의 됨됨이는 괜찮은데, 주제가 슬픔과 상처란 것과 무엇보다도 매개체가 꽃이라는 것이 김

---
[1] 『김수영전집 2-산문』, 민음사, 1981, 393, 396쪽.

수영에게는 불만이었다.2) 그에게는 주제와 소재 모두 상투적이었다. 그는 불만의 상당한 책임을 소재를 선별하는 시인의 감식안과 더불어 시인이 선택한 소재인 꽃에 묻고 있다.

이즈음의 그에게 꽃은 시의 소재로서 부적절했다. 새로움이 시인의 임무이면서 자유로움의 기준이 되어야 한다고 말한 김수영에게 꽃은 낡을 대로 낡아서 식상한 소재였다.3) 아무리 예리한 인식의 촉수를 지닌 시인이라도 꽃과 대면하는 순간 그 예리함이 무디어지기라도 한다는 듯이 김수영은 꽃을 저어했다. 실제로 '꽃'이 그의 시 제목에 등장한 것은 벌써 10년 전 일이다.4) 그리고 김춘수가 그의 대표작 「꽃」과 「꽃을 위한 서시」를 발표한 연도는 1959년이다. 김수영은 김춘수의 시를 단 한 번도 좋게 평가하지 않았다. 악평의 근거는 여럿이지만, 새로움의 부재가 그 중심에 있었다.5) 이랬던 그가 불과 오 개월 뒤 꽃을 소재로 세 편의 시를 창작한다. 그 제목은 「꽃잎 1」, 「꽃잎 2」, 「꽃잎 3」이다. 제목은 꽃잎이지만, 시에서 꽃잎과 거의 같은 빈도로 꽃이라는 단어가 쓰이고 있다. 표면적으로 그는 자신의 말을 바꾼 것

---

2) 최원 시의 전문은 다음과 같다. "꽃은/調和로운 나비 날개의 紋衣로 여문다./나의 꽃은/사마귀같은 상처를/樹皮에 지닌 채/안으로 홀로 여문다.//찢기어진 나의 날개 아래서/나의 꽃은,/내 詩의 一簡/꿈속의 隱喩와 같이/홀로 익는다//손 위에서 손금이 흐르고 있는 時間에도/아,/나의 無垢한 꽃은/흔들리는 나뭇가지 사이에서/밤하늘의 별밭 속에서/和暢한 햇살 사이에서/슬프게, 슬프게 익는다.//슬픔이 變身된 사마귀의 空洞,/그 純粹한 꽃의 內室에서는/풍성한 옛이야기를/언제나 暗記한다.//그리고,/잎 가장자리 쯤에 세상의 먼지가/내려앉으면/하얀 손수건을 들어 때를 묻히고/가늘고 길게 나의 꽃은/四季를 익는다."(『현대문학』, 1966년 12월. 187쪽)
3) 「생활현실(生活現實)과 시(詩)」, 『김수영전집 2-산문』, 192쪽.
4) 「싸리꽃 핀 벌판」(1959), 「깨꽃」(1963)은 논의에서 제외한다. 여기에서 비교되는 소재는 개별적인 꽃이 아니라 최원의 시처럼 추상화된 꽃이다. 김수영은 1966년 이전에 '꽃'을 제목으로 두 편의 시를 남겼다. 그 제작연도는 1956년, 1957년이다. 1966년과 1957년 사이에는 그의 인식에 충격을 준 4·19와 시세계의 전환점인 「거대한 뿌리」가 놓여 있다.
5) 「시적인식(詩的 認識)과 새로움」, 『김수영전집 2-산문』, 398쪽.
"서정주의 「따숙山 雨中」, 「慶州所見」, 「無題」(현대문학)는 별로 새로운 데가 없고, 김춘수의 「靈魂」(『신동아』)도 「幼年時」(『한국문학』)보다는 <의미>를 담고 있지만 아무런 새로운 진전을 찾아볼 수 없다"

이다. 말을 바꾸지 않은 것이라면 이 꽃에는 그가 줄기차게 주장했던 새로움의 성향이 다른 시들보다 더 많이 들어 있어야 한다. 새로움에 대한 자신감이 없었다면 어떤 예민한 감성의 촉수라도 무디게 하는 꽃을 시의 소재로 선택했을 리 없다. 여기에서 우리는 어떠한 낡은 소재라도 자신이 일궈놓은 새로움의 영역 안에서는 새롭게 재창조될 수 있다는 그의 자신감을 엿볼 수 있다. 이 시에서 꽃, 혹은 꽃잎은 기존의 시들과 달리 그가 그렇게 강조하고 있는 새로운 모습을 띠고 있는가.

김수영은 「꽃잎」 연작의 마지막 편을 탈고(1967.5.30)하고, 꼭 하루 모자란 일 년 뒤에 그의 대표작 「풀」을 썼다. 그리고 한 달도 못되어서 교통사고로 세상을 떠난다. 그가 돌아간 다음 그를, 혹은 그의 시를, 그의 정신을 기리는 작업이 진행되었다. 「꽃잎」 연작은 간혹 단독으로 평가를 받기도 했으나, 대개는 「풀」과 관계를 맺어 언급되었다.6) 「풀」의 태생을 알리는 신호로서 「꽃잎」을 평가한 것은 이전의 시각과 마찬가지이지만, 그래도 「꽃잎」 연작에만 주목해서 그것의 가치를 인정한 처음의 논자는 황동규이다.7) 그는 "「풀」을 통과하여 연장되는 하나의 새롭고 확실한 선 위에 이 시를(「꽃잎 1」, 「꽃잎 2」 : 인용자) 놓을 수 있을지도 모른다"고 언급하며, 그 근거로 주술적인 반복을 들고 있다.8)

> 김수영의 대부분 작품에서는 반복이 강조를 위해 쓰여지고 있지만, 「꽃잎」과 「풀」에서는 그보다도 주술적인 효과를 위해 사용되고 있다고 볼 수밖에 없다.
> '꽃을 주세요'(「꽃잎 2」의 구절 : 인용자)를 강조할 필요가 있는 명제로 볼 수는

---

6) 김현승, 「김수영의 시사적 위치와 업적」, 『창작과비평』, 1968년 가을호.
"이미지의 무궤도적 자유로운 구사를 역량껏 발휘하면서도 현대 문명의 싸늘한 금속성 위에 꽃잎으로 상징되는 순진과 우아를 요구하고 있다"
7) 황동규, 「절망 후의 소리 - 김수영의 "꽃잎"」, 『심상』, 1974년 9.
―――, 「정직의 공간」, 『달의 행로를 밟을 지라도-김수영시선집』, 민음사, 1976.
8) 황동규, 「절망 후의 소리 - 김수영의 "꽃잎"」, 85쪽.

없기 때문이다.9)

위의 평가는 「꽃잎」을 분석하는 이후의 논자들이 자신의 논지를 펼치는 데 밑바탕이 된다. 그들이 세 편의 「꽃잎」 중에서 분석의 초점을 맞추는 작품은 다르더라도, 그 작품은 주술성과 반복을 바탕으로 해서 「풀」과 관련됐다.10) 주술적인 반복 이외에 이들이 「꽃잎」과 「풀」을 연관지은 근거로 들고 있는 것이 창작 일자의 간격이다. 친연성의 근거가 앞의 경우 시 안에 있다면 뒤의 경우 시 밖에 있다. 그러나 두 시편들의 사이에는 다른 시편들이 끼어 있다. 「여름밤」(1967.7.27), 「미농인찰지美濃印札紙」(1967.8.15), 「세계일주世界一周」(1967.9.26), 「라디오계界」(1967.12.5), 「미인美人」(1967.12), 「먼지」(1967.12.15), 「성性」(1968.1.19), 「원효대사元曉大師」(1968.3.1), 「의자가 많아서 걸린다」(1968.4.23)를 「풀」과 같은 맥락에서 분석한 글은 귀하다. 왜 사이에 있는 것들을 건너뛰고 「풀」과 「꽃잎」은 함께 거론되는가? 이 글은 이 두 제재가 식물에 속한다는 평범한 사실에서 출발하여 논의를 시작하고자 한다. 그것으로 김수영 시의 주술성을 보완한 뒤, 앞에서 제기했던 문제인 초기시의 「꽃」에서 후기시의 「꽃잎」으로 이행하면서 생겨난 새로움의 면모를 살펴보려 한다.

---

9) 황동규, 앞의 글, 86쪽.
10) 정남영, 「바꾸는 일, 바뀌는 일 그리고 김수영의 시」, 『실천문학』, 1998년 겨울호. 박수연, "「꽃잎,」 언어적 구심력과 사회적 원심력」, 『문학과사회』, 1999년 겨울호. 최현식, 「꽃의 의미 – 김수영의 시에서의 미와 진리」, 『포에지』, 2001년 여름호. 주술성과 관련해서 정남영은 '탈정착화,' '의미/무의미의 불확정 공간,' 박수연은 '소란스러움,' '원심력과 구심력,' '반복,' 최현식은 '순환과 균형'이라는 명제를 사용하고 있다.

2. 주술적 효과와 이성적 대화

꽃이란 식물은 김춘수가 그의 시에서 이야기했듯이, 누가 불러주기 전에는 그냥 하나의 몸짓에 머물기 쉬울 만큼 우리의 일상적인 인식 저편에 조용히 정지해 있다. 동물은 자신의 움직임으로 주목을 끌지만 식물은 특수한 예를 제외하면 멈춰 있는 듯 보인다. 김수영은 이 두 연작에서 이들을 시의 제재로 삼았을 뿐만 아니라 그들의 움직임과 소란에 주목했다. 둘 다 이상한 점이다. 그가 말했듯이 꽃은 시의 제재로는 상투적이다. 그리고 식물을 끌어들여 운동성을 말하려는 점도 쉽게 이해되지 않는다.

> 꽃은 過去와 또 過去를 向하여
> 피어나는 것
> 나는 결코 그의 種子에 대하여
> 말하고 있는 것은 아니다
> 또한 설움의 歸結을 말하고자 하는 것도 아니다
> 오히려 설움이 없기 때문에 꽃은 피어나고
> ―「꽃 2」1연

1956년에 쓰여진 위의 시에서 시인은 꽃을 매개로 자신의 연상을 과거로 확장한다. 꽃은 시인의 인식을 확장하는 도구로 쓰이고 있다. 2행의 "피어나는 것"이라는 단정은 꽃의 속성을 한꺼번에 드러내려는 시인의 의도에서 비롯된 표현이다. 뒤이어 등장하는 "말하고 있는 것은 아니다"의 반복 또한 자신이 인식한 내용을 수정하려는 부정이 아니라, 오히려 자신이 인식한 내용에 뒤따를 속단과 오해를 불식시켜 그 내용을 더욱 강조하는 역할을 한다.

꽃은 가만히 있으나 시인이 전달하고자 하는 내용은 점점 강조되고 있다. 1연의 "과거"는 3연에서 미래와 만난다. 이는 꽃의 의미가 확대되기 이전에 꽃을 바라보는 인식의 확대가 선행되어야 가능한 일이다. 10년 뒤에 창작된 「꽃잎 1」도 사정은 마찬가지이다.

> 누구한테 머리를 숙일까
> 사람이 아닌 평범한 것에
> 많이는 아니고 조금
> 벼를 터는 마당에서 바람도 안 부는데
> 옥수수잎이 흔들리듯 그렇게 조금
>
> 바람의 고개는 자기가 일어서는줄
> 모르고 자기가 가닿는 언덕을
> 모르고 거룩한 산에 가닿기
> 전에는 즐거움을 모르고 조금
> 안 즐거움이 꽃으로 되어도
> 그저 조금 꺼졌다 깨어나고
>
> 언뜻 보기엔 임종의 생명같고
> 바위를 뭉개고 떨어져내릴
> 한 잎의 꽃잎같고
> 革命같고
> 먼저 떨어져내린 큰 바위같고
> 나중에 떨어진 작은 꽃잎같고

　　　　나중에 떨어져내린 작은 꽃잎같고

　　　　　　　　　　　　　　　　　　　　　―「꽃잎 1」

　　1연을 제외하고는 바람이 시의 사건들을 일으키고 있다. 여기에서 꽃과 꽃잎은 바람의 보조관념이고, 그 움직임을 시인에게 인식하게끔 하는 수단이다.11) 바람이 조금도 불지 않는 앞마당이 1연의 정황이다. 시인은 사람이 아니라면 머리를 조금 숙이는 일이 부끄러운 일이 아니라는 전제 아래 그 근거를 바람도 불지 않는 마당의 자연물들에서 찾고 있다. 사람에게 머리를 숙이는 일을 지금까지 부끄럽게 여겼지만, 고개를 숙이는 일의 대상이 미물일 경우 그 행위는 3연에서처럼 혁명과도 같은 것이며, 따라서 고개 숙이는 일은 대상에 따라 자부심을 느낄 수도 있다는 것이다. 마당에는 바람도 불지 않는데 옥수수 잎이 조금 흔들리고 있다. 바람 없이 식물이 흔들리는 현상의 원인을 두 가지로 추측할 수 있다. 첫째는 인간은 감지할 수 없으나 식물이 느낄 수 있는 바람이 실제로는 불고 있을 때이다. 그 세기는 아주 미세하다. 시인은 자신의 감각을 불신하게 되는 반면, 바람을 인식하는 식물을 타자로 인식한다. 그는 움직이는 식물을 이해하기 위해 자신의 과거 경험에 비추어 바람이 존재하는 현재를 재구성하게 된다. 둘째는, 실제로 바람이 없는 상황을 가정하는 것이다. 시인의 이 말을 그대로 믿는다면, 식물을 움직이는 동

---

11) "가만히 보면, 이 시는 '꽃' 혹은 '꽃잎'에 대한 노래가 아니다. 진정한 주인공은 식물과 꽃을 빌려 자기를 드러내고 실현하는 '바람'이다"(최현식, 앞의 글, 109쪽).
　　최현식은 이 시의 주인공을 등장하는 모든 자연사물이라고 말하면서, 그 단서를 바람의 역할에서 찾는다. 그의 지적에 전체적으로 동의를 하지만, '진정한 주인공'이라는 용어가 '주어'로 읽혀 불러 일으킬만한 오해를 없애기 위해 부언하고자 한다. 연결어미 '~고'로 단단하게 묶여 있는 2, 3, 4연은 주인공과 주어가 모두 바람, 정확히 말하자면 바람의 고개이다. 2연의 첫 부분에 주어로 명시되어 있기 때문이다. 그러나 1연은 사정이 다르다. 4행의 "바람도 안 부는데"가 명시되어 있기 때문에 머리를 조금 숙이는 주어는 바람, 바람의 고개 모두 될 수 없다. 만약 그렇다면 바람, 혹은 바람의 고개가 바람도 안 부는데 머리를 숙인다는 이상한 구문이 되기 때문이다. 1연에서는 고개를 조금 숙일까 라는 물음으로 보아 그 주체는 화자가 적절해 보인다.

력으로 시간을 염두에 둘 수 있다. 시간에 의한 변화는 고속촬영에서나 확인할 수 있을 만큼 맨눈으로 감지하기 힘들지만, 시인은 그 움직임을 자신의 경험과 예측에 기대 포착하고 있다. 식물은 시간이 지나면서 돋아나거나 시든다. 어떠한 경우라도 현재 시인의 인식은 마당을 바라보면서 확장되고 있다.

2연에서 시인은 고개를 숙이는 일과 유사한 행동을 하는 자연 대상으로 바람을 꼽는다. 자신의 행위에 대한 정당성을 자연물의 흔들림에서 찾고자 하는 시인은 그 흔들림의 원인이 되는 바람과 자신을 동일시하고 있는 것이다. 그는 바람에 자신에게도 있는 '고개'를 달아 문장의 주어를 "바람의 고개"가 되게 한다. 문장의 주어와 발화의 주체는 이제부터 분리되기 시작하는데, 그 결과로 2연과 3연에서는 1연보다 직접적인 시인의 개입을 확인할 수 있다. 2연은 "모르고"의 반복 표현으로 구성되어 있다. 일어서고, 언덕에 가 닿고, 산에 가 닿는 것은 바람의 고개이지만, 정작 이와 같은 행동들을 모른다고 판단하는 것은 시인이다. 그의 개입은 이성을 동반한다. 주어진 명제를 받아들이지 않는 판단의 어법은 이성을 수반해야 이루어질 수 있다.

관찰하는 1연과 판단하는 2연을 거쳐 3연과 4연에서는 규정하려는 태도가 나타난다. 그는 바람의 고개를 임종의 생명과 꽃잎과 혁명과 같다고 말한다. 각각의 모습은 우리에게 낯설다. 바람의 고개가 꽃잎과 같다는 것은 시 안에서 반복되고 있으니 이해할 수 있다고 하더라도, 그것이 임종의 생명과 혁명과 부딪치며 일어나는 파장의 형상은 시 안에서도 시 밖에서도 쉽게 납득하기 어렵다. 이 낯선 반응은 바람이 떠올리는 우리의 일반적인 연상이 쓸모없어질 때 시작되며, 일반적인 연상이 떠나간 자리에 시인이 마련한 새로운 의미가 들어설 때 완성된다. 그는 3연에서 새로운 의미를 마련하는 작업을 시도하고 있다. 성공하기 위해서는 직관과 이성에서 비롯한 용기가 필요하다. 왜냐하면 긴 시간에 걸쳐 누적되어 온 사실에 입각해서 굳은 것이 바로 일반적인 연상이며, 하나의 목소리가 아니라 여러 사람의 목소리가 거기에 담겨 있어서, 이를 대체하기 위해서는 그 여러 목소리를 물리칠 시인의 의지가 요구되기 때문이다. 시인의 호명 행위는 보편적이고 관습적인 일상 지각과 싸움을 벌이고 있다.

인용시에서 화자는 관찰에서 판단, 판단에서 새로운 규정의 시도를 거치며 목소리를 높인다. 이 과정에서 드러나는 이성의 확대는 그 동안 「꽃잎」 연작과 「풀」을 분석하며 논자들이 언급했던 '주술적인 효과'와는 서로 반대되는 면이 없지 않다. 주술은 사람과 신의 의사소통 방법이지만 이성적인 대화는 사람과 사람의 의사소통 방법이고, 주술은 뜻 없는 소리를 반복하는(뜻 있는 목소리도 뜻 없게 할 정도로) 반면 이성의 확대는 뜻 있는 소리를 강조하며, 주술은 이성의 힘을 줄여 자연의 질서를 회복하려 하지만, 이성의 목소리는 자연을 구획하여 대상을 지각 안에 넣으려고 한다.12) 「꽃잎 1」에서는 위와 같이 이성의 확대가 들어있기도 하지만, 이성의 축소 또한 나타난다. 그 이성의 축소가 반복을 매개로 한 주술기법에서 비롯한 것이라고 하기에는 힘들지만, 시어들이 엮은 구문들은 독자를 이해 저편의 영역으로 몰아간다.13) 특히 3연이 그러하다. 바람의 고개가 바위를 뭉개고 떨어진 꽃잎 같고, 혁명 같고, 바위 같다는 진술, 그리고 그것이 먼저 떨어진 바위 같고, 나중에 떨어진 작은 꽃잎 같다는 진술은 우리의 일상 지각 안에서는 이해할 수 없는 것들이다.

---

12) 김인환, 「시의 기원과 기원의 시 4 : 무애가」, 『포에지』, 200년 봄호, 185쪽.
  "주문을 열심히 외우다보니 병이 나았다는 경험은 예외적인 기적이 아니다. 주문이 의식과 판단의 작용을 제한하였기 때문에 신체의 느낌이 자연의 리듬을 회복할 수 있었기 때문에 병이 나을 수 있었던 평범한 사실에 지나지 않는다."
13) 반복을 통한 주술적 효과가 발휘되는 시편은 꽃잎 연작 중 두 번째, 「꽃잎 2」에서 찾을 수 있다.

3. 온몸의 시학과 시공간의 중첩

일견 모순처럼 보이는 부분을 해결하기 위해 이성이 확대하는 측면을 시인과 시어 사이에 벌어지는 일로 몰고, 이성의 축소가 일어나는 측면을 시어와 독자 사이로 몰아서, 이 두 측면은 충돌하는 것이 아니라 층위를 달리하여 어긋나고 있다고 이해할 수 있을지도 모르겠다. 그러나 시의 의미가 이처럼 영역이 나뉘어 나타나는 것이 아니라는 사실을 상기한다면, 위의 해석은 편의적일 수는 있으나 합리적일 수는 없다. 이성의 축소를 일으키는 데 결정적으로 기여하는 구절을 사용하는 이는 시인 내지는 화자이며, 이성적인 목소리를 듣는 이는 다름 아닌 독자라는 사실을 가지고도 위의 추측을 쉽게 부정할 수 있는 것이다.

> 말을 바꾸어 하자면, 詩作은 〈머리〉로 하는 것이 아니고, 〈심장〉으로 하는 것도 아니고, 〈몸〉으로 하는 것이다. 〈온몸〉으로 밀고나가는 것이다. 정확하게 말하자면, 온몸으로 동시에 밀고 나가는 것이다.
> 그러면 온몸으로 동시에 무엇을 밀고 나가는가. 그러나 – 나의 모호성을 용서해준다면 – 〈무엇을〉의 대답은 〈동시에〉의 안에 이미 포함되어 있다고 생각된다. 즉 온몸으로 동시에 온몸을 밀고나가는 것이 되고, 이 말은 곧 온몸으로 바로 온몸을 밀고나가는 것이 된다.14)

1968년에 발표했던 산문 「시詩여, 침을 뱉어라」의 소위 '온몸의 시학' 부분이다. 시 창작론에 해당하는 이 글에서 김수영은 자신을 포함한 시인을 겨냥하여, 정신과 육체를 함께 바쳐 시를 쓰라고 촉구한다. 그는 "온몸으로 동

---

14) 「시(詩)여, 침을 뱉어라」, 『김수영전집 2-산문』, 250쪽.

시에"의 대상을 언급하는 부분에서 줄표를 넣고 "나의 모호성을 용서해준다면"이라고 덧붙이는데, 이 모호성이라는 말은 뒷부분을 참조하자면 역설적인 문장 '온몸으로 온몸을 민다'를 염두에 두고 쓴 것처럼 보인다. 물론 모호성이 역설에서 비롯되는 불명확함을 지칭하기도 하겠지만 그것은 모호함의 한 부분일 뿐이다. 그가 정작 용서를 바라는 것은 "동시에"에 담겨 있는 다의성이다. 이 말에는 여러 의도가 담겨 있어서 그 뜻을 자세하게 설명해야 하는데도 한 단어로 압축했기 때문에 표현이 모호해졌다는 것이며, 이에 대해 스스로 불친절한 태도라 여겼기 때문에 독자에게 양해를 구하고 있는 것이다. 그는 먼저 밀고 나가는 것의 대상에 대해 "<동시에>의 안에 이미 포함되어" 있다고 하며 말을 꺼낸다. 그리고 이 "동시에"의 뜻을, 겹문장인 한 문장을 제시한 뒤 이를 다시 나누어 설명한다. "온몸으로 동시에 온몸을 밀고"로 표현된 겹문장의 첫 번째 구문에서 '동시에'는 위에서 언급한 수단과 대상의 일치—온몸으로 온몸을—를 뜻한다. "동시에"의 자리에 "바로"가 들어선 두 번째 구문 "온몸으로 바로 온몸을 밀고"는 앞 구문의 내용을 똑같이 강조하기도 하지만, 즉 '대상이 무엇인가 하면 바로 온몸이다'라는 강조의 의미로 읽을 수도 있지만, "동시에" 속에 "바로"라는 뜻이 담겨 있음을 잊지 말라는 당부의 의미로도 받아들일 수 있다.

'바로'에는 동떨어진 시간을 겹치게 하려는 의도가 숨어 있다. 'A와 B를 했다'는 다른 시간에 일어날 수 있는 사건들의 묶음이지만, '바로'의 뜻을 넣은 'A와 B를 동시에 했다'는 같은 시간에 일어날 수밖에 없는 사건이다. '동시에'를 글자 그대로 풀면 '같은 시간에'이다. '온몸으로 온몸을'의 구절에 묻혀 지나칠까봐 그는 이 기본 뜻을 마지막에 새삼스럽게 강조한다. 설명이 충분했다고 생각했는지 김수영은 곧 이어 다른 화제로 넘어간다. 그러나 '동시에'에는 시간의 겹침이 자동적으로 불러들이는 공간의 겹침이라는 뜻도 담겨 있다. '동시에'는 '한순간에'라는 뜻으로도, '한꺼번에'라는 뜻으로도 쓰인다. 우리는 이 시간과 저 시간을, 이곳과 저곳을, 이곳과 저곳에 놓인 이것과 저것을 포개려고 '동시에'라는 말을 사용한다.

시인이 1956년에는 꽃을 주목했으나 1966년에는 꽃잎을 주목한 사실도 겹침의 효과를 극대화하려는 의도와 관련된 듯하다.15) 꽃잎은 꽃보다 시간과 공간의 변화를 명확하게 드러낸다. 꽃의 봉오리가 터지고 만개하고 시드는 과정은 긴 시간이 걸리기 때문에 한 번에 우리가 지각하지 못하며, 그 시간 동안 이동 거리도 길지 않다. 꽃은 제자리에서 폈다 진다. 대신 꽃잎이 꽃에서 떨어지는 시간은 짧으면서, 그 이동거리도 상대적으로 길기 때문에 우리는 이 사건을 목격할 수 있다. 꽃잎은 원래 달려 있던 자리를 이탈하여 다른 곳에 떨어진다. 제자리에 있는 것을 겹쳤을 때 그것은 반복이면서 정지이지만 다른 자리에 있는 것을 겹쳤을 때 그것은 반복이면서 진동이다. 김수영은 「꽃잎」 연작에서 꽃잎의 다른 시간들과 공간들을 겹쳐서 한 번에 제시하였다. 「꽃잎 1」의 구절들을 살펴보면, 서로 다른 시간에 일어나는 사건들이 겹쳐 있다는 것을 확인할 수 있다.

2연의 "조금 안 즐거움이 꽃으로 되어도 그저 조금 꺼졌다 깨어나고"는 '꺼졌다'와 '깨어나다'라는 다른 시간의 사건이 겹치면서 구성된 구절이다. 3연과 4연에는 다른 시공간의 겹침이 본격적으로 등장하고 있다. '임종 ↔ 생명' '떨어져내릴 꽃잎 ↔ 떨어져 내린 꽃잎' '떨어져내릴 ↔ 떨어진 ↔ 떨어져내린' 등의 충돌이 그 예이다. 한 편의 시에서 서로 다른 시공간이 겹칠 때 시의 대상은 한 순간에 둘 이상의 포즈를 취할 수 있게 된다. 꽃잎은 같은 시간에, 떨어져 내릴 것이며 떨어지고 있으며 떨어져 내렸다. 현실에서 불가능한 일이 시에서는 가능해진다. 시의 대상은 움직임을 확보하고 자유로워

---

15) 꽃에서 꽃잎으로의 변화는 기본적으로 범위의 축소를 전제로 한다. 꽃은 꽃잎의 전체이고 꽃잎은 꽃의 부분이다. 그는 1963년 「거대한 뿌리」를 기점으로 비천하고 남루한 작은 대상들을 지속적으로 사랑하기 시작했으며, 아예 「사랑의 변주곡」에서는 사랑을 겨자씨, 복사씨와 같은 작은 것에 비유하기도 했다.

지며, 무엇보다도 화자에게 호명을 받는 역할에서 탈피하며 화자와 대등한 위치에 놓이게 된다. 비록 시인이 확보해 준 시의 정황 안에서 그는 자유롭지만, 이 대상의 자유 때문에 현실에도 발을 딛고 있는, 즉 이성적인 시인은 그의 모든 것을 알지는 못하게 된다. 1956년에 발표한 「꽃」에서 꽃은 호명의 대상으로 머물 뿐 자유롭지는 못했다. 자기가 포착한 대상을 설명하면서도 대상의 속성을 낱낱이 파악하지 못하게 만드는 것, 이성의 힘을 포기하는 것이 아니라 이성이 확대된 만큼, 대상의 의미 또한 풍부함을 마련한 것이 「꽃잎 1」에서 파악할 수 있는 김수영의 전략이다.

시에서 계속 반복되는 "조금"의 의미도 이와 같은 맥락에서 이해할 수 있다. 시인에게 머리를 숙이는 일은 지금까지 인간을 향하여 했던 행위로서 수치심을 동반했다. 그러나 평범한 것들에 대해 "조금" 그 행위를 한다면 "혁명"과도 같은 자부심을 느낄 수 있다고 믿는다. 동일한 행위에 대해 다른 의미를 부여하는 작업을 하면서 이성은 확장되고 있다. 반면에 이 의미는 자신이 지금까지 도외시했던 "조금" 움직이는 자연현상에 기대어 생성되었기 때문에 자연물의 자율성 또한 확보된다. 그는 임종과 생명이 동일시되고 다른 시간들이 겹치는 이 혁명의 진리를 이야기하는 초입에 "언뜻 보기엔"이라며 말문을 연다. 자연 현상은 모두 이성의 영역에 포함될 수 없는 자율적인 존재라는 뜻이 담겨 있는 것이다. 이와 같이 자율적인 존재로서 자연 현상을 염두에 두었을 때 2연은 새롭게 보인다. 2연을 바람의 고개 측면에서 살펴본다면 시인의 힘이 커지는 동시에 한정된 범위에서나마 대상의 힘 또한 커진 모습을 확인할 수 있다.

> 바람의 고개는 자기가 일어서는줄
> 모르고 자기가 가닿는 언덕을
> 모르고 거룩한 산에 가닿기

전에는 즐거움을 모르고 조금

안 즐거움이 꽃으로 되어도

그저 조금 꺼졌다 깨어나고

　바람의 고개는 시인의 이성이 마련해 놓은 "모르고"들의 반복 사이에서 힘을 발휘한다. 바람의 고개가 알지 못하는 것은 자신이 일어서는 행동이다. 화자가 아는 것을 모르는 대상은 바람의 행동이 아니라, 비유하자면 바람의 이성이다. 바람은 자기도 알지 못하는 사이에 일어섰다. 시인은 대상의 행동에 대해 모른다는 판단을 내리게 된다. 바람의 행동이 시인을 일깨운 것이다. 남은 모르지만 자신은 안다는 데에서 생겨난 시인의 우위적 위치는 대상의 행동에 대해서가 아니라 대상의 이성에 대해서 획득되었다. 그는 바람의 이성에는 우세에 있지만, 바람의 행동에는 열세에 있다. 이와 같은 사정은 이어지는 구절에서도 확인된다. 바람의 고개가 언덕에 가 닿는 행동을 감지하며 시인은 비로소 바람은 그것을 모른다고 한다. 모른다의 대상은 여기에서도 바람의 행동이 아니라 바람의 이성이다. 그렇기 때문에 뒤 구절 "거룩한 산에 가닿기/ 전에는 즐거움을 모르고"에서, 산은 원래 거룩한 것이 아니라, 바람이 거기에 가 닿음으로써 거룩해진 것이다. 아니, 시인이 거룩하다고 느끼는 것이다. 또한 바람이 산에 닿기 전에는, 즉 자신의 행동이 수반되기 이전에는 그는 즐거울 수 없다. 바람에게도 시인에게도 즐거움은 행동이 있은 뒤에야 느낄 수 있는 감정이다. 이 사실을 시인은 바람의 행동을 보면서 비로소 깨닫게 된다.

4. 나가며

시인은 시에서 직접 행동할 수 없다. 시의 재료는 행동이 아니라 말이다. 이성의 영역에서 말과 행동은 겹치지 않는다. 그러나 시인은 불가능한 것을 가능하게 하는 역설적인 인간이기도 하다. 온몸으로 동시에 온몸을 밀고 나간다는 말이 시인의 입을 거쳐 나오면, 우리의 이해 영역은 한순간 확장된다. 그는 말로써 행동을 대신한다. 물론 이 '대신'은 대체가 아니라 겹침의 의미를 내포하는 것이다. 김수영은 일정한 시간과 공간을 배치해야 하는 시 텍스트 안에다 떨어진 시간과 공간을 동시에 담았다. 1956년의 꽃과 김춘수의 꽃은 모두 화자에게 호명을 받는 자율적이지 못한 대상이지만, 1967년의 꽃은 서로 다른 시간과 공간을 동시에 가지고 있으며, 화자에게 일깨움을 주는 주체이다. 바람의 행동을 2연에서 본 그는 3연에서 임종과 생명, 먼저와 나중의 시간을 병치한다. 그는 시공간의 영역을 확대함으로써 바람에게도 자유를 주었다. 이 순간 바위와 꽃잎은 대등해진다. 그것은 "혁명"과도 같다. 이 대등한 바위와 꽃잎의 관계를 바람과 화자로, 더 나아가서 행동과 시로 이해할 수는 없을까.16) 그는 실제로 혁명의 실패를 시로써 극복하려고 하지 않았는가. 「꽃잎 2」, 「꽃잎 3」과 「풀」은 대상의 자유로운 움직임과 이해 영역 저편을 제시함으로써 이를 뒷받침한다.

---

16) 최현식, 앞의 글, 111쪽.
"그래서 그의 '꽃'에는 고정과 정지가 없다. 그에게 '꽃'은 "넓어져 가는 소란"이고 "소음"이며 때로는 "비뚤어지지 않게" 고정시켜야할 '글자'이고 때로는 "다시 비뚤어지게" 해야할 '글자'일 뿐이다. 사랑–창조와 죽음–파괴의 끝없는 순환과 아슬아슬한 균형이 없다면, 모든 존재는, 혁명은 말 그대로 영원한 '죽음'의 나락으로 한 순간에 떨어진다. 김수영이 말했던 바, '온몸'으로 밀고 나간다함은 바로 이런 순환과 균형을 위한 자유운동일 것이다.//「꽃잎 2」는 또 다른 중요한 명제를 보여주고 있다. '꽃'은 '시'라는 명제가 그것이다"

잔해와 파편의 시어 : 김종삼의 「북치는 소년」

1. 김종삼 시의 개성과 「북치는 소년」의 의의

　김종삼(1921-1984년)은 황해도 은율에서 태어나 서울에서 세상을 등졌다.[1] 일제 강점기에 출생한 그는 평양에서 유년기를 보내다가 일본으로 유학을 떠났으며, 광복을 맞이하여 귀국한 뒤 바로 6·25를 겪었고, 전쟁이 끝난 후에는 서울에서 생활했다. 형제 중 한 명은 전쟁 직전에 가난과 무관하지 않은 병으로 죽었고, 스스로 선택한 면이 없지는 않지만 전쟁 후에 그는 대체로 궁핍하게 살았다. 강점, 분단, 전쟁, 실향, 가난, 가족의 죽음 등은 그가 살았던 시대의 일반적인 삶의 양태일 수 있다. 그러나 이 모든 시련을 직접 겪은 이는 드물 것이다. 그는 당대 일반적 삶의 모습을 모두 겪은 특수한 삶을 살았다. 한국현대사의 질곡을 몸으로 경험한 시인이 그이다.

---

1) 권명옥 편, 『김종삼 전집』, 나남출판, 2005; 신경림, 「내용없는 아름다움의 시인 김종삼」, 『우리교육』 1995.12. 김종삼의 생애에 관한 언급은 여기에 제시된 연보 및 진술을 참조한 것이다.

20세기 한국 현대사를 시적 자양분으로 삼을 수 있는 삶을 김종삼은 살았다. 게다가 그의 시적 이력은 전쟁이 끝날 시기인 1953년부터 시작된다. 초기 시부터 당대의 수난사가 드러날 가능성이 높았던 것이다. 그러나 그의 체험은 시 전면에 떠오르지 않았다. 음악과 미술 등 고급 예술에 대한 취향과 절제된 진술, 여기에서 비롯한 여백이 그 자리를 대신했다. 전쟁과 같은 현대사의 질곡이 시에 담길 때에는 감정 노출이 극도로 자제되었고, 곤궁한 삶 또한 그의 예술적 취향에 가려 잘 드러나지 않았다. 당대의 시 중 전쟁과 가난 체험에서 가장 멀리 떨어진 시가 김종삼의 시라고 할 수 있을 것이다. 왜 그런가, 이 짧은 질문은 그 동안 김종삼 시에 대한 연구들이 함께 품어왔던 것이었다.

많은 연구들이 김종삼 시와 삶의 괴리를 메우려 했다. 대개는 그를 미학주의자로 보았다.[2] 이 견해를 따르면 그의 시는 현실을 외면한 것인데 태생적으로 그러했다면 그는 쾌락주의자의 면모를 지녔던 것이고 후천적으로 그러했다면 현실의 폭압적 상황이 그를 압도한 것이다. 다른 시각도 있었다. 시의 겉모습은 예술 취향으로 물들었으나 이면에는 현실의 비극성이 내재한다는 것이다. 그의 시에는 비극적인 현실의 모습이 최대한 절제되어 나타나지만, 실제로 거기에는 더 큰 비극이 숨어 있다는 것인데, 그 비극은, 전쟁과 곤궁 등의 실제 체험과 죽음에 대한 집요한 인식에서 비롯한 것으로 파악되었다.[3]

이 글은 뒤의 시각과 같은 범주에 있다. 다른 시인과 변별되는 김종삼 시의 특성이라 할 만큼 예술 취향은 시에서 많이 감지되지만 거기에 현실의 비극성이 없다고 말하기 어려울 뿐더러, 현실의 비극성은 그러한 시뿐만 아니

---

2) 김현, 「김종삼을 찾아서」, 『김현문학전집 3』, 문학과지성사, 1991. 이와 같은 시각은 김현의 글에 의해 조성된 면이 크다. 김현의 글은 1974년(『심상』)에 처음 발표되었다.
3) 권명옥, 「적막과 환영」, 『김종삼 전집』, 앞의 책; 박현수, 「김종삼 시와 포스트모더니즘 수사학」, 『우리말글』 31, 2004, 249-270쪽.

라 다른 시에도 작건 크건 감지되기 때문이다. 가령 음악과 관련된 「북치는 소년」에서 중요한 의미는 '가난한 아이에게 주어진 서양나라의 선물'이라는 누추한 현실을 배경으로 생성되고 있다. 이 점은 간결한 진술 밑에 비극적 시대 현실이 놓여 있는 「민간인」도 마찬가지이다.

김종삼의 비극적 인식을 파악하는 일은 주로 '잔상' 또는 '여백'의 언어를 중심으로 수행되어 왔다.4) 실체가 지나간 자리에 남아 있는 것이 잔상이고 실체 밖에 있는 것이 여백이다. 이 둘은 실체의 있음을 실체의 바깥에서 증명한다. 그런데 김종삼 시의 비극성은 '잔상'과 '여백'의 언어 이외에도 찾을 수 있지 않을까. 또는 다른 모습의 언어들까지 이와 같은 기제를 띤 것으로 오해되어 왔던 것은 아닐까. 개별 시어가 실체의 바깥이 아니라 실체 그 자체이지는 않았을까. 그 자체가 깨져버린 맥락, 흩어진 실체로서 시에 등장하는 것은 아닐까. 즉, 실체의 '있음'이 전제되어 있는 것이 아니라 실체의 '있었음'이 전제되어 있는 시어가 김종삼의 시에 있지는 않을까.

이 글은 김종삼의 절제된 언어의 한 쪽에 「민간인」과 같은 잔상과 여백의 시어가 있는 반면, 또 다른 한 쪽에는 「북치는 소년」과 같은 잔해와 파편의 시어가 있다고 상정하였다.5) 특히 기존에 많이 분석된 잔상과 여백의 시어들과 다른, 잔해와 파편의 시어에 담긴 미학적 특성을 숙고하고자 한다. 이와 같은 가설에 타당성을 주는 견해가 한국 현대시의 담론 영역으로 유입되기 시작한 '현대시의 알레고리' 미학이다. 이 글은 '현대시의 알레고리' 미학

---

4) 황동규, 「잔상의 미학」, 장석주 편, 『김종삼 전집』. 청하, 1988; 손민달, 「여백의 시학을 위하여」, 『한민족어문학』 48, 2006. 261-282쪽; 김영미, 「여백의 역설적 발언」, 『국제어문』 57, 2013. 9-34쪽.
5) 여태천, 「1950년대 언어적 현실과 한 시인의 실험적 시쓰기」, 『한국문학이론과 비평』 59, 2013. 6, 49-73쪽. 이 글이 설정한 김종삼의 언어적 특성에 대한 분류와는 달리, 여태천은 작가론에 해당하는 영역을 적극적으로 활용하여 김종삼의 시어적 특성을 규명하고자 하였다. 그에 따르면 김종삼의 시어에 등장하는 언어적 혼란, 즉 불필요한 한자어와 어색한 통사구조, 새로운 문화적 체험에 의해 만들어진 낯선 언어들은 1950년대 일본어로 생각했으나 한국어로 표현해야 했던 세대의 운명이 시적 개성과 접목한 결과이다.

에 힘입어 김종삼 시어의 특수한 성격을 재조명하고자 하는 시도이다. 특히 「북치는 소년」 등의 시를 집중적으로 분석하여 이와 같은 견해가 그의 시적 의미를 풍요롭게 할 뿐만 아니라 현대시의 특성 중 중요한 부분을 점유하고 있다는 것을 드러내고자 한다.

2. 알레고리의 수용사와 현대시의 알레고리

알레고리는 전통 수사학의 한 범주로 인식되어 왔다 최근 미학 담론의 한 범주로 격상되었다. 이에 따라 그 의미 또한 변용되었다. 이 글에서는 전자를 '전통적인 알레고리,' 후자를 '현대시의 알레고리'로 명명한다. 한국 시 담론에서 전통적인 알레고리는 상징과 비교되며 상대적으로 저급한 수사로 인식되어 왔다.6) 현대시의 알레고리 담론은 최근에 부각된 것인데, 이는 상징과 알레고리에 개입한 저급과 고급의 가치 평가를 보류하고 그 동안 소외되었던 시적 개성들을 시의 담론 안에 끌어들여 다양한 의견을 제출하도록 이끌었다. 역사의 폐허에서 종합 의지를 상실한 듯한 파편의 시어들로 요약할 수 있는 이 알레고리의 시어는 김종삼 시에서 잔상과 여백뿐만 아니라 폐허에 대한 인식을 숙고하게 한다.

전통적인 알레고리는 원관념 또는 취지[tenor]와 보조관념 또는 수레[vehicle]가 일대 일의 관계를 이룬다. 이를 기준으로 하면 알레고리는 그 관계가 일대 다[多]인 상징과 변별되지만 은유와는 같은 기제를 띠게 된다. 그

---

6) 졸고, 「현대시의 알레고리」, 『시와시』 11, 2012. 여름호, 40–51쪽 참조. 이 장의 논의는 이 글을 토대로 논지에 맞춰 재구성되었다.

러나 은유가 지닌 일대 일의 관계가 시 텍스트 안에서 조성되는 반면, 알레고리의 경우 텍스트 밖의 '역사적, 시대적' 관습에 의해서 조성된다는 차이가 있다. 김준오의 『시론』을 참조하면 신동엽의 「껍데기는 가라」에서 "껍데기"는 '시류에 편승하는 당대의 위정자'들을 뜻하는데, 그와 같은 일대 일의 관계는 텍스트 바깥의 시대적 맥락에 의해 조성된 것이기 때문에 알레고리의 성격을 띤 것으로 이해된다.7) 마광수의 경우도 알레고리를 산문성, 연속성, 설화성을 가진 미학적 특성으로 파악하며, 시보다는 사회 역사적 맥락에 의해 본뜻을 파악할 수 있는 산문 장르의 특성으로 정리하였는데, 이 또한 앞의 알레고리와 특성을 공유한다고 할 수 있다.8) 이와 같은 견해에는 공통점이 있다. 알레고리가 쓰이면 텍스트 내에서 의미는 생성되지 않고 기존의 다른 의미로 환원된다. 따라서 알레고리는 의미를 생성하는 상징이나 은유와 견주어 미학적 가치가 낮다.

알레고리가 한국 시 담론에서 중요하게 인식된 때는 2000년대 들어서이다. 당대 새로운 시를 이해하기 위해 요청된 미학이 '현대시의 알레고리'였던 것이다. 알레고리의 이론적 모태를 제공한 이는 발터 벤야민 Walter Benjamin이고, 이를 경유하여 적극적으로 알레고리 미학을 한국 시단에 도입한 논자는 황현산과 권혁웅과 남진우다.9) 황현산은 가장 적극적으로 현대시의 알레고리 담론을 탐구하여 여러 시인에게 적용하였고 권혁웅은 자신의 시론서에 재래의 것이 아닌 현대시의 알레고리 항목을 기입하였다. 남진우는 이 이전에 현대시의 알레고리적 특성을 김종삼의 시에 적용한 바 있다. 이와 같은 과정을 거치는 동안, 전통적 알레고리를 설명하더라도 상징과 거

---

7) 김준오, 『시론』 4판, 삼지원, 1982, 203-206쪽.
8) 마광수, 「상징」, 현대문학사 편, 『시론』, 1989, 94-95쪽.
9) 황현산, 『잘 표현된 불행』, 문예중앙, 2012; 권혁웅, 『시론』, 문학동네, 2010; 남진우, 「한국 현대시에 나타난 '시간성의 수사학' 연구」, 『상허학보』 20, 2007. 381-414쪽.

의 대등한 분량을 차지하는 연구가 등장하기도 하였다.10)

> 상징에서 몰락의 정화와 더불어 자연의 변용된 표정이 구원의 빛 속에서 순간적으로 드러난다면, 우의에서는 역사의 '죽은 표정'이 응고된 원풍경으로서 관조자의 눈앞에 펼쳐진다.(……)역사는 쇠락이 잠시 머무는 정류장들에서만 유의미하다.(……)그런데 자연이 애초부터 죽음으로의 쇠락에 귀속되어 있다면, 자연은 애초부터 우의적인 것이기도 하다.11)

> 알레고리적 의도에 강타당한 것은 삶의 통상적인 연관성과 분리된다. 그것은 부서지면서 동시에 저장된다. 알레고리는 폐허에 집착한다. 알레고리는 응고된 동요의 이미지를 제시한다. 보들레르의 파괴적 충동은 자신에게 굴러들어오는 것을 폐기하려는 데는 전혀 관심을 두지 않는다.12)

주지하듯 알레고리의 원뜻은 '다르게 말하다'이다.13) 전통적 알레고리는 다르게 말하는 대상에 역사적인 것, 관습화된 이념 등을 설정했다. 벤야민은 그 자리에 '진정한 신화' '진정한 유토피아'를 상정한다.14) 가령 판소리의 각 편이 충, 효, 열과 같은 유교적 관념을 대변한 것이라 파악하는 견해는 전통적 알레고리의 시각이 투영된 결과이다. 그러나 그것은, 진정한 신화를 가리는 역사적 관습이기 때문에 벤야민의 알레고리 개념에서는 벗어난다고 할 수 있다.

벤야민은 바로크 시대의 비애극을 연구하면서 극의 중요한 미학적 특성으

---

10) 김용성・송하춘・유성호・최동호, 『문학에 이르는 길』, 서정시학, 2010. 107-109쪽.
11) 발터 벤야민, 『독일 비애극의 원천』, 조민영 역, 새물결, 2008, 217쪽.
12) 발터 벤야민, 「중앙공원」, 『발터 벤야민 선집4』, 김영옥・황현산 역, 길, 2010, 267쪽.
13) 김용성・송하춘・유성호・최동호, 앞의 책, 107쪽.
14) 발터 벤야민, 『독일 비애극의 원천』, 앞의 책, 317-318쪽.

로 알레고리를 지목했다. 첫 인용문이 수록된 초기 그의 저작이자 학위 논문부터 둘째 인용문이 포함된 보들레르에 관한 후기의 글까지 이 알레고리는 크게 강조된다. 인용문들을 따르면 보들레르가 살았던 시대뿐만 아니라 바로크 시대에도 아름다우면서도 윤리적인 가치를 지녔다고 여겨졌던 미학은 상징이다. 그러나 아름다움이나 윤리는 관습적으로, 즉 역사적으로 조성된 관념이다. 이는 신성한 가치를 가리는 부작용을 일으키기까지 한다. 그가 보기에 중요한 것은 상징 안에서 몰락과 파편과 폐허와 대면하는 일이다. 이것이 곧 현대시의 알레고리인 것이다.

> 굳어진 현실이 한 치의 빈틈도 내보이지 않고, 말이 바닥나고, 논리가 같은 자리를 맴돌아 모든 토론이 무위로 돌아갈 때, 신비주의자들은 어떤 신화적 세계의 안개 속으로 걸어 들어가겠지만, 현실을 잊어버리지 않는 사람들에게는 이 초라한 현실이 그 조건을 그대로 간직한 채 더 큰 현실로 연결되는 한 고리가 죽음 뒤에나 볼 수 있을 것 같은 낯선 얼굴로 나타난다. 현대시는 그 얼굴을 알레고리라고 부른다. 그러나 시인은 제가 쓰는 것이 알레고리인 것을 알지 못한다. 그는 현실의 한 면모를, 그것도 찌그러지고 조각난 형식으로 그렸을 뿐이기 때문이다.15)

한국 시단에서 현대시의 알레고리 담론을 주도했던 황현산은 벤야민의 논의를 구체화하였다. 벤야민은 알레고리의 언어를 파편으로 보았다. 황현산은 파편으로 남아 있기 때문에 주체의 시선에 응답하지 않는다는 말을 덧붙인다. 알레고리 시어를 대면한 주체는 거기에 제 뜻대로 의미를 더할 수도 변용할 수도 없게 된다. 그것들은 주체의 시선에 감지되지 않는 타자이다. 알레고리 시어는 주체의 욕망으로 파악되지 않은 채 마치 이물질처럼 남게

---

15) 황현산, 「불모의 현실과 너그러운 말」, 같은 책, 72쪽.

되는 것이다.

　인용문과 같이 현실을 바라볼 수 있는 주체에게 요구되는 것은 냉철한 분석 능력이다. 모두가 예술을 찬양하고 미를 추구할 때 알레고리커 시인은 거기에서 관습을 읽어내고 미의 거짓을 볼 수 있다. 그러나 현실에 대해 비판적 거리를 가지고 있다고 해서 이들 모두가 그렇게 될 수는 없다. 어떤 이들은 신비주의자가 되어 난국을 타개하고, 어떤 이들은 그들이 감당할 수 있는 현실을 내밀어 상징주의자가 된다. 세계의 기만과 진보의 환상을 깨뜨리는 알레고리적 시선은 그 시선으로 진정한 신화와 대면한다.

　주체의 냉철한 분석 능력이 있어야 발생하는 알레고리와 주체의 시선이나 욕망이 감지되지 않는 알레고리는 서로 상반되어 보이지만 사실 같은 말이다. 앞선 주체는 알레고리를 만드는 이고, 뒤의 주체는 알레고리에 의해 예감되는 이다. 알레고리를 만드는 앞선 주체는 거짓과 기만과 관습을 벗겨낼 강인한 시선이 있어야 한다. 그 시선으로 현실은 폐허가 되고 폐허 위에 흩어진 파편들은 '찌그러지고 조각난 형식'으로 남게 된다. 알레고리의 말에는 어떠한 욕망도 담겨 있지 않다. 그렇게 야기한 처음 사람의 욕망도, 폐허에 찾아와 거기에 의미를 부여하고 싶은 나중 사람의 욕망도 알레고리의 말에는 개입하지 못한다.

　한 가지 더 주목해야 할 것은 이 '찌그러지고 조각난 형식'이다. 알레고리의 시는 완전히 파악하기도 어려울 뿐더러 생김새도 모두 제각각이다. 이 다종다양한 모습은 현대시의 주류가 아니라 변방에 있는 시들, 즉 중심이 아니라 전위에 있는 시들의 다양성에 정당성을 부여한다. 알레고리는 그 범주에 속한 시들에 적어도 시의 중심에 있지는 않지만 시가 아니라는 비판을 막아주는 역할을 하는 것이다.

　정리하면 현대시의 알레고리는 낭만적 이상이 아니라 역사적 현실에 토대를 둔다. 이때의 역사적 현실은 폐허로서의 역사적 현실이다. 아름다움은 거짓 진보에서 비롯한 환상이다. 진보적 환상을 벗겨낼 때 폐허 속의 파편들이 모습을 드러낸다. 따라서 알레고리적 시선은 주체의 강인한 분석 의식을 필요로 한다. 거기에 포착된 알레고리의 시어들은 혼란스러워 보이지만, 그 혼란스러움은 대상을 파악하려는 주체의 능력에 한계를 설정한다. 조각나고 찌그러진 모습의 다양함은 그와 같은 미학을 따르는 시를 현대시 지형도의 주변부에 배치한다.

생전에 시인협회상을 받은 것을 염두에 두면, 김종삼은 당대에 어느 정도 인정을 받았다. 그러나 그것이 곧 그의 시가 주류에 속해 있다는 것을 보증하지는 않는다. 그의 시는 당대 주류의 시들과 거리를 두었다. 그는 절제된 언어로써 해석의 여지가 많이 남아 있는 시를 썼다. 그의 시가 '잔상'이나 '여백'이라 평가 받은 까닭도 그 때문일 것이다. 그러나 앞서 말했듯 '잔상' 또는 '여백'은 온전한 실체를 전제로 둔 것이다. 그것이 실체가 깨어진 '잔해'이거나 '파편'일 가능성은 없는지, 현대시의 알레고리 미학은 되묻게 한다. 김종삼이 살았고 시를 창작했던 시기는 한국의 현대사에서 폐허로 인식되었던 시대였다. 폐허와 대면했던 시인들에게 알레고리적 시선은 어쩔 수 없는 운명과도 같은 것이 아닐까. 벤야민은 알레고리를 파국이나 죽음과 가장 가까운 말이라고 전제했다.16) 이를 염두에 두면, 죽음을 지속적으로 시의 주제로 다루었던 김종삼의 시는 그에 부합하는 한국시의 예라고 할 수 있다.

---

16) 발터 벤야민, 「중앙공원」, 앞의 책, 258, 263쪽 참조.

3. 김종삼 시에 내재한 비극적 현실과 두 가지 대응 방식

1) 「민간인」의 잔상과 여백

6·25전쟁이 일어나고 뒤이어 휴전 상태가 고착된 시기에, 다시 고향에 되돌아갈 수 없게 된 김종삼은, 그 폐허와 같은 현실을 내면화하되 시로 드러내지는 않았다. 김종삼의 시에서 전쟁의 상흔이 드러났다고 여겨지는 시들이 발표되기 시작한 시기는 그로부터 10년 뒤인 1960년대이고, 그때에도 시인은 이를 전면적으로 다루기보다는 다른 풍경 속에 끼워 넣거나 맥락을 생략한 채 등재시켰다. 가령 「달구지 길」의 한 구절을 보자. "달구지 길은 休戰線以北에서 죽었거나 시베리아 方面 다른 方面으로 유배당해 重勞動에서 埋没된 벗들의 소리다"의 '휴전선'은 '시베리아' '그리스도' 등과 함께 배치되어 있다. 6·25의 상흔이 아니라고 말할 수 없는 시들, 「동시」에서의 "난 껌장수"나 「평화」의 "고아원 마당"도 그 원인이나 배경이 생략된 채 등장하고 있다. 조심스럽게나마 김종삼이 시에 전쟁의 상처를 꺼내놓기 시작한 시기가 전쟁 발발 10년 뒤라는 점은, 그가 휴전 당시 현실을 외면한 듯한 시를 쓴 원인에, 무관심보다는 말로 꺼내기 힘든 커다란 상처를 두게 한다. 김종삼은 전쟁의 충격을 소화하는 방식이 여느 시인과 달랐던 것이다.

당대 시인들이 폐허의 현실에 대응하는 방식은 보통 세 가지로 나눌 수 있을 것이다. 첫째, 자신의 감성을 풀어 놓아 현실을 개탄하는 것이다. 「휴전선」의 시인 박봉우가 대표적인데, 이와 같은 시에서 시인은 커다란 자아 속에 낭만적 이상향을 설정하고, 그렇지 못한 현실과 대비시켜 개탄의 감정을 쏟았다. 둘째, 현실의 분열상을 말의 분열상으로 변용하는 것이다. 시에는 혼란상이 연출되었으나 거기에는 또한 새로운 질서를 확립하고자 의욕 또한 깃들어 있었다. 1950년대 일군의 모더니스트들이 이러했다. 셋째, 이성을 가다듬어 냉철한 분석 의식을 드러내는 것이다. 관찰자의 시선에서 감정 노출을 자제하고 대상을 낯설게 분석하려는 시각이 여기에 있다. 대표적인 시인으로는 김춘수를 꼽을 수 있는데, 그러나 이 경우 당대의 현실을 시에 반영하지 않았다는 면에서 자연과 전통을 노래했던 당대 주류의 시풍과 닮아 있다고 할 수 있다.

김종삼은 첫째 길을 선택할 만큼 낭만적 세계를, 둘째 길을 선택할 만큼 새로운 질서를 신뢰하지 못했다. 세 번째 길이 그의 앞에 놓여 있었다. 감정을 자제하고 질서의 확립을 회의하는 것이 이성의 기능 중 하나라고 한다면, 그가 이 세 번째 길을 선택할 가능성은 높았다. 그러나 그는 이 길로 나아가지 않았다. 전후 상황을 반영하기 시작한 1960년대 이후 시편들이 이를 입증한다. 그는 냉철한 이성을 지니면서 전쟁의 참상을 시에 드러내기 시작했다. 거대한 사건의 흔적을 드러내 잔상과 여백의 효과를 일으키는 것이 그가 취한 방법 중 하나였다.

  1947년 봄

  深夜

  黃海道 海州의 바다

  以南과 以北의 境界線 용당포

  사공은 조심 조심 노를 저어가고 있었다.

  울음을 터뜨린 한 嬰兒를 삼킨 곳.

  스무 몇 해나 지나서도 누구나 그 水深을 모른다.

                  - 「민간인」17)

---

17) 이 글에 수록된 인용시는 『김종삼 전집』(나남, 2005)의 표기 형태를 따른 것이다.

    1970년대에 발표된 「민간인」은 김종삼의 시를 '잔상'과 '여백'으로 보는 시각에 정당성을 확보해 주는 대표작이라고 할 수 있다. 이전까지는 분단의 비극이나 전쟁의 참상이 부분적으로 드러나거나 '아우슈비츠' 등을 경유하여 나타나곤 했으나, 이때부터는 전면에 등장하기 시작한 것이다. 여기에서 주목할 것은 김종삼이 전쟁을 시에 다루는 방식이 앞의 두 길, 즉 낭만적 풍모나 지적인 실험과는 많이 다르고, 오히려 감정을 절제하며 최대한 관찰사적 시선을 유지하는 세 번째 화자의 모습과 닮아 있다는 점이다.

    1연은 기사체를 차용하고 있고 2연은 비극적 장면이 발생한 순간의 전후를 묘사 또는 설명하고 있다.[18] 1연의 기사체는 객관적 거리를 유지하면서 비극적 사건에 비장미를 더하는 역할을 하기도 하지만, 또 다른 한편으로는 시인 자신이 그 '수심을 모르는' 비극에 빠져들지 않기 위한 안간힘의 과정처럼 읽히기도 한다. 2연의 사건 주변의 묘사와 설명은 말할 수 없을 정도로 큰 슬픔, 정면으로 응시하지 못할 만큼 큰 슬픔에서 비롯한 것으로 읽힌다. 이 객관적 또는 관찰자적 시선은, 전쟁의 비극을 시에 끌어들일 수 있게 하는 거름망 장치 역할을 하는 것이다.

    한편, 시 안에서 이러한 객관적 시선은 여아가 죽은 비극적인 사건과 대비되어 아이러니의 간격을 확보한다. 대개의 신문 기사가 그러하듯, 이 시의 기사체도 건조하게 사건을 드러내지만 거기에는 전쟁이 남긴 참상의 맥락이 닿아 있는 것이다. 기사체는 말의 범주에 놓여 있고 사건은 경험의 범주에 놓여 있다. 여기에서 말의 한계가 드러나는 동시에 말로 할 수 없는 아픔이

---

18) 김종삼은 다른 시도 그러하지만 전쟁과 관련된 상황을 시에 담을 때에는 이와 같은 형식적 장치를 마련했다. 1947년 휴전선 근처 구치소에서 "반공 및 파괴분자"가 야음을 틈 타 탈출하는 장면을 담은 「달 뜰 때까지」의 경우도, "솔밭 속을 기어가고 있음/멀리 똥개가 짖고 있음/달뜨기 전 넘어야 한다 함/경계선이 가까워진다 함"에서와 같이, 명사형 어미로 문장을 마감하며 긴장된 순간에 객관적 거리를 두려고 했다.

환기되고 있다.

  20년이라는 시간과 관찰자의 시선은 그에게 전쟁을 시로 다룰 수 있게 해주었다. 그리고 시는 그 사건이 일어난 전후의 상황을 건조하게 제시하며 여운을 남긴 채 전체 사건을 환기한다. 이를 잔상 또는 여백의 효과라고 할 수 있을 것이다. 즉, 이 진술은 비극적 사건의 후기로 작동하고, 독자는 이 진술을 경유하여 전체 사건의 맥락을 재구성할 수 있게 되는 것이다.

  냉철한 분석 의식으로 폐허의 현실을 시로 끌어들인 것은 당대 김종삼이 지녔던 시적 개성이라 할 수 있다. 김종삼이 이 때문에 한국 근대 시사에서 특별한 지점을 점유하더라도, 현실을 폐허로 인식한 그의 모든 시가 「민간인」과 같은 기제를 따르는 것은 아니다. 폐허를 배경으로 둔 모든 시가 잔상과 여백의 효과를 발휘하지는 않는다는 것이다. 시적 진술들이 실체가 깨져 '조각나고 이지러진' 파편의 역할을 할 때 특히 그러하다. 이 파편의 조각들은 비극적 사건을 재구할 수 있도록 허락하지 않는다.

  2) 「북치는 소년」의 파편과 잔해

    내용 없는 아름다움처럼

    가난한 아희에게 온
    서양 나라에서 온
    아름다운 크리스마스 카드처럼

    어린 羊들의 등성이에 반짝이는

진눈깨비처럼

　　　　　　　　　　　　　　　　　　　　　－「북치는 소년」

　「북치는 소년」도 김종삼의 대표작 중 하나이다. 이 시 또한 전쟁의 참상을 시로 표현할 수 있게 된 1969년에 발표되었다. 현실과 동떨어졌다는 분석이 제출되기도 했지만 가난한 아이와 서양 나라의 대비를 염두에 두면 전쟁 이후 외국의 원조를 받았던 폐허로서의 한국 현실이 이 시에 고려되지 않았다고 판단하기는 어렵다.[19]

　여러 견해를 참조하면 이 시는 '정치하게 짜여'진 작품이고, 김종삼은 감흥을 풀어 놓는 시인이 아니라 시를 '제작'하는 시인이다.[20] 그가 냉철한 이성에 기댄 시인이라는 평가는 「민간인」과 같은 시뿐만 아니라 「북치는 소년」과 같은 시를 참조하여 조성된 것이다. 시는 총 3연으로 구성되어 있다. 각 연의 마지막에는 '-처럼'이라는 보조 관념 또는 수레[vehicle]가 배치되어 구조의 뼈대를 이루고 있고, 원관념 또는 취지[tenor]라고 할 만한 구문은 모습을 드러내지 않는다. 이 공백을 채우기 위한 시도가 「북치는 소년」 연구사의 처음을 차지한 것은 자연스러운 일이다. '-처럼' 뒤에 제목인 '북치는 소년'을 넣으면 시의 뜻이 명징해진다거나, 아니면 원관념을 '무염성, 순백의 흰색'이라고 보거나, '크리스마스 카드에 그려진 단상들'이라고 보는 견해가 잇

---

19) 이 시를 현실과 단절된 순수 미학적인 세계의 범주 안에서 이해하고자 하는 분석은, 시를 추동하는 원인에 '크리스마스 카드'나 캐롤의 '북치는 소년'을 두고 있다. 즉, 크리스마스의 모습이나 그 안에 적힌 내용으로 시가 짜여 있거나(황동규, 앞의 글, 249-250쪽; 이남호, 「시와 시치미」, 유종호・최동호 편, 『시를 어떻게 볼 것인가』, 현대문학, 1995. 183쪽), 시인이 '북치는 소년' 음악을 들으며 그 감흥을 적은 노래라고 보고 있는 것이다(강연호, 「김종삼의 내면 의식 연구」, 『현대문학이론연구』 18, 2002. 28-29쪽). 그렇다고 하더라도 가난한 현실의 참상을 부각시키는 서양 나라에서 온 카드를 염두에 두면 당대 현실과 시적 정황이 무관하다고 말하기는 어려울 것이다(고형진, 「김종삼의 시 연구」, 『상허학보』 12, 2004. 379-381쪽; 황현산, 「김종삼과 죽은 아이들」, 앞의 책, 711쪽).
20) 권명옥, 「적막의 미학」, 『한국문예비평연구』 15, 2004, 10쪽; 이승원, 「김종삼의 시세계」, 『국어교육』 53, 1985. 305쪽.

따른 것은 이와 같은 사정 때문이다.21)

　이러한 시도는 이 시의 기제를 「민간인」과 동등하게 한다. 여백을 채우려 하고 잔상의 실체를 추적하는 작업은 시의 이해를 뚜렷이 하는 데 일조하지만, 그러한 분석의 전제인 온전한 실체가 없다면, 즉 실체가 부서진 것이면 이는 의미 생성의 가능성을 차단하는 역할을 하게 된다. 「민간인」의 경우 그 끔찍한 사건의 실체를 여운으로 처리한 이유가 있었다. 시인이 사건이 주는 공포의 크기에 압도되는 동시에 말의 한계를 절감했기 때문이다. 시는 온전한 실체의 위력을 독자에게 전달한다. 하지만 「북치는 소년」의 사정은 다르다. 실체 또는 원관념을 특정한 대상으로 지칭하면, 실체는 뚜렷해지지만 시의 애매성은 사라지는 것이다.

　실체를 추적하지는 않지만 온전한 실체를 전제로 두고 시의 진술들을 의미화하는 작업도 지속되어 왔다. 실체는 억압되거나 요약되어 있고 진술들은 증상처럼 드러나 있는 것이 이러한 분석의 기본 전제이다. 증상이 아니라면 의도적으로 생략하거나 요약한 결과로 보는 것인데, 이 또한 실체가 감춰져 있으나 존재한다는 전제를 공유한다. 이때 감춰진 실체를 토대로 진술들은 서로 긴장을 형성한다. 앞의 분석보다는 의미 생성의 가능성이 어느 정도 확보되고 있으나 여전히 실체가 감춰져 있는 것으로 설정되었기 때문에 '-처럼'에는 이를 밝히고자 하는 '재촉'이나 '유발'의 의미가 담기게 된다.22)

---

21) 황동규, 같은 곳; 권명옥, 「적막의 미학」, 10-15쪽; 이남호, 같은 곳.
22) 오연경, 「김종삼 시의 이중성과 순수주의」, 『비평문학』 40, 2011.6, 128-130쪽. 이와 같은 견해에 정당성을 부여하는 개념이 '병치은유'이다. 병치은유는 흔히 치환은유와 비교되는데, 앞의 것은 동일성을 따라 의미를 암시하고 뒤의 것은 비동일성을 따라 존재를 드러낸다. 병치 은유에서는 원관념과 보조관념이라는 용어에 대해서도 재고를 요구하는 역할도 하는데, 서로 대등한 층위에서 의미를 주고받기 때문에 어느 것이 '원'이고 어느 것이 '보조'인지 판단하기 어렵다는 것이다(김준오, 앞의 책, 178-187쪽 참조). 오연경의 글에서는 병치은유의 예로 「북치는 소년」을 들고 있으나 한국시에서 병치은유의 예로 흔히 거론되는 시 중 하나가 김종삼의 「주름간 대리석」이다. 참고로 「주름간 대리석」의 본문은 다음과 같다. "― 한 모퉁이는 달빛 드는 낡은 構造의 大理石. 그 마당[寺院] 한 구석 ―//잎사귀가 한 잎 두 잎 내려 앉았다."

'-처럼'이라는 표현 때문이라도 시의 진술에 실체가 없다고 해석하는 것은 무리이겠지만 그 가려진 실체를 온전한 것으로 상정할 필요는 없다. '-처럼'으로 이뤄진 진술 자체가 깨어진 실체의 잔해들일 가능성을 배제할 수 없기 때문이다. 이렇게 되면 '-처럼'은 '재촉'이나 '유발'보다는 '상실'과 '탈락'의 의미를 띠게 된다. '-처럼'에 재촉의 의미가 들어 있다고 여길 경우 고요한 전체적인 시의 분위기와 어긋나지만 상실의 의미가 들어 있다고 여길 경우 가난한 아이의 상실감과 어울린다. 이때 실체는 말로 포획되지 않는 폐허로서의 현실과, 진술들은 현실의 잔해들과 상응한다.

「북치는 소년」은 관념적인 1연에서 구체적인 3연까지 점진적으로 뚜렷해지는 이미지의 질서를 가지고 있다. 현실을 냉철하게 파악하는 이성이 질서를 부여했을 것이다. 그러나 그 끝에는 이성으로 파악할 수 있는 구체적인 실체가 놓여 있는 것이 아니라 이성의 힘으로도 파악하지 못하는 혼란스러운 폐허가 놓여 있다. '현대시의 알레고리' 미학의 기제가 이와 같다. 냉철한 분석 의식을 가지고 있는 시인, 폐허로 남은 현실, 그리고 이지러지고 조각난 잔해들, 이들을 둘러싼 침묵 또는 죽음의 분위기는 현대시의 알레고리가 지니고 있는 특성들이다.

김종삼의 시나 「북치는 소년」 분석에서 이와 같은 독법이 새로운 시도라고 볼 수는 없다. 남진우는 상징과 현대시의 알레고리를 각각 김수영과 김종삼에 대입한 바 있다. 그는 벤야민을 참조한 폴 드 만의 말을 인용해 '시간의 지배하에 있는 유한한 세계이며, 종결을 거부하는 화해 불가능한 아포리아만이 존재할 뿐'이라고 알레고리를 정의하였다.23) 역사적 현실이 영원성보다 부각되고 있으며 아포리아는 현실의 잔해들과 대응하고 있다. 그러면서 김종삼의 「시작노트」「글짓기」「둔주곡」「문장수업」「물통」「원정」「술레잡기」「서부의 여인」이 예로 거론되고 있는데, 비록 「북치는 소년」이 언급되

---

23) 남진우, 앞의 글, 383쪽.

지는 않았으나, 지금까지의 분석을 참조하면 이 시 또한 그가 분석한 시들의 범주에 포함될 것이다. 이는 「민간인」과는 다른 범주의 시들이 김종삼의 시에 큰 비중을 차지하고 있으며, 「북치는 소년」의 미학을 따르는 시도 일정한 계보를 이룰 수 있음을 암시한다. 김용희는 알레고리라는 말을 하지는 않았으나 「북치는 소년」을 분석하며 '이미지의 파편' '단상들의 분해' '현실적 잔해'라는 표현으로 그것이 알레고리의 개념과 부합하고 있음을 방증했다.[24] 비록 '비의적 심미성'이라는 표현으로 감춰진 실체가 환기되고 있으나, 알레고리의 개념을 적용하면 그것은 감춰졌다기보다는 그의 표현대로 분해되었다고 보는 것이 적절할 것 같다.

현대시의 알레고리는 진술들끼리 의미를 주고받을 수는 있으나, 결국 서로의 의미를 풍요롭게 하기보다는 고립시키는 결과를 초래한다. 「북치는 소년」의 구절들도 그렇게 고립되어 있다. 내용 없는 아름다움은 그대로 내용 없는 아름다움으로, 크리스마스 카드는 그대로 크리스마스 카드로, 등성이의 진눈깨비는 그렇게 진눈깨비로 고립된 채 당대 현실의 누추함을 드러내고 있는 것이다. 여기에서 미학주의적 시각에서 도출된 의미와 현실의 반영으로 보는 의미가 접합할 수 있는 가능성을 타진할 수 있는데, "내용 없는 아름다움"의 뜻을 다음과 같이 이해할 수 있을 것이다. 즉, '내용 없는 아름다움'이란, '북치는 소년'의 캐럴송을 듣거나, '크리스마스 카드'를 보면서 듣는 감흥일 수도 있으나, 한편으로는 원관념을 잃어버린 보조관념들을 지칭하는 말일 수 있다. 이때 '내용 없는'은 부서진 원관념인 진보의 거짓환상을 벗겨낸 현실과, '아름다움'은 흩어진 보조관념인 현실의 파편들과 역설적으로 대응한다.

---

24) 김용희, 「전후 한국시의 '현대성'과 그 계보적 가설」, 『한국근대문학연구』 19. 2009. 4. 101-103쪽.

어느 날밤

超速으로 흘러가는

몇 조각의 詩 破片은

軌道를 脫線한 宇宙船과 合勢해 가고 있었다

처지기도 하고 앞서기도 한다

그러다가는 치솟았다가 뭉치었다가

흩어지곤 한다

超速으로 흘러가는

몇 조각의 詩 破片은

아인슈타인, 神이 버리고 간

宇宙迷兒들이다

어떻게 생긴지 모른다

毅然하다

어떤 때엔 아름다운 和音이 반짝이는

작은 방울 소릴 내이곤 한다

세자르 프랑크의 별.

— 「파편―김춘수 씨에게」25)

  김종삼이 김춘수에게 부치는 형식으로 쓴 「파편」은 두 '파편의 시인'이 '파편'을 어떻게 파악하고 있는지 선명하게 보여주고 있다. 시의 내용을 대

---

25) 「파편」에 대한 분석은 졸고, 「전쟁 같은 마음들 : 박봉우, 김종삼의 시 몇 편 읽기」(『시인동네』, 2013년 봄호)의 진술을 일부 수정한 것이다.

략 간추리면 자신들의 시는 파편처럼 보이지만 실제로는 우주와 소통하고 있다는 것이다. 그것들은 흩어져 박혀 있는 것이 아니라 "처지기도 하고 앞서기도" 하고 때론 "치솟았다가 뭉치었다가" 한다. 고정되어 있는 것처럼 보이지만 실제로는 운동하고 있는 것이 그들의 시이다.

김종삼은 자신의 시를 "우주 미아"라고 했다. 이때 '미아'는 고립된 처지를 대변하지만 '우주'는 그 처지의 신성함을 가리킨다. 정지와 운동의 대립, 파편과 조화의 대립으로 짜여진 인용시에서 김종삼이 굳이 우주를 언급한 것은 주목할 만하다. 알레고리의 시어들은 신성한 것을 기억하고 있기 때문에 관습적인 것을 깨뜨릴 수 있다. 이들이 지상에서 낯선 얼굴로 보이는 까닭도 최초의 기억 때문일 것이다. 이 신성한 것과 최초의 것이 시에서는 "우주"로 제시되어 있다.

김종삼의 초기시를 보면 신성한 존재에 기도하는 모습이 종종 눈에 띈다. 그는 전쟁의 위력에 굴복하고 도피한 시인이 아니라 전쟁 이전의 신성함을 기억하고 전쟁을 비판적으로 본 시인이다. 자칫 딜레탕트 취미라 여길 수 있는 음악과 미술에 대한 관심도 이 신성함과 연관되어 있을 것이다. 그는 '세자르 프랑크'의 음악을 "별"이라 했다. 그의 시도 세간의 시각에서는 파편처럼 보이겠으나, 자신이 보기에는 신성한 별과 같았을 것이다. 별들은 보이지 않지만 서로 관계를 맺으며 별자리를 형성한다. 그의 눈에 파편들의 시는 서로 연결되어 신성함을 추구하고 있다.

4. 나가며

지금까지 현대시의 알레고리적 시선으로 김종삼의 시에서 「북치는 소년」의 계보를 타진해 보았다. 김종삼의 시는 현실 반영과 예술의 자율성이라는 상반된 견해로 분석되어 왔다. 현실을 반영했다고 본 시각들은 잔상과 여백의 미를 김종삼의 시적 개성으로 지목해 왔다. 이와 같은 견해는 비극적 현실과 직접 말하기 힘든 온전한 실체 또는 실체적 사건을 전제로 두었다. 잔상과 여백, 여운과 암시는 이를 요약하거나 암시하는 김종삼의 시적 방법인 것이다. 「민간인」과 같은 시가 여기에 해당하는 대표적인 예이다.

이 글은 이와 같은 견해를 참조하되, 현실의 비극적 참상을 드러내는 시 중 일부는 '현대시의 알레고리' 미학에 의해 작동한다고 파악했다. 그리고 그 대표적인 시로 「북치는 소년」을 상정했다. 당대 비극적 현실이 시에 투영되어 있고, 이 과정에서 시인의 냉철한 분석 의식이 발휘된 점은 앞의 시들과 공유하는 특성이다. 하지만 「북치는 소년」은 온전한 실체의 '있음'이 아니라 그러한 실체의 '있었음'을 전제로 하고 있다. 시에 드러난 시어들은 그 실체가 부서진 잔해 또는 파편이라는 점에서 앞의 시들과 차이를 나타낸다. 비단 「북치는 소년」뿐만 아니라 다른 시편들 중 일부도 이와 같은 특성을 따르고 있다고 판단된다. 즉, 현대시의 알레고리는 김종삼의 시적 개성을 뚜렷하게 하는 미학이라고 할 수 있다. 이러한 독법은 김종삼이 폐허의 현실을 외면하지 않았을 뿐만 아니라 제 나름의 시적 방식으로 이에 대응하고 있었다는 것을 일러준다.

울음과 소멸의 리듬 : 박재삼의 「울음이 타는 가을강江」

1. '한恨'의 시인, 박재삼의 시적 개성

미당 서정주는 박재삼(1933-1997년)을 일컬어 '한恨을 가장 아름답게 성취한 시인'이며 '리듬의 중요성을 태생적으로 알아차린 시인'이라고 말한 바 있다.1) 이 두 요소는 박재삼의 시세계를 내용과 형식면에서 집약한다. '한'은, 줄곧 박재삼 시의 원천적인 정서를 이루었다.2) 초기 시부터 줄곧 등장했던 '죽음' 이미지와 '울음'의 정서나, 이후 전개 되었던 인간의 '유한성'과 거기에서 파생된 '허무' 의식이나, 한국적 사고인가 서구적 사고인가의 차이가

---

1) 하종오, 「'한'을 가장 아름답게 성취한 시인」, 『한국일보』 1997.6.9, 25쪽에서 재인용.; 정은령 정리, 「'큰 시인' 박재삼을 말한다-미당 서정주의 육성 편지」, 『동아일보』 1997.6.12, 33쪽.
2) 박재삼 시의 기본 정서를 '한'으로 본 견해는 정설로 거의 굳어진 것 같다. 2000년 이후에도 이는 계승되는데, 최근의 견해를 언급하면 다음과 같다. 이건청, 「한국 전통 서정의 계승과 발전」, 『현대시학』, 현대시학사, 2001; 오용기, 「박재삼의 시와 한(恨)」, 『한국언어문학』, 한국언어문학회, 2000; 장만호, 「박재삼 초기 시의 공간 유형과 의미」, 『한국문학이론과 비평』 제30집, 한국문학이론과 비평학회, 2006.3.

있을 뿐 모두 '한'의 변용이라고 할 수 있다.3) 박재삼의 시에 등장하는 많은 시적 의미는 '한'을 기반으로 확산되고 또 '한'으로 수렴된다. 그러나 이 점이 그의 시적 개성을 담보하는 것은 아니다. 한국 전통적 정서를 기반에 둔 시인들이 환기하는 죽음과 허무 의식 저변에는 '한'의 정서가 깔려 있기 때문이다.

박재삼의 시적 개성을 조금 더 뚜렷이 하고 있는 것은 그의 시에 나타나는 운율이다. 시조 시인 김상옥과 이병기에게 직접 영향과 격려를 받았거나, 1955년『현대문학』에 추천받기 이전에 1953년『문예』에「강물에서」라는 시조로 추천받았다는 전기적 사실을 고려치 않더라도, 운율에 대한 그의 애착과 고심의 흔적은 초기 시부터 후기 시까지의 시편들에 그대로 나타난다.4) 그의 시에는 같은 음운을 반복하거나, 같은 음절을 반복하거나, 3, 4음보를 적절히 배합하여 이룬 운율의 형성이 드물지 않게 확인된다. 이는 운율의 압력을 멀리하고 의미에 천착하는 여느 현대 시인과 변별되는 그만의 시적 특성이라 할 수 있다. 특히 한국 고전 시가의 운율 형성의 기반이었던 음보를 적극적으로 활용했다는 점에서 그의 시는 모더니즘 시의 열망이 높았던 1950년대, 1960년대 시단에서 희귀한 예라 할 수 있다.5)

박재삼의 시적 개성은 '한'이라는 내용과 운율이라는 형식이 어우러지며 확보된다. 그의 시는 '한'의 정서를 가두는 고정된 운율이 아니라 의미의 변이에 맞춰 이완되거나 수축되는 운율을 보여준다. 이 점은 그의 대표작이자 초기시인「울음이 타는 가을江」에서부터 확인된다. 이 글은 '겉보

---

3) 이광호,「한(恨)과 지혜」,『울음이 타는 가을 강』, 미래사, 1991, 144-146쪽 참조.
4) 김현,「박재삼을 찾아서」,『상상력과 인간/시인을 찾아서-김현문학전집 3』, 문학과지성사, 1991, 429쪽 참조.
5) 이봉래,「한국의 모더니즘」,『현대문학』, 1956.4, 89쪽. 1950년대 조향, 김규동, 이봉래, 김종문, 박인환, 고원 등이 실험시 계열의 '후반기 동인'을 결성했던 사실은 당대에 높았던 새로움에 대한 열망을 보여주는 예이다. 그들은 자신의 새로움의 순도를 높이고자 1930년대 모더니스트 김기림을 '모더니즘의 방문객에 불과'하다고 진단하기도 했었다.

기와는 달리 쉽지 않은' 내용을 담고 있는 「울음이 타는 가을강江」을 대상으로,6) 시에서 그 동안 논의되었던 쟁점을 확인한 뒤, 울음과 운율의 조화 과정을 살피면서 그의 초기시에 많이 등장하는 '바다'의 의미들을 되짚어 보고자 한다.

2. 기존의 쟁점 : 등성이 · 친구 · 제삿날 불빛

「울음이 타는 가을강江」은 박재삼의 첫 시집 『춘향이 마음』(1962년)에 실린 그의 대표시이다. 친구의 서러운 사랑 이야기를 벗 삼아 등성이에 오르는 것을 시작으로 제삿날 불빛보다 붉은 석양 무렵 강 하류의 수면을 보는 것으로 시는 마무리된다. 설렘으로 시작하여 설움으로 끝난 사랑 이야기가, 상류에서 출발하여 바다로 끝나는 강의 일생과, 더 나아가 인간의 일생과 대응하면서 전개된다. 이 점이 3, 4음보의 친밀한 운율과 함께 공감의 폭을 넓히는데 기여했을 것이다. 그러나 폭넓은 정서적 감화력이 시의 모호한 부분까지도 묵인하고 넘어가도록 한 것은 아닌지, 이로 인해 아직 미해결인 과제들이 이미 해결된 것으로 오인되지는 않았는지, 최근 연구는 이러한 지점에 주목하여 다양한 견해를 제출하고 있다.

> 마음도 한자리 못 앉아 있는 마음일 때,
> 친구의 서러운 사랑 이야기를
> 가을햇볕으로나 동무삼아 따라가면,

---

6) 이남호, 『교과서에 실린 문학 작품을 어떻게 가르칠 것인가』, 현대문학, 2001, 172쪽.

어느새 등성이에 이르러 눈물나고나.

제삿날 큰집에 모이는 불빛도 불빛이지만,
해질녘 울음이 타는 가을강江을 보것네.

저것 봐, 저것 봐,
네보담도 내보담도
그 기쁜 첫사랑 산골 물소리가 사라지고
그 다음 사랑 끝에 생긴 울음까지 녹아나고
이제는 미칠 일 하나로 바다에 다 와 가는
소리죽은 가을강江을 처음 보것네.

― 「울음이 타는 가을강江」[7)]

두 개의 정황이 진술의 축을 이룬다. 친구가 해준 사랑 이야기의 시작과 끝이 하나의 축이고, "산골 물"에서 가을 강을 거쳐 바다에 이르는 물의 흐름이 다른 하나의 축이다. 첫사랑은 강의 상류에 대응하고, 그 사랑의 끝은 바다와 대응한다. 이 모습은 "그 기쁜 첫사랑 산골 물소리가 사라지고"와 "이제는 미칠 일 하나로 바다에 다 와 가는"으로 3연에 제시되어 있다. 여기까지의 해석에는 별 다른 이견이 없다. 사랑의 시작과 끝이 강물의 일생과 중첩되면서 생성하는 의미 또한 마찬가지이다. 바다가 강물의 끝으로 상정되고 바로 그곳에 화자의 위치가 설정되면서, 강물이 역류하지 못하듯 사랑도 되돌릴 수 없고, 나아가 시간도 거슬러 올라가지 못한다는 사실을 화자는 눈앞에서 확인하게 된다. 소멸이 주는 공포감과 여기에서 파생하는 허무감

---

7) 박재삼, 『박재삼시전집 1』, 민음사, 1998. 다른 인용시는 『울음이 타는 가을강江』(미래사, 1991)의 표기를 따랐다.

은 짙어진다. 다른 한 편, 친구의 사랑은 친구에게만 해당되는 특수한 것이 아니며, 인간뿐만 아니라 만상도 언젠가는 사라질 것이라는 소멸의 보편적 유대감도 형성된다. 동병상련의 감정은 그 사태 안에 있는 이들에게 위안을 주기 때문이다. 위안과 허무라는 양가적인 감정이 이 시가 최종적으로 산출하는 의미인 것이다.

그러나 이와 같은 의미가 생성되기 이전의 구체적인 정황 해석에는 이견들이 제출되어 있다. 이를 크게 세 가지로 분류할 수 있을 것이다. 첫째 1연 '등성이'의 의미, 둘째 친구의 동행 여부, 셋째 2연 '제삿날 불빛'의 의미가 그것이다. '등성이'의 정체를 묻는 첫째 문제는 화자의 위치와도 관련되어 있다. '등성이'가 산등성이를 뜻한다면, 화자는 친구의 사랑 이야기를 되새기며 산 고개를 넘고, 거기에서 바다와 만나는 강의 하류를 석양 무렵 보는 것이 된다. 많은 논의가 이 해석을 지지한다.[8] 이때에는 1연부터 "등성이에 이르"는 과정에서 감지되는 화자의 행동이 시상을 이끌게 된다. 즉 화자가 움직이며 대면하는 장면들이 시의 진술을 이끌고 있다는 것이다.

이희중은 '등성이'가 '이야기의 절정부'를 뜻한다고 보았다.[9] 그는 '등성이' 하면 일반적으로 떠올리는 '산등성이'가 실제로는 파생어에 불과하다고 지적한 뒤, 본뜻인 '등이나 등줄기'를 먼저 염두에 두었을 때, '등성이'는 "친구의 서러운 사랑 이야기"의 한 부분, 즉 '이야기의 절정부'를 뜻한다고 보았다. 이 견해를 따르자면 화자는 친구의 이야기 속에 빠져 들어 있다가 석양

---

[8] 이상숙, 「박재삼 시의 이미지 연구」, 고려대학원 석사논문, 1993; 장만호, 「박재삼 시의 공간 상상력 연구」, 고려대학원 석사논문, 2000; 이남호, 앞의 책; 김종태·강현구, 「박재삼 시의 죽음의식 연구」, 『우리어문연구』 제21집, 2003.

[9] 이희중, 「<등성이>, 이야기의 절정」, 『기억의 풍경』, 월인, 2003, 154-155쪽. "나는 '등성이'가 '산등성이'가 아니라 '이야기의 등성이'로 보는 길을 하나의 독법으로 제안하고자 한다. 사전을 참고하면 '등성이'는, 일차적으로 '동물의 등 또는 등줄기'를 가리키는 말이다. 우리말에는 한 음절로 이루어진 신체어에 특정한 어미를 붙여 여러 음절의 낱말로 늘여 부르는 경우가 있다. (중략) '등성이'를 '이야기의 등성이'로 보면 첫 연은, '친구의 서러운 사랑 이야기를, 따라가면, 어느새 그 슬픈 이야기의 등성이에 이르러 눈물나고나'가 된다. '이야기의 등성이'란 '이야기의 절정'을 말한다."

무렵의 강 하류를 보게 된다. 굳이 산등성이에 화자가 있을 필요는 없다. 시의 진술은 화자의 행동이 아니라 인식의 전환에 맞춰 진행된다. 이때 시는 그가 듣는 사랑 이야기에서 비롯한 허젓함과 서러움의 교차(1연), 사랑 이야기와 대응하는 가을 강의 발견과 그에 대한 감탄(2연), 사랑과 강물이 중첩되며 생겨나는 허무감과 위안감(3연)으로 그 구조가 짜이게 된다. '등성이'와 관련된 두 가지 견해 중 어느 한 쪽도 의미상 모순을 일으키지 않는다. 이와 같은 해석은 오히려 시의 의미가 풍요로워지는 데 기여한다. 만약 수정해야 할 것이 있다면 이 두 사실을 기반으로 내려지는 단정들이다. 이 글은 둘째 쟁점 '친구의 동행 여부'가 여기에 해당한다고 본다.

'등성이'를 '산등성이'로 파악할 때 시의 전개상 중요하게 부각되는 화자의 행동은 시의 장면 안에 행동의 주체인 인물을 상정하도록 유도한다. 비록 그 인물이 시에서 화자와 일치하기는 하지만 인물이 등장하면서, 전지적 작가가 아닌 독자는 화자의 심리 표현이나 내적 독백을 인물의 실제 말로 확신하는 위치에 있게 된다. 가령, 3연의 "저것 봐, 저것 봐"를 예로 들어보면, 이 구절은 강물의 풍경에 감탄하며 화자가 자신에게 하는 말이나 기억 속의 친구에게 건네는 말일 수도 있으나, 위의 설정으로 실제 대화의 한 대목으로 한정된다. 화자 옆에 이야기를 듣는 사람이 필요해진다는 것이다. 이처럼 3연에서 친구가 필요해진다면, 처음부터 친구는 화자와 동행하는 구도로 설정하는 것이 자연스럽다. 화자는 "친구의 서러운 사랑 이야기"를 실제로 옆에서 들으며 산등성이를 오르는 것이다.

고형진은 1연의 문장 구조에 주목하여 이에 대해 이의를 제기하였다. "가을햇볕으로나 동무삼아"의 '—나'는 '친구가 지금 곁에 없으며, 그래서 할 수 없이 '가을 햇볕'으로 동무를 삼'는다는 뜻이 담겨 있다는 것이다.10) 조금 더

---

10) 고형진, 「박재삼 시 연구—초기시의 시적 구문을 중심으로」, 『한국문예비평연구』 21, 한국현대문예비평학회, 2006.1, 196쪽. "그러면 그 친구는 지금 화자와 동행하고 있는가? 이 역시 2, 3행의 문장에 주목해 보면 그렇지 않다는 것을 알 수 있다. 화자

부연하자면 이 '-나'는 대신 선택하는 양보의 의미를 지니고 있다. 무엇이 부족하기 때문에 대신 "가을햇볕"을 취한다는 뜻이다. 그 다음 말은 "동무삼아"이다. 동무가 없기 때문에 다른 것, 이 구절에서는 "가을햇볕"을 대신 동무 삼는다. 동무는 친구와 같은 뜻이다. 친구가 없는데 친구를 동무 삼을 수는 없다. 따라서 이 시에는 '친구'는 옆에 없고 '친구의 서러운 사랑 이야기'는 옆에 있게 된다. 그렇다고 '등성이'의 뜻이 '이야기의 등성이'로 확정되는 것은 아니다. '이야기의 절정'과 '산등성이'의 두 가지 뜻은 어느 하나 배제되지 않은 채, 3연까지 이어진다. 그러나 3연 1행의 "저것 봐, 저것 봐,"는 옆에 있는 친구에게 하는 말이 아니라, 나에게 하는 말이자 옆에 없는 친구에게 하는 말이라고 판단하는 것이 적절하다. 1연에 없던 친구가 갑자기 3연에 등장하는 것은 어색하기 때문이다. 자신에게 하는 말이 될 때 두 번의 "저것 봐"는 풍경에 대한 감탄과 더불어 만상의 소멸에 대한 재확인의 역할을 하고, 기억 속의 친구에게 하는 말이 될 때 그것은 실연당한 친구에 대한 위로의 역할을 한다. 자신에게 하는 말이 될 때 슬픔은 고조되지만, 옆에 없는 친구에게 하는 말이 될 때 소멸의 운명을 공유하는 모두의 마음은 가라앉는다.

　마지막으로 쟁점이 되는 부분은 2연 "제삿날 큰집에 모이는 불빛도 불빛이지만,/해질녘 울음이 타는 가을강江을 보것네."이다. 제삿날 큰집을 실제로 화자가 본 것인지 기억 속에 있던 것인지, "불빛"과 "가을강江"은 비교되고 있기는 한데, 어떠한 맥락에서 그러한지 이 구절은 그 자체로 해석의 다양성을 내장하고 있다. 모호함을 불러일으키는 까닭은 문장 구조에 있다. 이어진 문장으로 결합되어 있는 구문인데도, 의미상 첫 문장은 "불빛도 불빛이

가 동무삼아 따라가는 것은 친구가 아니라 '가을햇볕'이다. '가을햇볕' 뒤에 '나'라는 접사가 붙어 있는 것을 주의해 보면, 화자는 오히려 마땅히 같이 할 친구가 지금 곁에 없으며, 그래서 할 수 없이 '가을 햇볕'으로 동무를 삼으며 위안을 삼고자 한다는 것을 알 수 있다." 이 의견에 앞서 이남호(앞의 책 참조), 김종태·강현구(앞의 글 참조) 등도 간략하게 시 안에 등장하는 인물을 화자 한 명으로 설정한 의견을 제출한 바 있다.

지만"이라는 체언절로 마무리되는 반면, 의미상 둘째 문장은 "가을강江을 보것네"라는 용언절로 마무리된다. 비대칭적인 구문 구조는 양보절임에도 양보하는 대상이 무엇인지 모호하게 하고, 이어진 문장이지만 무엇이 매개가 되어 이어지는 것인지 모호하게 한다.

의미상 이 둘을 매개하는 대상은 2연 1행의 "불빛"과 2연 2행의 "가을강江"이다. 이와 유사한 '외모도 외모이지만 성격을 보겠다.'와 같은 구문을 가정해 보자. 이 구문을 대칭적 구조의 구문으로 바꾸면 '외모도 중요하지만, 그보다 성격을 보겠다.'가 된다. '외모'와 '성격'이 비교 대상이 되면서 이 구문은 비대칭 구조에서 비롯된 모호한 의미를 확정짓는다. 동어반복으로 이루어진 2연 1행의 "불빛"은 2연 2행의 "가을강江"과 함께 비교 대상에 놓인다. 풀어쓰면 다음과 같다. '제삿날 큰집에 모이는 불빛도 인상적이지만, 그보다 더욱 인상적인 해질녘 울음이 타는 가을강을 보겠네.'

수면의 노을빛과 비교 대상이 된 '큰집의 불빛'은 진술의 현재 화자가 보고 있는 것으로 해석되곤 하지만, 이는 불빛이 모이는 제삿날의 시간과 해질녘의 시간의 불일치로 인해 적절하지 못한 것으로 이미 지적되었다.11) 제삿날 큰집의 불빛이 모이는 것을 보려면 자정 가까운 시각이어야 한다. 따라서 1행의 시간은 현재의 시간이 아니라 기억의 시간이다. 화자가 해질녘 울음이

---

11) 이에 대해 자세하게 언급한 논자는 이희중이다(앞의 글, 156쪽). "이 문장의 통사적 골격은 'ㄱ도 ㄱ이지만 ㄴ을 보겠네'이다. 지금 화자는 매우 인상적인 풍경 두 가지를 비교하고 있다. 하나는 '제삿날 큰집에 모이는 불빛'이며, 다른 하나는 '해질녘 울음이 타는 가을강'이다. 전자는 과거에 보았던 기억의 풍경일 것이다. 그렇지 않다면 이 밤중의 풍경이 이 시 전체의 시간과 어긋난다. 요즘은 풍속이 많이 달라졌지만, 원래 제사는 자정이 지난 후 지냈다. 전기가 없었던 시절 동족들이 모여 사는 마을에서는 캄캄한 밤중 저마다 초롱을 들고 제사 지내러 큰집에 모인다. 이를 멀리서 보면 참으로 엄숙하고도 따뜻한 풍경이었으리라. 심야에 초롱불들이 점점이 한 곳으로 모여 환한 빛을 만들던 야경을 각별히 아름답게 기억하고 있던 화자는, 지금 그에 비견되는 다른 놀라운 풍경을 본다. 바로 노을이 내려 비친 가을 강이다. 노을은 하늘의 빛깔인데 그것이 강물에 비친다. 전자의 진상에 대해 후자의 영향은 호응과 공감의 몸짓으로 보일 수 있다."

타는 가을 강을 보며 자동적으로 떠올리는 대상이 제삿날 큰집에 모이는 불빛인 것이다. 이 연상에는 두 가지 요소가 작용하는 것으로 보인다. 우선 '석양빛'이 제삿날 큰집에 모이는 '불빛'을 떠올리게 한다. 여기에서는 불빛과 석양빛의 '빛'이 매개이다.12) 다른 한 가지는 제삿날과 바다의 소멸 이미지이다.13) 제삿날은 망자를 떠올리는 날이며 강물이 닿을 바다는 강물의 죽음을 뜻한다.

「울음이 타는 가을江」을 두고 쟁점이 되었던 사항들을 종합하고 정리하면 다음과 같다. 등성이는 이야기의 등성이가 될 수도, 산등성이가 될 수도 있다. 이야기의 등성이가 될 때 화자의 시선 전환과 연의 구분이 같은 곳에서 이루어지며, 산의 등성이가 될 때 화자는 1연부터 움직이는 것으로 시의 생동감을 더한다. 이 둘은 양자선택의 문제는 아닌 듯하다. 그러나 친구의 동행 여부는 한 쪽만이 적절하다. 진술의 처음부터 친구는 동행하지 않는다. 친구는 결여된 대상으로 사랑의 이야기와 강물의 중첩에 초점이 맞춰지도록 돕는 역할을 한다. 2연의 제삿날의 불빛은 화자가 보고 있는 것이 아니라 노을에 물든 강물을 보며 기억에서 되살린 것이다. 소멸 이미지와 인상적인 불빛의 유사성 덕분에 떠올린 것인데 이것이 모호하게 느껴지는 것은 불안정한 문장 구조 때문이다.

---

12) '기억 속 제삿날 불빛'을 기억의 매개로 본 견해는, 이남호·이희중·김종태·강현구의 글에서 확인할 수 있다.
13) 불빛과 더불어 소멸의 의미를 매개로 본 견해는, 김영미(「갇힌 시간과 그 해체 -박재삼론」, 『한국언어문학』 53집, 한국언어문학회, 2004.12, 434쪽)의 글에서 확인할 수 있다.

3. 운율과 울음의 조화

'울음이 타는 가을강江'은 시를 구성하는 두 가지 축이 만나는 핵심 구절이다. "타는"은 강물의 노을빛에서 비롯된 표현이고 "울음"은 화자가 흘리는 눈물에서 비롯된 표현이다. 1연에서 화자가 들은 친구의 서러운 사랑 이야기와 2연부터 화자가 본 강물의 광경이 서로를 비추며 일궈낸 표현이, 2연 마지막에서 등장하는 '울음이 타다'인 것이다. '울음'은 '타다' 덕분에 강물의 슬픔이 될 수 있으며, '타다'는 '울음' 덕분에 사랑 이야기 안으로 편입된다. 그 구체적인 모습은 3연에서 본격적으로 등장한다.

'울음이 타는'은 이 밖에도 몇 가지 이유로 주목할 만하다. 먼저 시어와 시어가, 구절과 구절이 교직하며 만들어내는 최종적인 의미가 '울음'으로 수렴된다는 점이다. '허무'와 '서러움,' '한'과 '울음'을 집요하게 노래한 시인인 박재삼이기에 이 점은 그의 시적 개성을 확인해 주는 실례라고 할 수 있다. 그런데 이 '울음'을 유발한 원인에 소멸의 이미지가 있다는 점도 주목할 만하다. 시에서 그의 울음은, 사랑 이야기의 끝을 앞두고, 이야기 속 사랑의 끝을 앞두고, 그가 보고 있는 강물의 죽음을 앞두고, 석양으로 붉게 타는 하루의 마감을 앞두고, 터져 나온다. 그는 자기뿐만 아니라 타인에게 보편적으로 작용하는 인간의 삶에 대한 허무를 느끼고, 그 허무로 서러워하고, 서러워서 한이 맺히고, 한이 맺혀 울고 있다. 소멸에 대한 불가항력은 울음과 박재삼의 다른 핵심 의미인 허무, 서러움, 한을 잇는 매개체이자 이들을 낳게 하는 배경인 것이다.

소멸을 앞에 두고 우는 행위는 달리 말하면 자신의 존재를 확인하는 행위이다. 울음이 소멸하면, 강 수면에 어둠이 찾아들고, 자신이 보았던 강물도 바다에 닿는다. 울음은 시에 나타나는 소멸의 의미소들에 대하여, 다른 선택의 길이 남아 있지 않는 그가 취한 유일한 행위이기도 한 것이다. 그런데 그 울음의 형상화가 구체적으로 이뤄지는 것은 운율 때문이다. 「울음이 타는 가을강江」에서의 운율은 울음 섞인 화자의 모습을 실감나게 하고 있다.

	1 연	2 연	3 연
소멸의 이미지	가을	제삿날 해질녘 타는 (강)	사라지고 녹아나고 바다 소리죽은 가을강江

「울음이 타는 가을강江」은 3연 12행으로 이루어져 있다. 그리고 매 연마다 소멸의 이미지를 지닌 시어가 하나 이상 등장한다. 1연의 '가을'은 시의 시간적 배경의 역할을 맡고 있을 뿐만 아니라 소멸의 이미지를 극적으로 보여주는 역할을 맡기도 한다. 겨울이야말로 소멸과 어울리는 계절이지만, 계절의 순환을 염두에 둔다면 그것은 곧 생명을 잉태하는 시간이기도 하다. 그러나 가을은 소멸을 향해 가는 시간이다. 낙엽이 지는 것으로써 죽음의 순간을 가장 실감 있게 볼 수 있는 이 가을은, 소멸을 겪는 것이 아니라 소멸을 앞에 두고 보고 있는 시의 화자에게 어울리는 계절이다. 겨울을 앞에 두고 있는 가을은, 죽음을 앞에 보고 있는 화자의 마음을 가장 잘 대변하는 계절인 것이다.

2연에서는 1연에 한 번 등장했던 소멸의 이미지를 지닌 시어가 세 번 등장한다. 화자가 있는 곳은 '등성이'이다. 그 변곡점의 시간은 "해질녘"이다. 이때 그는 "제삿날"을 떠올리고 "타는" 강을 본다. 1연의 "가을"이 곧 겨울로 이어지듯, 2연의 "해질녘"은 밤으로 이어지고, "타는" 대상은 곧 재로 남을 것이다. 이 역시 소멸을 앞에 둔 화자의 심정을 대변하는 시어라 할 만하다. 문제는 "제삿날"의 속성이다. 제삿날은 산 사람의 입장에서는 흩어졌던

가족이 "모이는" 행사이지만, 그래서 화기애애한 분위기도 간혹 연출되지만, 그 모임에는 죽은 사람에 대한 기억도 참여한다는 점에서 소멸의 의미소를 지니고 있다. "해질녘"과 "타는"이 밤과 재의 접면에 있듯이, "제삿날"도 죽음과의 접면에 있는 것이다.

3연에서는 2연에 세 번 등장했던 소멸의 이미지를 지닌 시어가 다섯 번 등장한다. 그런데 여기에서 소멸의 시어들은 앞의 것들과 성격을 달리한다. 앞의 시어들이 소멸을 내재하고, 소멸로 향해가는 과정을 보여준다면, 3연의 시어들은 소멸하는 순간이나 소멸 그 자체의 의미를 내장하고 있다. "사라지고," "녹아나고"는 소멸의 순간을, "바다"와 "소리 죽은"은 소멸 그 자체를 뜻한다. "가을강江"은 1연에 이어 다시 등장하지만 "소리 죽은"의 수식을 받는다는 점에서 조금 더 바다에 가까워졌다는 것을 가리킨다. 임박한 소멸 앞에서 1연에 보인 그의 "눈물"은 "울음"으로 강화되었고 이제 그 "울음"은 "녹아나"는 순간을 앞두고 있다. 이와 같은 소멸의 전면화 현상은, 3연이야말로 허무의 감정이 최고조에 이르렀다는 것을 일러준다.

소멸의 이미지를 담은 시어의 증가는, 울음의 강도가 높아지는 것과 궤를 같이하며, 화자를 압박하고 있는 것이 무엇인지를 설명해 준다. '서러운 사랑 이야기'에서 촉발되었으나 강물의 광경과 만나며 소멸에 대한 설움은 커진다. 그것을 관련 시어의 증가가 보여주고 있다. 한편, 이 어휘들의 증가는 소멸 대상의 폭이 넓어지고 있다는 것도 말해준다. 허전한 화자의 심정을 드러내는 것으로 출발한 1연의 진술은 어느덧 타인과 설움으로 대상과 감정의 영역이 확대되고 마지막에는 화자가 자연의 아픔을 발견하는 것으로까지 나아간다. 소멸 대상의 확장은 그의 설움을 크게 하는 한편, 설움의 보편성 확보에도 기여한다. 시의 처음부터 마지막까지 시 전체를 지탱하고 있으며, 대상의 모든 곳에 담겨 있는 의미가 소멸인 것이다.

1연 4행 : 어느새/ 등성이에/ 이르러/ 눈물나고나.

2연 2행 : 해질녘/ 울음이 타는/ 가을강江을/ 보것네.

3연 6행 : 소리죽은/ 가을강江을/ 처음/ 보것네. (음보 표시 사선 : 인용자)

    시에 빈번히 등장하는 소멸의 의미소를 기반으로 화자가 하는 행위는 우는 것이다. 「울음이 타는 가을강江」의 '울음'은 소멸을 배경으로 그 의미가 뚜렷해지는 한편, 운율에 힘입어 더욱 실감난다. 시에서의 운율은 민요나 시조의 음보율, 어휘나 음절이나 음운의 반복 등을 통해 다양하게 형상화되고 있다. 그 중 음보는 이 시에서 운율 형성의 기반 역할을 한다. 위의 인용 부분은 각 연의 마지막 행이다. 4음보의 운율을 기조로 한 위의 행들은, 마지막에 있으면서 그 앞부분의 홀수, 짝수 음보의 변이들을 수용하는 역할을 하고 있다. 그것은 곧 안정감의 확보에 기여한다.

    서러운 사랑 이야기에 안정을 찾지 못했던 마음이 1연 4행에서 비로소 '등성이'에 이르렀다. 이것은 1연의 진술을 갈무리하면서 동시에, 등성이에서 본 2연의 풍경으로 잇는 역할을 한다. 2연 2행은 앞 행의 '제삿날' 기억을 진술 현장으로 끌어내는 역할을 한다. 그곳은 곧 바다에 다다를 가을 강을 보고 있는 현장이다. 3연 6행은 "소리죽은"으로 사랑과 가을강의 의미를 종합하여 고조되었던 감정을 추스르는 곳이다. 전환을 위해서나 마무리를 위해서 앞에 부려놓았던 것들을 종합하는 곳이 마지막 행이고, 이 종합하는 곳에서 어김없이 4음보가 등장하고 있다.

    4음보가 안정감 형성에 기여한다면, 다른 음보들은 불안정감을 조성하거나, 안정된 음보를 바탕으로 활력을 주는 것이라 할 수 있다. 1, 2연 끝에서 두 번째 행, 즉 1연 3행 "가을햇볕으로나 동무삼아 따라가면,"이나 2연 1행 "제삿날 큰집에 모이는 불빛도 불빛이지만,"은 행의 마지막에 있는 쉼표와, 조건절의 형식과, 홀수 음보가 쓰임으로써 미완결과 불안정감을 조성하여 마지막 안정된 4음보 행의 등장을 강조하는 구실을 하고 있다. 1연 3행은 의심 없이 3음보이다. '가을햇볕으로나'를 한 어절로 표시했다는 점에서도 3음보로 읽어달라는 시인의 의도가 드러난다. 2연 1행은 어절은 5개의 어절이라 5음보로도 읽을 수 있으나 의미상 호응 관계를 함께 엮으면 '제삿날/큰집에 모이는/불빛도 불빛이지만'과 같이 3음보로도 읽을 수 있다. 4음보로 읽을 수도 있으나 이때에도 조건절과 쉼표 때문에 마지막 행이 보여준 안정감은 확보하지 못한다.

> 저것 봐, 저것 봐,
> 네보담도 내보담도
> 그 기쁜 첫사랑 산골 물소리가 사라지고
> 그 다음 사랑 끝에 생긴 울음까지 녹아나고
> 이제는 미칠 일 하나로 바다에 다 와 가는
> 소리죽은 가을강江을 처음 보것네.
> ― 「울음이 타는 가을강江」 3연

    4음보를 시의 기본 율격으로 보았을 때 가장 파격은 3연이다. 앞의 행들은 처음부터 3음보나 4음보 변형이나 5음보이지만 여기에서는 2음보("저것 봐,/저것 봐," "네보담도/내보담도")가 쓰이고 있다. 여기에서 읽을 수 있는 것은 급박한 호흡과 지연된 판단이다. 호흡은 짧은 음보로 급박해지고, 판단은 아직 드러나지 않은 지칭 대상이나 비교 대상 때문에 지연된다. 이어지는 진술 "그 다음 사랑 끝에 생긴 울음까지 녹아나고"(3연 3행), "이제는 미칠 일 하나로 바다에 다 와 가는"(3연 4행)은 4음보가 유력하기 때문에 안정감을 확보하는 듯하다. 하지만 이들은 모두 마지막 행의 "소리죽은 가을강江"을 수식하는 관형절로서 판단을 뒤의 행에 넘겨주고 있다. 이 행은 미완의 진술이다. 4음보의 안정감은 불완전한 진술로 인해 온전히 확보되지 못한다. 다만 가빴던 호흡이 조금 진정되고 있을 뿐이다.

이 고조되었다가 차차 잦아드는 감정의 변이는 울음의 강도 변화와 관련되어 있다. 1연의 '눈물'이 3연에서 '울음'으로 고조되었다. "저것 봐, 저것 봐,"는 그 울음의 정점을 뜻하는데, 이는 곧 3연 3행 4행을 거쳐 "소리죽은"으로 수렴되며 잦아든다. 즉 운율의 변화와 울음의 변화가 함께 이뤄지는 것이다. 바다에 닿는 가을강의 모습을 염두에 둘 때 안정되는 그 울음은 결국 의미상으로 사태의 해결보다는 불가항력에 대한 깨달음으로 귀결된다. 그 깨달음은 자연과 사랑과 함께 하기 때문에 소멸에 대한 유대라고 할 수 있을 것이다.

이와 더불어 3연에서 보이는 어휘의 반복 역시 울음을 형상화하는 데 기여한다. "저것 봐,"의 반복(1행), '-보담도'의 반복(2행), '그 -사랑 -고'의 반복(3, 4행)은 말을 끝맺지 못하고 울먹이는 사람의 특징을 되살린다. 이상의 논의를 정리하면 다음과 같다. 울음과 소멸은 시의 핵심 의미이다. 화자의 우는 모습은 음보나 반복과 같은 운율을 통해 더욱 구체적으로 실감난다. 그것은 소멸의 의미로 인해 발생하는 허무감과 유대감을 극적으로 형상화하고 있다.

4. '바다'와 '물'의 맥락

「울음이 타는 가을강」은 강물이 바다에 다다르기 직전의 순간을 다룬 시이다. 그곳에서 화자는 눈물을 흘리고 있다. 그리고 마지막에 바다는 강물과 눈물을 거두는 역할을 했다. 친구의 서러운 사랑 이야기 때문에 흘린 눈물과 비유적인 의미에서 죽음에 이르는 강물은 함께 바다에 닿는다. 따라서 이 시는 '바다'를 최종 기착지로 둔 시이기도 하다. 박재삼의 시들에서 '바다'를 모티프로 삼은 시는 드물지 않다.14) 그것들이 같은 뜻을 지니는지, 또 보편적인 성격을 지니는지 아니면 특수한 성격을 지니는지 살펴보는 것은 이 시의 '바다'가 지닌 함의를 드러내는 데에 도움을 준다.

그 전에 먼저 전제로 두어야 할 것은 '강물'이건 '눈물'이건 '바다'이건 이들은 모두 '물'의 범주에 속한다는 점이다. '바다'도 그렇지만 더 넓은 범주에 있는 '물'은 박재삼의 시에서 빈번하게 나타나는 시적 모티프이다. '눈물'(「바람 그림자를」, 「눈물속의 눈물」), '우물' '못물'(「水晶歌」, 「그대가 내게 보내는 것」, 「두 개의 못물」), '강물'(「남강가에서」, 「봄강변」, 「강물에서」), '바다'(「밤바다에서」, 「和合」), '비'(「가난의 길목에서는」), '안개/구름'(「개구장이 구름」) 등이 그의 시에 등장하는 '물'들이다. 물은 높은 곳에서 낮은 곳으로의 일정한 방향을 가지고 있다. 이 일정한 변화는 모두 태어났다가 모두 소멸하는 사람의 삶과 닮아 있다. 그래서 인간과 물의 일생은 동일시된다.

> 사람이 죽으면 물이 되고 안개가 되고 비가 되고 바다에나 가는 것이 아닌 것가. 우리의 골목 속의 사는 일중에는 눈물 흘리는 일이 그야말로 많고도 옳은 일쯤 되리라. 그 눈물 흘리는 일을 저승같이 잊어버린 한밤중, 참말로 참말로 우리의 가난한 숨소리는 달이 하는 빗질에 빗어져, 눈물고인 한 바다의 반짝임이다.
> － 「가난의 골목에서는」 부분

사람이 죽고 짐승이 죽고
저 칠칠하던 나무들이 죽고

---

14) 특히 초기시의 경우 '바다' 모티프가 더욱 두드러진다. 김현, 앞의 책, 432쪽 참조.

> 그 모든 것이 죽으면
>
> 한가지로 비가 되고 구름이 된다는데,
>
> — 「개구장이 구름」 부분

박재삼은 물의 일생을 인간의 일생과 직접 대응시켜 놓기도 했다. 「가난의 골목에서는」에서 "물이 되고 안개가 되고 비가 되고 바다에나 가는 것"과 '인생'은 병치된 은유에 의해서가 아니라, "사람이 죽으면" "바다에나 가는 것이 아닌 것가"와 같은 직접적인 규정에 의해서 연결되고 있다. 이 규정으로 '바다'는 결국 사람이 죽어서 마지막으로 가는 곳이 된다. 시의 전언을 따르자면 세상살이하다가 간혹 흘리는 눈물은 그 '물'의 속성으로 인해 '바다'에 닿는다. 눈물을 흘리는 일은 죽음을 맛보는 일이 되는 것이다. 따라서 인용 부분의 마지막 "눈물고인 한 바다의 반짝임"이란 죽음의 한 단면을 드러내는 눈물을 뜻한다.

「울음이 타는 가을江」의 이미지를 참조하지 않더라도 바다는 '겨울' '밤' '죽음'이 환기하는 뜻과 관련되어 있다.15) 「개구장이 구름」에서도 이 죽음은 물의 이미지와 대응하고 있지만, 그 대상이 '바다'가 아니라 '비'와 '구름'인 점은 특이하다고 할 만하다. 사람과 짐승과 나무 등 "그 모든 것이 죽으면" '비'와 '구름'이 된다고 화자는 말하고 있다. 비는 지상에 흐르는 물의 원천이라 할 수 있다. 그리고 구름은 비를 내리게 하는 원천이다.

죽음이 원천들, 즉 '끝'이 아니라 '시작'의 뜻을 지닌 비유 대상과 연계되어 있는 것은, 제목 "개구장이 구름" 때문인 것으로 판단된다. 개구쟁이가

---

15) 김열규, 「신화」, 오세영 외, 『시론』, 현대문학사, 1989, 148쪽.

봄	여름	가을	겨울
아침	낮	저녁	밤
비	샘	강	바다(눈)
젊음	성년	노년	죽음

환기하는 명랑한 웃음은 허무를 부정하고 있는 것이 아니라, 허무감 속에서 위안의 역할을 한다. 한편, 바다는 문면에는 없으나 그 이면에는 들어 있다. "그 모든 것이 죽으면"과 "비가 되고 구름이 된다는데" 사이에 있는 "한가지로"가 단서이다. 모든 것이 한 가지가 되기 위해서는 합쳐져야 한다. 앞의 시를 참조하지 않더라도 모든 것이 합해지는 곳은 바다이다. 비의 원천이 구름이지만 구름의 원천은 바다이다. 바다는 "한가지로" 안에 죽음의 흔적을 가지고 남아 있는 것이다.

> 우리가 少時적에, 우리까지를 사랑한 南平文氏 夫人은, 그러나 사랑하는 아무도 없어 한낮의 꽃밭 속에 치마를 쓰고 찬란한 목숨을 풀어헤쳤더란다.
> ―「봄바다에서」부분

> 마침, 불때다 볼 붉은 그 가시내가 부지깽이를 든 채 나와선, 가슴 차도록 섬이라도 안으면 살길이나 열리리라 믿었던가 한바다에 뛰어들어 죽었더란다.
> ―「목섬이야기」부분

> 우리 고향 八浦 앞바다에는
> 친이모도 빠져죽고
> 먼 일가뻘 되는 숙모도 빠져죽고
> 또 딴 사람들도 몇몇 귀한 목숨을 바쳤다.
> ―「追憶에서 16」부분

박재삼의 시에서 바다가 지닌 죽음의 이미지는 그의 구체적인 경험에 의해서도 드러난다. 「봄바다에서」에서는 '남평문씨 부인'이, 「목섬이야기」에서는 '가시내'가, 「추억追憶에서 16」에서는 '친이모'와 '숙모'와 '또 딴 사람들'

이 바다에 빠져 죽었다. 모두 어렸을 적 시인의 기억 속에 있는 것으로 형상화된 사람들이다.16) 시인이 어렸을 때 보았던 이들의 죽음은 '바다'가 소멸의 공간, 죽음의 공간의 뜻을 지닌 채 그의 내면에 원형적인 이미지와 더불어 구체적인 이미지로 자리 잡았다는 것을 일러준다.

그런데 이들은 모두 여자이다. 그리고 이들에게는 자살의 혐의가 짙게 배어 있다. 여자들은 흔히 고기를 잡으러 배를 타고 바다로 나아가는 사람이라기보다는 집에서 그들을 기다리는 사람으로 그려진다. 그들은 조난과 난파와 침몰의 위험에서 벗어나 있다. 즉 자신의 뜻과는 상관없이 물에 빠져 죽을 가능성이 낮은 이들이 재래적인 인식에서의 여자들인 것이다.

시에서도 '남평문씨 부인'의 죽음은 "찬란한 목숨을 풀어헤쳤더란다"(「봄바다에서」)란 진술로, '가시나'의 죽음은 "한바다에 뛰어들어 죽었더란다"(「목섬이야기」)란 진술로 자살을 환기하고 있다. 모두 주체의 능동적인 선택이 전제되어 있는 진술이기 때문이다. 다만, 「추억追憶에서 16」에서는 '빠져 죽었다'라는 능동과 수동을 판단할 수 없는 진술로 제시되어 있는데, 죽은 이들이 모두 여성들이라는 점에서 한을 품고 바다에 뛰어들었다고 판단하는 것이 적절할 듯하다. 즉 이 시에서는 자살의 되물림을 강조하며 '한'의 정서가 극대화되고 있는 것이다.

이 자살의 의미를, 다가오는 죽음에 대한 저항이나 죽음의 미화로 볼 수도 있다. 하지만 이는 무리가 따르는 견해라고 판단된다. 이와 같은 판단은 죽음이 다가오는 것에 저항하려 죽음에 다가가는 행위가 결국 죽음을 벗어나지 못하는 것이라는 일반적인 논리에 기대어 내린 것만은 아니다. 아름다운 대상으로 바다를 비유한 시들, 가령 "꽃밭"의 「봄바다에서」나 "비단"의 「내 고향 바다 치수數」와 같은 시를 보면 화자는 어린 아이로 설정되어 있

---

16) 김현, 앞의 글, 431면 참조. '남평문씨 부인'은 박재삼의 시에 자주 등장하는데 김현이 나중에 확인한 결과 이것은 완전한 허구였다. 이는 그가 바다를 구체적인 소멸의 공간으로 내면화하기 위해서 허구의 인물까지도 사용했다고 이해할 수 있다.

다. 위에서 인용한 다른 시들도 사정은 마찬가지이다. 좋아하는 것을 소유하고 싶고 좋아하는 곳에 가고 싶은 욕망이 큰 어린 아이의 마음을 고려하면, '죽음의 선택'에서 강조되는 곳은 '죽음'이 아니라 '선택'일 것이다. 남들이 선택한 것은 그들에게 모두 좋은 것으로 보인다. 죽음은 선택의 대상이 되었기 때문에 그들에게는 좋은 것으로 비유할 수 있는 자격을 얻는다. '꽃밭'과 '비단'이 '바다'의 비유 대상으로 등장한 까닭도 이와 같을 것이다. 성인의 시각과는 정반대이기 때문에 여기에서의 '죽음'은 아이러니의 효과를 발휘하고 있다. '바다'는 박재삼의 시에서 일반적인 상징의 뜻을 지니든 개인적인 체험에서 비롯된 뜻을 지니든, 또 인생의 끝을 직접적으로 비유하든 간접적으로 비유하든, 또 미화되었든 그렇지 않든, '소멸'의 자장 밖으로 벗어나지 못한다. '소멸'은 결국 앞서 말했듯 박재삼의 시에서 허무와 한과 더불어 연대감을 조성하는 원인이다.

5. 나가며

이상의 논의에서 「울음이 타는 가을강江」의 전체적인 의미를 살펴보았다. 이 시를 둘러싼 그 동안 논의되었던 쟁점은 "등성이"의 의미, 친구의 동행 여부, "제삿날 불빛"의 의미이다. 등성이는 이야기의 등성이가 될 수도, 산등성이가 될 수도 있다. 이야기의 등성이가 될 때 화자의 시선 전환이 연을 구분했으며, 산의 등성이가 될 때 1연부터 화자는 움직이게 되어 시의 생동감을 더했다. 시의 구조에 기대어 해석했을 때 이 둘은 양자선택의 문제는 아닌 듯하다. 그러나 친구의 동행 여부는 진술의 처음부터 친구가 동행하지 않았던 것으로 해석하는 것이 적절했다. 1연 3행 "가을햇볕으로나 동무삼아"의 어미 '-나'와 단어 '동무'에 주목하면, 친구보다는 "가을햇볕"이 동행의 대상으로 적절하며, 친구가 옆에 있는 상황에서는 '동무삼아'라는 표현이 어색해 보이기 때문이다. 친구는 결여된 대상으로 사랑의 이야기와 강물의 중첩에 초점을 맞추도록 돕는다. 2연의 제삿날의 풍경은 화자가 보고 있는 것이 아니라 석양빛의 강물을 보며 그 빛이 매개가 되어 기억에서 되살린 것이다.

운율의 고려는 소멸에 직면하여 거칠어진 화자의 울음 섞인 호흡을 더욱 실감나게 했다. 연이 진행될수록 소멸의 의미소를 담은 시어들의 빈도수는 증가하고 영역은 확장되었다. 이에 따라 절정부에 이를 때까지 화자의 호흡은 거칠어지고 안정된 운율을 놓치고 있었다. 그것은 운율을 통해 간접적으로 드러났다. 박재삼이 추구하고자 했던 한국어의 리듬감과 '한'의 정서가 확인되는 대목이었다. 한편, 박재삼의 많은 시들에는 '물,' 그 중에서도 '바다'가 등장했다. '바다'는 사람들이 자살하는 곳으로 간혹 형상화되었는데, 여기에서 '한'은 다시 한 번 극대화되었다. 일반적인 상징과 구체적인 경험, 직접적인 비유와 간접적인 비유, 어른의 시선과 아이의 시선을 가리지 않고 '바다'는 '소멸'의 장을 뜻했다.

【참고문헌】

1. 기본자료

『개벽(開闢)』, 『논어(論語)』

『문장』 1권 8호(1939년 9월호), 1권 11호(1939년 12월호).

『문장』, 문장사, 1941.1.

『삼천리』 13권 4호, 1941년 4월 1일.

『조선문단』, 1927.2.

『조선중앙일보』, 『조선일보』, 『카톨릭청년(靑年)』, 『조선과 건축(朝鮮と建築)』

『학조(學潮)』, 1926.6.

『현대문학』, 1966년 12월.

2. 단행본

강웅식, 『시 위대한 거절 : 현대시의 부정성』, 청동거울, 1998.

고형진 편, 『정본 백석 시집』, 문학동네, 2007.

고형진, 『백석 시를 읽는다는 것』, 문학동네, 2013.

──, 『백석시 바로 읽기』, 현대문학, 2006.
──, 『현대시의 서사 지향성과 미적 구조』, 시와시학사, 2003.
곽효환, 『한국 근대시의 북방의식』, 서정시학, 2008.
권명옥 편, 『김종삼 전집』, 나남출판, 2005.
권영민, 『이상 전집 1』, 뿔, 2009.
──, 『정지용 시 126편 다시 읽기』, 민음사, 2004.
권혁웅, 『시론』, 문학동네, 2010.
김 현, 『김현문학전집 4 : 문학과 유토피아』, 문학과지성사, 1992.
──, 『김현문학전집3』, 문학과지성사, 1991.
──, 『상상력과 인간/시인을 찾아서-김현문학전집3』, 문학과지성사, 1991.
김기림, 『김기림 전집 2-시론』, 심설당, 1988.
김명인·임홍배 편, 『살아 있는 김수영』, 창비, 2005.
김문주, 『형상과 전통』, 월인, 2006.
김상홍, 『한시의 이론』, 고려대출판부, 1997.
김수영, 『김수영 전집 2』 재판, 민음사, 2003.
──, 『김수영전집1-시』, 민음사, 1981.
──, 『김수영전집2-산문』, 민음사, 1981.
김용성·송하춘·유성호·최동호, 『문학에 이르는 길』, 서정시학, 2010.
김용직 편, 『김소월 전집』, 서울대학교출판부, 1996.
김용직, 『한국현대시사1』, 한국문연, 1996.
김우창, 『궁핍한 시대의 시인』, 민음사, 1977.
──, 『궁핍한 시대의 詩人』, 민음사, 1977.
김윤식 편, 『이상문학전집 2』, 문학사상사, 1998.
──, 『李箱문학전집 3 隨筆』, 문학사상사, 1993.
김윤식, 『이상문학 텍스트연구』, 서울대출판부, 1998.
──, 『한국현대시론비판』 증보판, 일지사, 1990.
김인환, 『기억의 계단』, 민음사, 2001.
──, 『한용운의 『님의 침묵』을 읽는다』, 열림원, 2003.

김재홍, 『한용운 문학 연구』, 일지사, 1982.

김종길, 『시에 대하여』, 민음사, 1986.

김종길·정한모·인권한·박노준 외, 『조지훈 연구』, 고대출판부, 1978.

김종훈, 『한국 근대 서정시의 기원과 형성』, 서정시학, 2010.

김준오, 『시론』 4판, 삼지원, 1982.

김태정, 『우리 꽃 백가지』, 현암사, 1990.

김학동 편, 『정지용전집 2 산문』, 민음사, 1988.

김학동, 『鄭芝溶硏究』, 민음사, 1987.

김흥규, 『문학과 역사적 인간』, 창비, 1980.

민병기, 『정지용』, 건국대학교 출판부, 1996.

박재삼, 『박재삼 시전집1』, 민음사, 1998.

──, 『울음이 타는 가을강江』, 미래사, 1991.

발터 벤야민, 『독일 비애극의 원천』, 조민영 역, 새물결, 2008.

──, 『발터 벤야민 선집 4』, 김영옥·황현산 역, 길, 2010.

백낙청, 『민족문학과 세계문학 1/인간해방의 논리를 찾아서』, 창비, 2011.

서경수 편저, 『한시의 미학』, 엄경흠 역주, 보고사, 2001.

서우석, 『시와 리듬』, 문학과지성사, 1981.

서정주, 『歸蜀途』, 선문사, 1948.

──, 『미당서정주시전집』, 민음사, 1983.

──, 『미당시전집1』, 민음사, 1994.

──, 『미당자서전2』, 민음사, 1994.

──, 『민들레꽃』, 정우사, 1994.

──, 『서정주시선』, 정음사, 1956.

──, 『서정주전집』, 일지사, 1975.

──, 『한국의 현대시』, 일지사, 1969.

──, 『한국의 현대시』, 일지사, 1972.

송 준 편, 『백석 시 전집』, 흰당나귀, 2012.

심경호, 『한시의 세계』, 문학동네, 2006.

양왕용, 『정지용시연구』, 삼지원, 1988.
오세영 외, 『시론』, 현대문학사, 1989.
오세영, 『20세기 한국시 연구』, 새문사, 1989.
오장환, 『오장환전집 2-산문』, 창작과비평사, 1989
오형엽, 『문학과 수사학』, 소명출판, 2011.
유성호·최동호·김수이·방민호, 『백석 시 읽기의 즐거움』, 서정시학, 2006.
유종호, 『다시 읽는 한국 시인』, 문학동네, 2002.
──, 『시란 무엇인가』, 민음사, 1995.
유종호·최동호 편, 『시를 어떻게 볼 것인가』, 현대문학, 1995.
유　협, 『문심조룡』, 최동호 역, 민음사, 1994.
이경수, 『한국 현대시와 반복의 미학』, 월인, 2005.
이경훈, 『이상, 철천의 수사학』, 소명출판, 2000.
이남호, 『교과서에 실린 문학작품을 어떻게 가르칠 것인가』, 현대문학, 2001.
이동순 편, 『백석시전집』, 창비, 1987.
이숭원, 『백석시의 심층적 탐구』, 태학사, 2006.
──, 『백석을 만나다』, 태학사, 2008.
──, 『정지용』, 문학세계사, 1996.
이승훈 편, 『이상문학전집 1 시』, 문학사상사, 1989.
이어령 편, 『李箱詩全作集』, 갑인출판사, 1978.
이영지, 『이상시 연구』, 양문각, 1989.
이희승, 『국어대사전』, 민중서림, 1988.
이희중, 『기억의 풍경』, 월인, 2003.
임곤택, 『전후 한국현대시와 전통』, 서정시학, 2012.
장석주 편, 『김종삼 전집』, 청하, 1998.
정지용, 『백록담』, 문장사, 1941.
정지용, 『원본 정지용 시집』, 이숭원 주해, 깊은샘, 2003.
──, 『鄭芝溶 詩集』, 시문학사, 1935.
──, 『정지용 전집 1 시』 개정판, 최동호 편, 서정시학, 2016.

──, 『정지용시집』, 시문학사, 1935.

──, 『지용시선』, 을유문화사, 1946.

정한숙, 『현대한국문학사』, 고려대학교출판부, 1982.

조연현, 『한국현대문학사』, 성문각, 1969.

조지훈 외, 『조지훈시선』, 정음사, 1956.

──, 『조지훈전집』, 나남출판사, 1996.

──, 『조지훈전집』, 일지사, 1973.

──, 『청록집』, 을유문화사, 1946.

──, 『풀잎 단장』, 창조사, 1952.

최동호 편, 『다시 읽는 정지용 시』, 월인, 2003.

──, 『정지용 사전』, 고려대학교출판부, 2003.

최동호, 『(그들의 문학과 생애) 정지용』, 한길사, 2008.

──, 『시 읽기의 즐거움』, 고려대학교 출판부, 1999.

──, 『정지용 시와 비평의 고고학』, 서정시학, 2013.

──, 『평정의 시학을 위하여』, 민음사, 1991.

──, 『하나의 도에 이르는 시학』, 고대출판부, 1997.

──, 『한용운』, 건대출판부, 2001.

──, 『현대시의 정신사』, 열음사, 1985.

최동호·김문주·이상숙, 『백석 문학전집 1 : 시』, 서정시학, 2012.

최승호 편, 『조지훈』, 새미, 2003.

최정례, 『백석 시어의 힘』, 서정시학, 2008.

──, 『시여 살아 있다면 힘껏 실패하라』, 뿔, 2007.

최현식, 『서정주 시의 근대와 반근대』, 소명출판, 2003

한용운, 『한용운 시전집』, 최동호 편, 서정시학, 2009.

현대문학사 편, 『시론』, 1989.

현대시비평연구회 편, 『다시 읽는 백석 시』, 소명출판, 2014.

황현산, 『말과 시간의 깊이』, 문학과지성사, 2002.

──, 『잘 표현된 불행』, 문예중앙, 2012.

3. 논문 및 기타자료

강연호, 「김종삼의 내면 의식 연구」, 『현대문학이론연구』 18, 2002, 28-29쪽.
고형진, 「김종삼의 시 연구」, 『상허학보』 12, 2004, 379-381쪽.
──, 「박재삼 시 연구 : 초기시의 시적 구문을 중심으로」, 『한국문예비평연구』 21, 한국현대문예비평학회, 2006.1.
권명옥, 「적막의 미학」, 『한국문예비평연구』 15, 2004, 7-34쪽.
김기중, 「지훈시의 이미지와 상상적 구조」, 민족문화연구22호, 1989.2. 169쪽.
김문주, 「조지훈 시의 형이상적 성격과 현실주의」, 『한민족어문학』 59, 2011.12. 337-368쪽.
──, 「풍경에 반영된 동·서의 관점-정지용과 조지훈 시의 형상을 중심으로」, 『우리어문연구』 25, 2005.12. 95-117쪽.
김미형, 「목적어 자리 '을/를,' '은/는,' 무표지 'Ø'의 대립적 특성 분석」, 『담화와 인지』 19(2), 2012.
──, 「조사 '이/가'와 '은/는'의 기본 전제와 기능 분석」, 『담화와 인지』 18(3), 2011.
김수림, 「방언-혼재향(混在鄕, heteropia)의 언어 -백석의 방언과 그 혼돈, 그 비밀」, 『어문논집』 55, 2007.
김승희, 「김종삼 시의 전위성과 미니멀리즘 시학 연구」, 『국제비교한국학회』 16-1, 2008.6, 195-223쪽.
김신정, 「정지용 시 연구 : '감각'의 의미를 중심으로」, 연세대학교 대학원 박사논문, 1998.
김신정, 「정지용 시 연구-'감각'의 의미를 중심으로」, 연세대박사논문, 1998.
김양희, 「박재삼 초기시의 상상력과 시세계」, 『인문학연구』, 충남대 인문과학 연구소, 2007.
김영미, 「갇힌 시간과 그 해체 : 박재삼론」, 『한국언어문학』 53집, 한국언어문학회, 2004.12.
──, 「여백의 역설적 발언」, 『국제어문』 57, 2013, 9-34쪽.

김용희, 「전후 한국시의 '현대성'과 그 계보적 가설」, 『한국근대문학연구』 19. 2009.4, 101-103쪽.

김인환, 「시의 기원과 기원의 시 4 : 무애가」, 『포에지』, 2001년 봄호, 185쪽.

김종태・강현구, 「박재삼 시의 죽음의식 연구」, 『우리어문연구』 제21집, 2003.

김종훈, 「이상 시에 나타난 '나'의 유형 연구」, 고려대학원 석사논문, 2001.

──, 「전쟁 같은 마음들 : 박봉우, 김종삼의 시 몇 편 읽기」, 『시인동네』, 2013년 봄호.

──, 「현대시의 알레고리」, 『시와시』 11, 2012년 여름호.

김춘식, 「신시 혹은 근대시와 조선시의 정체성」, 『한국문학연구』 28, 동국대 한국문학연구소, 2005. 73-98쪽.

김현승, 「김수영의 시사적 위치와 업적」, 『창작과비평』, 1968년 가을호.

남진우, 「한국 현대시에 나타난 '시간성의 수사학' 연구」, 『상허학보』 20, 2007, 381-414쪽.

문덕수, 『한국모더니즘 시연구』, 시문학사, 1981.

박수연, 「"꽃잎," 언어적 구심력과 사회적 원심력」, 『문학과사회』, 1999년 겨울호.

박순원, 「정지용 시에 나타난 색채어 연구」, 『비평문학』 24, 2006.12.

──, 「『문장』의 신인 추천제 연구」, 『한국근대문학연구』 20, 2009.10, 67-94쪽.

박제천, 「조지훈의 인간과 사상」, 『한국문학연구』 18, 1995.12, 5-14쪽.

박현수, 「김종삼 시와 포스트모더니즘 수사학」, 『우리말글』 31, 2004, 249-270쪽.

박호영・이숭원, 『한국 시문학의 비평적 탐구』, 삼지원, 1985.

방민호, 「조선어학회 사건 전후의 조지훈」, 『우리문학연구』 30, 2010.6, 29-32쪽.

배호남, 「『백록담』의 시형식 연구」, 『한국시학연구』 35, 2012.12, 141~172쪽.

백운복, 「현철・황석우의 신시논쟁고」, 『서강어문』, 서강어문학회, 1983. 175-191쪽.

사나다 히로코, 「보헤미안의 회화 : 정지용의 「카페・프란스」」, 『동서문학』, 2001년 봄호.

서범석, 「김종삼 시의 건너뜀과 빈자리」, 『문예운동』 115, 2012.9, 279-294쪽.

손민달, 「여백의 시학을 위하여」, 『한민족어문학』 48, 2006, 261-282쪽.

송 욱, 『문학평전』, 일조각, 1969.

송　욱, 『시학평전』, 일조각, 1963.
송재영, 「조지훈론」, 『창작과비평』, 1971년 가을호. 718-731쪽.
송희복, 「한국시의 고전주의 : 정지용과 조지훈」, 『오늘의 문예비평』 10, 1993.8, 153-168쪽.
신경림, 「내용없는 아름다움의 시인 김종삼」, 『우리교육』 1995.12.
신용목, 「백석 시의 현실 인식과 미적 대응」, 고려대박사학위논문, 2012.
신현락, 「물의 이미지를 통해 본 박재삼의 시세계」, 『비평문학』 12호, 한국비평문학회, 1998.7.
심재휘, 「김종삼 시의 공간과 장소」, 『아시아문화연구』 30, 2013.6, 197-220쪽.
여태천, 「정지용 시어의 특성과 의미」, 『한국언어문학』 56, 2006.2. 247-274쪽.
여태천, 「1950년대 언어적 현실과 한 시인의 실험적 시쓰기」, 『한국문학이론과 비평』 59, 2013.6, 49-73쪽.
오세영, 「침묵하는 님의 역설 -만해 시의 역설 연구」, 『국어국문학』 65・66, 1974. 259-284쪽.
오연경, 「정지용 산수시에서 자연과 정신의 감각적 매개 양상 - '차다'라는 신체 감각을 중심으로」, 『한국문학이론과 비평』 49, 2010.12, 51쪽.
오연경, 「김종삼 시의 이중성과 순수주의」, 『비평문학』 40, 2011.6, 128-130쪽.
오용기, 「박재삼의 시와 한(恨)」, 『한국언어문학』, 한국언어문학회, 2000.
오탁번, 「모성 이미지와 화합의 시정신」, 『현대문학』, 1997.8.
오현정, 「보조사 {은/는}과 주격조사 {이/가}의 교수・학습방법 연구」, 『한국어의 미학』 35, 2011.
오형엽, 「조지훈 시론의 보편성 연구」, 『한국언어문화』 42, 2010. 275-303쪽
───, 「조지훈 시의 청각적 이미지와 시의식」, 『한국언어문화』 40, 2009. 127-158쪽.
유현경・양수향・안예리, 「영어권 중・고급 학습자를 위한 조사 '가'와 '는'의 교수 방안 연구」, 『이중언어학』 34, 2007.
이　찬, 「20세기 후반 한국현대시론 연구」, 고려대 박사학위논문, 2004.
이건청, 「한국 정통 서정의 계승과 발전」, 『현대시학』, 현대시학사, 2001.12.

이경수, 「백석 시의 낭만성과 동양적 상상력」, 『한국학연구』 21, 2004.
─────, 「조지훈 시의 불교적 상상력과 선미(禪味)의 세계」, 『우리어문연구』 33. 2009.1, 327-356쪽.
이근화, 「정지용 시 연구」, 고려대석사논문, 2000. 55~58쪽.
이봉래, 「한국의 모던이즘」, 『현대문학』, 1956.4.
이상숙, 「박재삼 시의 이미지 연구 : 초기시에 나타난 물을 중심으로」, 고려대학교 석사논문, 1993.
이상오, 「정지용의 산수시 고찰」, 『한국시학연구』 6호, 2002. 153~174쪽.
─────, 「'내용 없는 아름다움'을 위한 몇 개의 주석」, 『시안』, 2007년 겨울호.
이성우, 「서정주 시의 영원성과 현실성 연구」, 고려대학원 석사논문, 2000.
이숭원, 「김종삼의 시세계」, 『국어교육』 53, 1985. 305쪽.
─────, 『정지용 시의 심층적 탐구』, 태학사, 1999.
이재복, 「한용운 시 <알 수 없어요>에 대한 일고찰」, 『한국언어문화』 41집, 2010, 217-218쪽.
이희중, 「조지훈 시의 애상성 연구」, 『비평문학』 30, 2008. 12. 131-152쪽.
장경렬, 「이미지즘의 원리와 <詩畵一如>의 시론-정지용과 에즈라 파운드, 그리고 이미지즘」, 『작가세계』, 1999년 겨울호.
장만호, 「박재삼 시의 공간 상상력 연구 : 초기시를 중심으로」, 고려대학교 석사논문, 2000.
─────, 「박재삼 초기 시의 공간 유형과 의미」, 『한국문학이론과 비평』 제30집, 한국문학이론과 비평학회, 2006.3.
장석원, 「한용운 시의 리듬」, 『민족문화연구』 48호, 2008, 151-178쪽.
정남영, 「바꾸는 일, 바뀌는 일 그리고 김수영의 시」, 『실천문학』, 1998년 겨울호.
정우택, 「한국 근대 초기시에서 '외래성'과 '민족성'의 문제」, 『한국시학연구』 19, 한국시학회, 2007. 31-61쪽.
조창환, 「조지훈 초기시의 운율과 구조」, 『한국문예비평연구』 25, 2008. 5-28쪽.
주영중, 「조지훈과 김춘수 시론 비교 연구」, 『어문논집』 59, 2009. 489-516쪽.
진순애, 「박재삼 시의 낭만적 거리」, 『한국문예비평연구』, 한국현대문예비평학회,

2001.

최동호, 「시문학파의 문학사적 의미망과 정지용」, 『한국시학연구』 34, 2012.8, 277-307쪽.

──, 「조지훈 시의 초기 판본에 대하여-「승무」의 판본과 출생 기록 등을 중심으로」, 『한국문예비평연구』 30, 2009.12. 91-111쪽

──, 「조지훈의 「승무」와 「범종」」, 민족문화연구 24, 1991.7. 207쪽.

──, 「조지훈의 등단 추천작과 그 시적 전개」, 『한국시학연구』 28. 2010.8. 389-411쪽.

최승호, 「조지훈의 시학에 있어서 형이상학적 관점」, 『관악어문연구』 16, 1991. 233-251쪽

최원식, 「서울·東京·New York」, 『문학동네』, 1998년 겨울호.

최현식, 「꽃의 의미 : 김수영의 시에서의 미와 진리」, 『포에지』, 2001년 여름호.

한명희, 「박재삼 시 연구 : 성찰적 허무주의의 미학」, 『한국시학연구』 15호.

황동규, 「절망 후의 소리 : 김수영의 "꽃잎"」, 『심상』, 1974.9.

──, 「정직의 공간」, 『달의 행로를 밟을 지라도-김수영시선집』, 민음사, 1976.

황현산, 「시적허용과 정치적 허용」, 『포에지』, 2000. 가을.

미당시문학관 홈페이지 http://www.seojungju.com/pds/start.asp

http://krdic.naver.com/detail.nhn?docid=37687700

http://stdweb2.korean.go.kr/search/View.jsp : '국립국어원' 『표준국어대사전』

【글의 출처】

1. 서정의 중심 : 김소월의 「초혼招魂」
   - 「김소월의 「초혼招魂」에 나타난 감정 분출의 기제」, 『우리어문연구』 39, 2011.1.

2. 기억과 예감의 긴장 : 한용운의 「알 수 없어요」
   - 「한용운의 시 「알 수 없어요」에 나타난 긴장의 양상」, 『어문논집』 70, 2014.4.

3. 결핍의 감각들 : 정지용의 「카페프란스」
   - 「결핍으로서의 기호들 – 정지용, '카페 프란스'論」, 『다시 읽는 정지용시』(공저), 월인, 2003.4.

4. 고요하고 분주한 풍경 : 정지용의 「비」
   - 「정지용 「비」 해석의 동향과 지향」, 『어문론총』 제63호, 2015.3.

5. 관념과 현실 사이 : 이상의 「꽃나무」
   - 「관념과 현실 사이에 선 '꽃나무'」, 『이상 리뷰』 2호, 2003.1.

6. 일시적인 평화와 영원한 전쟁 : 이상의 오감도烏瞰圖「시제12호詩題十二號」
   - 「일시적인 평화와 영원한 전쟁-「시제12호詩第十二號」」, 『13인의 아해가 도로로 질주하오-이상의 <오감도烏瞰圖> 처음부터 끝까지 읽기』(공저), 수류산방, 2013.2.

7. 위태로운 행복 : 백석의 「나와 나타샤와 흰 당나귀」
   - 「상상과 현실의 교란 – 백석의 시 「나와 나타샤와 힌당나귀」」, 『한국문학이론과비평』 18-2, 2014.6.

8. 애매성의 경계 : 서정주의 「멈둘레꽃」
   - 「서정주의 「멈둘레꽃」 분석」, 『어문논집』 60, 2009.10.

9. 감정의 절제와 여운 : 조지훈의 「승무僧舞」
   - 「「승무」의 판본 비교와 조지훈의 미적 지향점」, 『한국문학이론과비평』 17-3, 2013.9.

10. 꽃잎의 자율성 : 김수영의 「꽃잎 1」
    - 「꽃잎의 자율성-김수영의 「꽃잎 1」」, 『다시 읽는 김수영 시』(공저), 작가, 2005.8.

11. 잔해와 파편의 시어 : 김종삼의 「북치는 소년」
    - 「잔해와 파편의 시어 – 김종삼, 「북치는 소년」의 경우」, 『어문논집』 68, 2013.8.

12. 울음과 소멸의 리듬 : 박재삼의 「울음이 타는 가을강江」
    - 「박재삼의 「울음이 타는 가을강江」 연구」, 『어문논집』 59, 2009.4.

【찾아보기】

강연호 234
「김종삼의 내면 의식 연구」 234
강웅식 46, 47
『시 위대한 거절 : 현대시의 부정성』 46
강현구 245, 247, 249
「박재삼 시의 죽음의식 연구」 245
고원 242
고은 43
『한용운평전』 43
고형진 135, 139, 141, 152, 234, 246
「김종삼의 시 연구」 234
「박재삼 시 연구-초기시의 시적 구문을 중심으로」 246
『백석 시를 읽는다는 것』
『백석시 바로 읽기』 139, 152
『현대시의 서사 지향성과 미적 구조』 141

곽효환 146
『한국 근대시의 북방의식』 146
구모룡 160
「초월 미학과 무책임의 사상」 160
굴원 35
『이소경』 35
권명옥 221, 222, 234, 235
『김종삼 전집』 221, 222, 223, 231
「적막의 미학」 234, 235
권영민 86, 87, 88, 93, 98, 99, 100, 105, 121, 125
『이상 전집 1』 121
『정지용 시 126편 다시 읽기』 86, 88
권혁웅 225
『시론』 225, 256
김규동 242
김기림 24, 113, 242

『김기림 전집 2-시론』 24
김기중 199
「지훈시의 이미지와 상상적 구조」 199
김기진 74
김말봉 74
김문주 135, 138, 187
「풍경에 반영된 동・서의 관점-정지용과 조지훈 시의 형상을 중심으로」 187
김미형 154
「목적어 자리 '을/를,' '은/는,' 무표지 'Ø'의 대립적 특성 분석」 154
「조사 '이/가'와 '은/는'의 기본 전제와 기능 분석」 154
김소월 21, 22, 24, 26, 27, 29, 32, 33, 34, 36, 37, 38, 39, 40, 41, 44
「개여울의노래」 30
「달마지」 31, 32
「먼 후일」 27
「봄 비」 29, 30
「산유화」 27
「시혼」 37
「저녁째」 29, 30
「진달래꽃」 22
「초혼」 21, 22, 23, 29, 31, 32, 33, 36, 37, 38, 39
『진달내 꽃』 30, 38
김수림 136

「방언-혼재향(混在鄕, heteropia)의 언어 -백석의 방언과 그 혼돈, 그 비밀」 136
김수영 42, 44, 46, 47, 205, 206, 207, 208, 209, 214, 215, 216, 217, 219, 236
「거대한 뿌리」 206, 216
「꽃 2」 209
「꽃」 206. 208. 217
「꽃잎 1」 205, 206, 207, 210, 211, 213, 216, 217
「꽃잎 2」 206, 207, 213, 219
「라디오계界」 208
「먼지」 208
「미농인찰지美濃印札紙」 208
「미인美人」 208
「사랑의 변주곡」 216
「성性」 208
「세계일주世界一周」 208
「여름밤」 208
「원효대사元曉大師」 208
「의자가 많아서 걸린다」 208
「풀」 207, 208, 213, 219
『김수영전집 2-산문』 205, 206, 214
『달의 행로를 밟을 지라도-김수영시선집』 207
김신정 69, 71, 86
「정지용 시 연구 – '감각'의 의미를 중심으로」 69, 86

김영미　223, 249
　「갇힌 시간과 그 해체-박재삼론」 249
　「여백의 역설적 발언」　223
김용직　26, 53, 120
　『한국현대시사I』　120
김용희　237
　「전후 한국시의 '현대성'과 그 계보적 가설」　237
김우창　80
　『궁핍한 시대의 詩人』　80
김윤식　110, 113
　『이상문학 텍스트연구』　110
김인환　21, 127, 213
　「시의 기원과 기원의 시 4 : 무애」　213
　『기억의 계단』　21, 127
김재홍　44, 49, 50
　『한용운 문학 연구』　44
김종길　23, 186
　『시에 대하여』　186
김종문　242
김종삼　221, 222, 223, 224, 229, 230, 231, 232, 233, 234, 235, 236, 237, 238, 239, 240
　「글짓기」　236
　「달 뜰 때까지」　232
　「달구지 길」　230
　「동시」　230
　「둔주곡」　236

「문장수업」　236
「물통」　236
「민간인」　223, 230, 231, 232, 233, 234, 235, 237, 240
「북치는 소년」　221, 223, 224, 233, 234, 235, 236, 237, 240
「서부의 여인」　236
「술래잡기」　236
「시작노트」　236
「원정」　236
「주름간 대리석」　235
「파편-김춘수 씨에게」　238
「평화」　230
김종태・강현구　245, 247, 249
　「박재삼 시의 죽음의식 연구」　245
김종훈　33, 224, 238, 285
　「전쟁 같은 마음들 : 박봉우, 김종삼의 시 몇 편 읽기」　238
　「현대시의 알레고리」　224
　『한국 근대 서정시의 기원과 형성』　33, 186
김주현　128
김준오　225, 235
　『시론』　225
김춘식　23
　「신시 혹은 근대시와 조선시의 정체성」　23
김태정　169
　『우리 꽃 백가지』　169

김학동   71, 74, 77, 80, 81
　『鄭芝溶研究』   71, 77
　『정지용전집 2 산문』   74, 80
김화산   67
　「惡魔道-엇던따따이스트의 日記拔萃」
김현   222, 242, 256, 259
　『김현문학전집 3』   222, 242
김현승   207
　「김수영의 시사적 위치와 업적」
　207
김흥규   44, 60
　『문학과 역사적 인간』   44
남진우   225, 236
　「한국 현대시에 나타난 '시간성의 수사학' 연구」   225
『논어』   36
「레위기」   72
마광수   225
　「상징」   225
문덕수   85, 86
　『한국모더니즘 시연구』   85
　『문장』   81, 82, 83, 84, 88, 90, 105, 186, 187, 190, 192, 193, 194, 195, 196, 201, 203
민병기   71
　『정지용』   71
박수연   208
　"꽃잎," 언어적 구심력과 사회적 원심력」   208

박순원   104
　「정지용 시에 나타난 색체어 연구」   104
박봉우   230, 238
　「휴전선」   230
박재삼   241, 242, 243, 244, 250, 256, 257, 258, 259, 260, 261
　「가난의 골목에서는」   256, 257
　「강물에서」   242, 256
　「개구장이 구름」   256, 257
　「그대가 내게 보내는 것」   256
　「남강가에서」   256
　「내 고향 바다 치수數」   259
　「눈물속의 눈물」   256
　「두 개의 못물」   256
　「목섬이야기」   258, 259
　「바람 그림자를」   256
　「밤바다에서」   256
　「봄강변」   256
　「봄바다에서」   258, 259
　「水晶歌」   256
　「울음이 타는 가을江」   241, 242, 243, 244, 249, 251, 253, 255, 257, 260
　「追憶에서 16」   258
　「和合」   256
　『박재삼시전집 1』   244
　『울음이 타는 가을江』   242, 244
　『춘향이 마음』   243

박지영　46
　「번역과 김수영의 문학」　46
박현수　222
　「김종삼 시와 포스트모더니즘 수사학」
　　222
발터 벤야민　225, 226, 229
　「중앙공원」　226, 229
　『독일 비애극의 원천』　226
배호남　87, 96, 100, 101, 102, 103
　「『백록담』의 시형식 연구」　87
백낙청　42, 44, 49
　『민족문학과　세계문학I/인간해방의
　논리를 찾아서』　42, 44
백석　135, 136, 138, 139, 140, 141,
　　142, 143, 145, 146, 152, 153,
　　155
　「국수」　135
　「나와 나타샤와 흰당나귀」　135,
　138, 140, 141, 146, 148, 150, 152,
　153, 155, 156
　「남신의주 유동 박시봉방」　139
　「모닥불」　135
　「북방에서」　135, 140
　「여승」　135, 141
　「여우난곬족」　135
　「흰 바람벽이 있어」　135, 140
　『사슴』　135, 138
백운복　23
　「현철・황석우의 신시논쟁고」　23

사나다 히로코　70, 71, 73, 77, 78
　「보헤미안의 회화 : 정지용의 「카페
　・프란스」」　71
보들레르　73, 226, 227
『살아 있는 김수영』46
서우석　50
　『시와 리듬』　50
서정주　21, 22, 43, 157, 158, 159, 160,
　　161, 162, 163, 164, 165, 168,
　　169, 170, 172, 180, 181, 182,
　　183, 206, 241
　「고향에 살자」　169, 170
　「국화 옆에서」　158, 161
　「동천」　157, 158, 161, 162
　「麥夏」　173
　「멈들레꽃」　157, 158, 159, 160,
　161, 162, 163, 165, 166, 168, 169,
　171, 172, 173, 174, 175, 176, 179,
　180, 182, 183
　「문들레꽃」　162, 163, 164, 165
　「믿드레꽃」　163, 165
　「민들레꽃」　163, 165
　「무슨꽃으로 문지르는 가슴이기에
　나는 이리도 살고 싶은가」　167,
　170
　「문둥이」　158, 172, 173, 183
　「바다」　161
　「부활」　159
　「자화상」　159

「화사」 158
『80소년 떠돌이의 시』 157
『귀촉도歸蜀道』 157, 162, 169, 172, 182
『노래』 157
『늙은 떠돌이의 시』 157
『冬天』 161, 162
『떠돌이의 詩』 157
『미당자서전 2』 167, 168, 169
『산시山詩』 157
『西으로 가는 달처럼……』 157
『徐廷柱 詩選』 157
『신라초新羅抄』 157
『안 잊히는 일들』 157, 161
『질마재 神話』 157, 161, 162
『팔할이 바람』 157, 161
『鶴이 울고 간 날들의 시』 157
『한국의 현대시』 21, 43
『화사집花蛇集』 161, 162, 171, 172, 182
손민달 223
「여백의 시학을 위하여」 223
송욱 85, 86
『시학평전』 85
송준 135
송희복 187
「한국시의 고전주의 : 정지용과 조지훈」 187
「시편」 72

신경림 221
「내용없는 아름다움의 시인 김종삼」 221
신동엽 225
「껍데기는 가라」 225
신용목 146
「백석 시의 현실 인식과 미적 대응」 146
심경호 4
『한시의 세계』 34
앨런 테이트 Allen Tate 46, 47
『현대문학의 영역 On the limits of literature』 46
여태천 223
「1950년대 언어적 현실과 한 시인의 실험적 시쓰기」 223
오세영 45, 257
「침묵하는 님의 역설 -만해 시의 역설 연구」 45, 46
오연경 96, 97, 235
「김종삼 시의 이중성과 순수주의」 235
「정지용 산수시에서 자연과 정신의 감각적 매개 양상 – '차다'라는 신체 감각을 중심으로」 96
오용기 241
「박재삼의 시와 한(恨)」 241
오장환 21
오현정 153

「보조사 {은/는}과 주격조사 {이/가}
　의 교수·학습방법 연구」　153
오형엽　186
　「조지훈 시론의 보편성 연구」　186
　「요한복음」　72
유종호　78, 158, 159, 160, 161, 163,
　　　172, 173, 234
　「시적이라는 것」　158
유치환　74, 205
유현경·양수향·안예리　153
　「영어권 중·고급 학습자를 위한 조사
　'가'와 '는'의 교수 방안 연구」　153
유협　34, 58
　『문심조룡』　34
이경훈　122, 128
　『이상, 철천의 수사학』　128
이건청　241
　「한국 전통 서정의 계승과 발전」　241
이광호　242
　「한(恨)과 지혜」　242
이근화　93
　「정지용 시 연구」　93
이남호　234, 235, 243, 245, 247, 249
　「시와 시치미」　234
　『교과서에 실린 문학 작품을 어떻게
　가르칠 것인가』　243
이동순　135
이미순　186
　「조지훈의 유기체론」　186

이봉래　242
　「한국의 모던이즘上」　242
이상　21, 41, 67, 109, 110, 111, 112,
　　　113, 114, 116, 117, 118, 119,
　　　120, 121, 122, 125, 127, 128,
　　　129, 130, 131, 132
「烏瞰圖作者의말」　128
역단易斷　118, 130
「쫏나무」　109, 111, 112
「꽃나무」　109, 127
「가외가전街外街傳」　122, 128, 130, 131
「가정家庭」　111
「거울」　28
「날개」　110
「私信(五)」　113
「선에관한각서」　111
「시제1호」　118, 129
「시제3호」　118, 129
「시제4호」　128
「시제5호」　128
「시제6호」　76, 118
「시제7호」　128
「시제11호」　118
「시제12호」　118, 121, 122, 131, 132
「시제13호」　118, 128, 129
「시제14호」　128, 129
「시제15호」　128, 129
「실화失花」　67

「아츰」 111, 130, 131, 132,
「위독」 110
<危篤> 113
「절벽絕壁」 116
「追求」 111
「화로火爐」 123, 130, 131
建築無限六面角體 109, 127
이상숙 133, 138, 245
　「박재삼 시의 이미지 연구」 245
이상오
　「정지용의 산수시 고찰」
이숭원 71, 72, 74, 86, 90, 95, 135,
　　　139, 142, 234
　「김종삼의 시세계」 234
　『백석을 만나다』 135, 142
　『정지용 시의 심층적 탐구』 86
　『정지용』 71
이승훈 120
　『李箱문학전집 1-詩』
이영지 122
　『이상시 연구』 122
이재복 49, 51, 52, 53
　「한용운 시 <알 수 없어요>에 대한
　일고찰」 51, 52
이찬 186
　「20세기 후반 한국현대시론 연구」
　186
이희중 245, 248, 249
　『기억의 풍경』 245

인권환・박노준 43
　『만해 한용운 연구』 43
임곤택 186
　『전후 한국현대시와 전통』 186
장경렬 85, 86, 102
　「이미지즘의 원리와 <詩畵一如>의
　시론-정지용과 에즈라 파운드, 그리
　고 이미지즘」 85
장만호 241, 245
　「박재삼 시의 공간 상상력 연구」 245
　「박재삼 초기 시의 공간 유형과 의미」
　241
장석원 50
　「한용운 시의 리듬」 50
장석주 223
　『김종삼 전집』 221, 223, 231
정남영 208
　「바꾸는 일, 바뀌는 일 그리고 김수
　영의 시」 208
정우택 23
　「한국 근대 초기시에서 '외래성'과
　'민족성'의 문제」 23
정지용 39, 65, 67, 68, 71, 72, 74, 79,
　　　80, 81, 82, 83, 84, 85, 86, 87,
　　　88, 93, 94, 95, 96, 97, 98, 99,
　　　101, 104, 106, 186, 187, 194,
　　　197
「꽃과 벗」 81, 83
「나븨」 81, 83

「도굴盜掘」 81, 83, 84
「바다2」 84
「발열發熱」 80
「붉은손」 81, 83
「비」 84, 85, 86, 87, 88, 90, 91, 92, 93, 94, 95, 96, 99, 106
「소묘」 74
「슬픈 印象畵」 67, 68
「시선후」 186
「鴨川上流 상, 하」 74
「예장(禮裝)」 81, 83
「유리창」 80
「유선애상(流線哀傷)」 84, 86
「인동차(忍冬茶)」 81, 83
「조찬(朝餐)」 81, 83, 84
「진달레」 81, 83
「카페 프란스」 65, 84, 104
「카페·프란스」 66, 67, 68, 69, 71, 73, 76, 77, 79, 80
「파충류동물爬蟲類動物」 67
「호랑나븨」 81, 83
『백록담』 84, 87, 88, 90, 105
『원본 정지용 시집』 90
『정지용 전집 1』 81
『정지용시집』 66, 77
『지용 시선』 84
정은령 241
정한숙 24
『현대한국문학사』 24

조연현 44
『한국현대문학사』 44
조지훈 43, 185, 186, 187, 189, 190, 191, 192, 193, 196, 202
「승무僧舞」 185, 187, 188, 189, 190, 194, 195, 196, 197, 198, 199, 200, 202, 203, 204
『시와 인생』 43
『조지훈 전집 1 시』 186, 189
『조지훈 전집』(나남, 1996) 192, 193
『조지훈 전집』(일지사, 1973) 192
『조지훈시선』 190, 192, 193, 196, 201, 203
『풀잎 단장』 190, 192, 193, 196, 197, 201, 203
조풍연 82
조향 242
주영중 186
「조지훈과 김춘수 시론 비교 연구」 186
『청록집』 187, 190, 191, 192, 193, 194, 195, 196, 197, 198, 203
최동호 21, 34, 43, 44, 49, 50, 58, 82, 85, 86, 87, 96, 100, 101, 102, 104, 135, 138, 158, 187, 190, 192, 194, 199, 201, 226, 234
「山水詩의 世界와 隱逸의 精神—芝溶詩가 나아간 길」 82, 85
「소묘된 풍경의 여백과 기운생동의

미학-권영민 교수의 '지용시 「비」 읽기'에 대한 비판」 86
「시문학파의 문학사적 의미망과 정지용」 187
「정지용의 산수시와 情·景의 시학-장경렬 교수의 「비」의 해석과 관련하여」 85, 86
「조지훈 시의 초기 판본에 대하여-「승무」의 판본과 출생 기록 등을 중심으로」 187, 190, 194, 201
「조지훈의 「승무」와 「범종」」 187, 199
「조지훈의 등단 추천작과 그 시적 전개」 187
『(그들의 문학과 생애) 정지용』
『다시 읽는 정지용 시』 86
『정지용 사전』
『정지용 시와 비평의 고고학』 82, 85, 86
『평정의 시학을 위하여』
『하나의 도에 이르는 시학』 43, 58
『한용운』 50
『현대시의 정신사』 21
최동호·김문주·이상숙 135, 138
최승호 186
「조지훈의 시학에 있어서 형이상학적 관점」 186
최원 205, 206
「꽃의 小考」 205
최원식 71, 74, 77

「서울·東京·New York」 71
최정례 136
『백석 시어의 힘』 136
최현식 159, 160, 161, 163, 208, 211, 219
「꽃의 의미 - 김수영의 시에서의 미와 진리」 208
『서정주 시의 근대와 반근대』 159
하야시 후미코 73
「방랑기」 73
『學潮』 67, 69, 77
하종오 241
한용운 41, 42, 43, 44, 45, 48, 49, 50, 51, 52, 53, 55, 58, 60, 62, 63, 64
「나룻배와 행인」 51
「님의 침묵」 45, 54
「복종」 51
「알 수 없어요」 51, 53, 54, 55, 57, 58, 60, 61, 62, 63
『님의 침묵』 41, 43, 44, 45, 48, 49, 60
황동규 205, 207, 208, 223, 234, 235
「잔상의 미학」 223
「절망 후의 소리 - 김수영의 "꽃잎"」 207
「정직의 공간」 207
황현산 121, 122, 128, 159, 160, 161, 163, 225, 226, 227, 234

『잘 표현된 불행』 121, 225　　　『말과 시간의 깊이』 161